Minerva Shobo Librairie

新時代の道徳教育

「考え、議論する」ための15章

貝塚茂樹
[著]

ミネルヴァ書房

はしがき

幸福学研究を進めている工学者の前野隆司氏によれば，幸福感の高い人は，物事を広く俯瞰的に見ることができ，利他的で，多様な仲間がいる傾向が強い。また，みんなと助け合おう，「つながろう」とする意識が高いことで，さらに幸福感が高まるという。それに対して幸福感の低い人は，何事にも悲観的で視野が狭く，他者との「つながり」が少ないために，不安が過度に助長される傾向があるとする。このことは，世界的規模で蔓延している新型コロナウイルスのような想定外・非日常の事態に直面した時でも，幸福を感じることができる人と，感じることができない人とに分かれるが，前野氏はこうした「幸せの二極化」はますます広がるのではないかと指摘している（『読売新聞』2020年６月７日）。

他者との「つながり」という点に関連して，最近，次のような記事があった。日本では，「新型コロナウイルスに感染するのは自己責任」と考える人が他国に比べて多いというものである。大阪大学の三浦麻子氏らの調査では，新型コロナウイルスへの感染について，「自業自得とは思わない」と答えた人は，アメリカ，イギリス，イタリア，中国で60～70％台であったのに対して，日本では29.25％であった。つまり，日本人の多くは，「感染したことについて本人に全く責任はないとは言えない」と考えており，新型コロナウイルスに感染した「他者」に対して厳しい見方をしているという（https://president.jp/articles/-/37250；最終閲覧日2020年７月25日）。

こうした指摘は，他国に比べて新型コロナウイルスの感染が低い水準で抑えられているのは，日本での「同調圧力」が強い結果であるという見方と関連するかもしれない。もちろん，その一方では，「同調圧力」は決して悪いものではなく，むしろ危機的な状況においては，みんなで危機を乗り切ろうとする日本人の道徳性の高さを証明するものであるという見方もある。

ここでは，どちらの見方が正しいのかを論じたいわけではなく，まず確認したいことは，コロナ禍といわれる状況が，私たちが考えるべき課題，考えなければならない課題をあぶり出し，可視化したという点である。それは，「感染防止か，経済か」「国か，地方か」といった政治的課題から，医療従事者への差別的な発言や，適切な社会的距離（ソーシャル・ディスタンス）を保つことが従来の「つながり」の意味に変化をもたらすことになるのか否かといった社会的課題にも及ぶ。教育の分野に関しては，学校でのオンライン授業の教育的効果の再検討と，ICT 化を前提として「学び」の具体像をどう構築するかなどの課題として表面化した。そして，ここで重要なことは，こうした課題がいずれも解決が困難であり，多くの議論の積み重ねを必要とすることである。

「特別の教科 道徳」は，こうした現代の課題と密接に関わる教科として設置されたものである。それは，2014（平成26）年10月の中教審答申「道徳に係る教育課程の改善について」において，将来の社会を構成する主体となる児童生徒が，高い倫理観を持ちながら，「人としての生き方や社会の在り方について，多様な価値観の存在を認識しつつ，自ら感じ，考え，他者と対話し協働しながら，より良い方向を目指す資質・能力を備えること」であると述べられたことにも示されている。

しかし残念なことに，「特別の教科 道徳」の本来の趣旨と役割は十分に学校や社会で共有されているとはいえない。それは，コロナ禍に直面して，私たちが考えるべき生きた題材がテレビや新聞，ネットに溢れており，「考え，議論する道徳」を実践する絶好の機会であったにもかかわらず，コロナ禍で強いられた小中学校生の「自宅学習」で道徳が宿題とされたことがきわめて少なかったことにも表れている。「特別の教科 道徳」としての「学び」が学校教育全体の学びと有機的に結び付けられていないために，重要な「学び」の機会を逸してしまっていると思えてならない。

さて本書は，「特別の教科 道徳」の意義を確認しながら，改めて道徳教育の「学び」の意味と役割を考えることを目的としている。本書は，「道徳教育の理論」「道徳教育の歴史」「学校教育と道徳教育」の３部から構成され，それぞれ道徳としての「他者」との「つながり」，現代社会との「つながり」の観点を重視している。また，本書は基本的に大学での教職課程のテキストとして編集したが，教師や保護者をはじめ「大人」の側にも向けたものとなることを念頭に置いている。道徳は，学校だけの問題ではなく，家庭や社会の問題でもあるからである。本書が，学校での道徳教育や将来のよりよい社会とは何かを考えるために少しでも貢献できれば幸いである。

なお，本書における引用は，基本的に原文のままとした。また本文中，一般的な意味で使用する場合は「子供」，学校教育に関係する場合は，「児童生徒」を使用している。

新時代の道徳教育

──「考え，議論する」ための15章──

目　　次

はしがき

第Ⅰ部　道徳教育の理論

序　章
なぜ，道徳教育が問題となるのか

現代社会は，様々な世界的な課題に直面しており，今後の社会の展望を予想することがより困難となっている。こう書き出すと，いかにもありきたりな表現となるが，眼前の社会はやはりそう書かざるを得ないのが現実である。

1990年代以降，ある意味では，普遍的な価値と信じられてきた「グローバル化」も，いわゆる「トランプ現象」やイギリスの EU 離脱に象徴されるように，ナショナルでローカルな方向へ向きを変え始めているように見える。「グローバル化の終りの始まり」という見方もある。

広井良典は，「グローバル化の先」には，大きく２つの異なる姿があるという。一つは，強い「拡大・成長」や利潤極大化，そして排外主義とセットになったナショナリズム的な方向である。そしてもう一つは，ローカルな経済循環やコミュニティから出発し，ナショナル，グローバルへと積み上げながら「持続可能な福祉社会」を志向する方向である（広井『人口減少社会のデザイン』)。広井の指摘の妥当性の検討は措くとしても，現在の日本社会が，こうした潮流の「せめぎ合い」の中にあり，「その先」に明確な指針を提示できずにいることだけは確かである。

私たちがどのような未来像と社会像を構築するのか。この問いに答えるのは，政治，経済，科学技術などの分野だけではない。むしろ，切実に問われるのは道徳である。たとえば，AI（人工知能）の問題である。シンギュラリティ（技術的特異点）仮説によれば，2045年頃には AI の能力が人間を凌駕し，人間よりも正確で賢明な判断を下せるようになるとされる。しかし，たとえば AI による自動運転を例にとってみても，そこで生じるのは技術的な問題だけではない。事故が起きた時に誰が責任をとるのか。車の使用者か，それとも設計者か，メーカーの経営者か，というように，最後は道徳の問題が問われる。その点で言えば，そもそも AI（機械）に道徳的な判断を下せるのかという根本的な問題も解決されていない。

近年では，道徳的判断は，基本的に人間同士のつながりと共感によって支えられるものであり，それらを欠いた AI には道徳的判断はできないという指摘もある。これは，社会（共同体）を構成するのは，社会規範をつくり上げることができる人間だけであり，AI が道徳的主体となることはできない。世界の状況を観察し，そこに自律的な意味と解釈を与え，また他者と共感しつつ，個々の道徳観を集合知へと昇華しながら社会規範をつくり上げるのは，あくまでも人間であるというものである。

いずれにしても，社会が大きく変化し，将来の方向性が混沌となればなるほど道徳が切実に問われることになるとは言えそうである。なぜなら，道徳はAI にはないとされる他者とのつながりや共感を直接に問題とするものであり，同時に「他者」とつながるための知恵であり方法だからである。

このように考えてみると，教科化をめぐって道徳教育が注目されたことの背景には，日本の社会の中から，つながりと共感の感情が弱まり，溶解しつつあることへの危機感があったように思える。それは，いくつかのデータでも明らかである。たとえば，少し古いデータではあるが，「社会的孤立（social isolation）」についての国際比較調査では，図序－1のように日本は先進諸国の中で最も高い国となっている。

また，様々な指標を組み合わせて各国の幸福度を測定する国際比較調査でも日本の順位は高くはない。たとえばイギリスのレスター大学の「世界幸福地図（World Map of Happiness）」では90位，国連が毎年刊行している「世界幸福報告（The World Happiness Report）」（2019年版）では58位であった。

後者は，(1)「人口あたり GDP」，(2)「社会的支援」（ソーシャルサポート，困ったときに頼ることができる親戚や友人がいるか），(3)「健康寿命」，(4)「人生の選択の自由度（人生で何をするかの選択の自由に満足しているか），(5)寛容さ（過去1カ月の間にチャリティなどに寄付をしたことがあるか），(6)腐敗の認識（不満・悲しみ・怒りの少なさ，社会・政府に腐敗が蔓延していないか）を指標とするものである。こうした国際比較は，各国の文化の違いなどを考慮に入れるべきであり，慎重に検討する必要があるが，それを差し引いても日本の主観的な幸福度の値は決して高いとはいえない。

広井は，幸福度を規定する要因について，(1)コミュニティのあり方（人と人

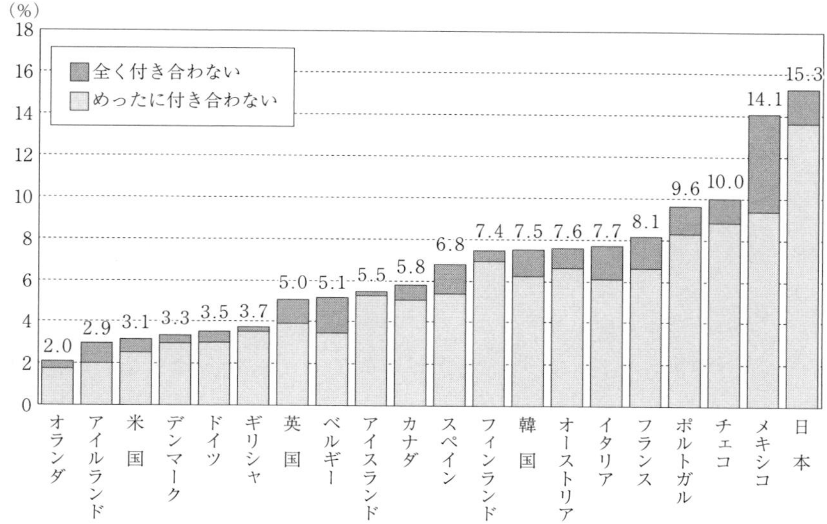

図序－1　社会的孤立の状況（OECD 諸国の比較）

友人，同僚，その他宗教・スポーツ・文化グループの人と
全く，あるいはめったに付き合わないと答えた比率（%）

注：原資料は世界価値観調査1999-2002。英国はグレートブリテンのみ。
資料：Society at a Glance：OECD Social Indicators－2005 Edition.
出典：OECD 編『世界の社会政策の動向』。

との関係性やつながりの質。いわゆるソーシャル・キャピタル［社会関係資本］とも関連)，(2)平等度ないし格差（所得・資産の分配のあり方)，(3)自然環境とのつながり，(4)精神的・宗教的なよりどころ等，を挙げている（広井『人口減少社会のデザイン』)。これらの要因が，道徳と密接に結び付いていることは明らかであり，ここでもやはり，つながりが重要な指標となっている。

ところが，このように社会と道徳の相互性が明らかであり，社会を成り立たせる重要な要素が道徳であるにもかかわらず，戦後日本では，道徳教育が社会との関連性の中で論じられることも，また社会変化に対応するために，いかなる道徳性を育成するのかという点から論じられることは少なかった。それどころか，道徳教育は，政治的なイデオロギー対立の中で論じられることが主となり，「道徳」「道徳教育」という言葉さえもが，ある種の「タブー」として忌避される傾向があったことも否定できない。道徳教育の目的や内容，方法ではなく，道徳教育それ自体を「賛成か，反対か」の二項対立の枠に押し込めてしまうことが常態化してきたのである。

道徳教育をめぐる戦後日本の状況は，結果として道徳教育研究を著しく阻害するものとして作用した。道徳が教科ではなかったことで，大学での道徳教育研究は進まず，道徳教育を専門とする研究者も他分野に比べて少数である。そのため，教育の分野においてすら，諸外国では，道徳，倫理，宗教に関する価値教育が教科として行われているという常識的なことすら理解されていないのが実態である。

これからの社会を生きる子供たちは，これまで以上に急激な社会変化を経験し，さらに困難で解決の難しい課題の中で生きることが求められる。多元的な価値観を前提とした社会を生きる子供たちのために，どのような資質・能力を育成するかは，教育が対峙すべき喫緊の課題である。従来のように，道徳教育を「賛成か，反対か」の二項対立の枠に押し込めて，時間を空費する余裕は残されていない。将来を生きる子供たちにはどのような力が必要となるのか。そのために果たすべき道徳教育の役割とは何か。こうした課題に正面から向き合い，「考え，議論する」ことで，叡智を導き出す努力を重ねることが不可欠である。

参考文献

広井良典『人口減少社会のデザイン』（東洋経済新報社，2019年）。
OECD 編（井上辰雄訳）『世界の社会政策の動向』（明石書店，2005年）。

第Ⅰ部

道徳教育の理論

第1章
道徳教育をどのように考えるか

本章のポイント

道徳教育とは何か。道徳教育が果たすべき役割とは何か。本章では，人間とはどのような存在なのか，また，道徳や道徳的価値をどのように理解するかについて整理しながら，道徳教育が目指すことは何かについて考察する。

1　人間とはどのような存在か

人間とは何かという問い

道徳とは何かという問いは，結局のところ人間とは何か，人間とはどのような存在かという問いと不可分である。いうまでもなく，人間とは何かという問いは，すべての人間にとって最も根源的な課題であり，哲学，宗教，文学や生物学，環境学などの学問は，人間に対する様々な定義を提示してきた。

人間とは，「火を使う動物である」「言葉を語る動物である」というものや，「人間は理性的な動物である」「人間は国家的な動物である」（アリストテレス）や「人間はひとくきの葦に過ぎない。自然の中で最も弱いものである。しかし，それは考える葦である」（パスカル）などの哲学的な定義もある。

ところが，人間とは何かという問いに誰もが納得する答えを導き出すことは不可能である。ある意味では，この問いを繰り返し追究し続けることが人間の本質と言えるかもしれない。仮にそうだとすれば，人間の本質は，善であるのか（性善説），それとも悪であるのか（性悪説）という道徳的な問いに対しても明確に定義することは困難である。強いて言えば，人間の本質は善でもあるし，また悪でもある，と答えるしかない。

作家の池波正太郎は，小説『鬼平犯科帳』シリーズにおいて，主人公である長谷川平蔵に「人間というやつ，遊びながらはたらく生きものさ。善事をおこないつつ，知らぬうちに悪事をやってのける，悪事をはたらきつつ，知らず識らず善事を楽しむ。これが人間だわさ」とたびたび語らせている。人間とは，「善事をおこないつつ，知らぬうちに悪事をやってのける」という矛盾に満ちた存在であるというのが，人間存在の一端を表現しているとはいえそうである。

しかし，人間とは矛盾に満ちた存在である，という定義だけではやはり不十分である。たとえば村井実（1922～）は，人間とは矛盾に満ちた存在であることは確かであるとしても，人間は同時に，「善く」生きようとする存在，「善さを求めて生きている」存在として捉えるべきであるとし，次のように述べている（村井『道徳教育原理』）。

> どういう意図をもってにせよ，人間を取り扱うかぎり，私たちは，その人間が基本的に「善さ」を求めて生きているということを認めなければならないことになるのである。もちろん，こうして善く生きようとする人間は，同時にモノでもあり，動物でもあり，そういうものとして生きており，またさらに，善く生きようとするからこそ，政治的でもあり，経済的でもあり，そういうものとして社会をつくって生きてもいるわけである。だから，そういう人間は，見る人々の関心のもちかた次第で，モノとも，動物とも，また政治的とも経済的とも見える。しかし，だからといって，人間をただそう見られたどれか一つ，つまり，たんにモノだとか，動物だとか，政治的だとか経済的だとかでしかないかのように考えるとすれば，私たちはまちがいを犯すことにもなるわけである。むしろ，もし人間はほんとうは何かとあえて問うとすれば，そう見られるさまざまなもののすべてと答えなければならないのにちがいないのである。
>
> しかし，それだからこそ，そうした人間について，善く生きようとする人間という見方が重要な意味をもつことに気付かされる。つまり人間は，モノであり，動物であり，また政治的であったり経済的であったりしながら，同時につねに根本的に善く生きようとしているのである。その意味で，この善く生きようとしているということが，他のさまざまの性質に優先する，人間のもっとも根本的な性質でなければならないことになるのである。

人間形成における教育の役割

村井のいうように，人間が「善く」生きようとする存在であり，「善さを求めて生きている」存在であるとすれば，人間形成における教育の役割は明らかである。一般に教育は，自らの意思とは関係なくこの世に生を享けた生物としての「ヒト」が，人格的な営みを自らの意思と力で達成できるようになること，すなわち「人間」となることを援助する行為である。

「ヒト」から「人間」になるための援助が教育であるということは，逆にいえば，「ヒト」から「人間」になるためには，教育が必要不可欠であるということでもある。ドイツの哲学者であるカント（Immanuel Kant，1724-1804）は，「人間は教育されなければならない唯一の被造物である」「人間は教育によってはじめて人間になる」と述べて，人間形成における教育の意味を的確に表現している。

もっとも，教育を一般的な意味で「教え育てる」ものとして広く語義的に定義づけすることも可能である。ところが，教育の意味を語義的に捉えてしまえば，人間以外の動物にも教育は成立することになる。場合によっては反社会的な集団において，犯罪的な方法を教えることも教育ということになりかねない。

しかし，人間が「善く」生きようとする存在であり，「善さを求めて生きている」存在であるとすれば，動物や反社会的な集団の中に教育的関係が成立するとはいえなくなる。なぜなら，教育という行為は，単純に「教え育てる」というものではなく，目的としての「善さ」の有無が問題となるからである。その意味で人間は，善や悪を判断の基準とすることのできる存在であり，この点が他の動物とは違うということができる。

2　道徳をどのように考えるか

道徳の語源

人間が「善く」生きようとする存在であり，「善さを求めて生きている」存在であるということは，人間が道徳の問題を無視することはできない存在であることを意味する。では，道徳とはどのように定義できるのか。まず，その意味を語源から整理しておきたい。

まず，「道」の語源は，「首を手に携えて行く」を意味していた。古代中国では，他の氏族が住む土地を通る際には，違う氏族の首を携えて進むことで，土地を祓い清めたとされる。この祓い清められた場所を「道」と呼んだ。ここから派生して，「道」は，安心して進むことのできる場所，人が進むべき所を意味するようになり，さらに「道義」や「道理」などのように，物事の原理を意味するようになったとされる。

また，「徳」は，古代中国の青銅器に鋳込まれた文字である金文では，「彳」「省」「心」の語から成り立つ。「省」は眉に飾りをつけて，目の呪力で周りを見渡すことを示している。「省」に「心」と「彳」が付けられることで，「徳」は，目の威力を他の地に及ぼすという意味となり，それが転じて，個人に内在する優れた心性を示すものとなったと言われる（白川静『新訂　字統』）。したがって，漢字の語源からすれば，「道徳」は，進むべき道という外在的な意味と，備えるべき心性という内在的な意味とが合わさった言葉である（貝塚茂樹・関根明伸編著『道徳教育を学ぶための重要項目100』）。

一方，英語のモラル（moral）の語源は，ラテン語のモス（mos）の複数形モーレス（mores）に由来している。モス（mos）は，本来は慣習や習俗を意味した語であり，複数形のモーレス（mores）になると人の性格を示す意味となる。したがって，モラル（moral）とは，共同体の規範を意味しており，一般に道徳的な人とは，社会・集団の慣習や規範に基づいて行動できる人，あるいは社会の道徳的規範を理解し，実践できる性格や人柄を持った人のことを意味していた。つまり，漢字の語源と同じく西洋的な意味においても，道徳とは，慣習や規範として共同体で承認された外在的な原理とそれを支える内在的な原理とを併せ持った概念である。

こうした２つの側面は，たとえば『広辞苑』において，道徳とは，「人のふみ行なうべき道。ある社会で，その成員の社会に対する，あるいは成員相互間の行為を規制するものとして，一般に承認されている規範の総体。法律のような外面的強制力を伴うものではなく，個人の内面的なもの」と定義されていることでも確認できる。

なお，道徳と似ている言葉に「倫理」がある。「倫理」は，エートス（ethos）というギリシャ語を語源としているが，これは集団や民族の慣習を意味するものであり，道徳の語源であるモーレス（mores）と基本的には同じ意味を持っている。倫理が人と人との間柄の正しい筋道という原理的な意味を持つのに対して，道徳は内面的で実践的な内容を含んでいるものとして区別できる。つまり，「倫理は道徳の理論」であり「道徳は倫理の実践」ということもできる（小寺正一・藤永芳純編『新版　道徳教育を学ぶ人のために』）。

道徳と法律（法）

道徳が社会規範としての意味合いを持っているとすれば，同じ社会規範である法律（法）との違いを理解することで，道徳の特質がより明らかとなる。法律とは，社会生活を維持するための支配的な規範であり，人為的に体系化されたものである。そのため，法律は人間の外面的生活に関わるものであり，物理的な強制を伴うことが可能である。これに対して道徳は，もっぱら人間の内面的な側面に関わるものであり，外部から強制されることなく，各人の良心と義務観念を基盤として行われる。

法律と道徳との違いは，カントの合法性（Legalität）と道徳性（Moralität）の説明によってより鮮明となる。カントによれば，道徳とは普遍妥当な道徳律に従おうとする主観と意志を離れては存在しない。すなわち，こうした主観と意志を離れて，結果のみが道徳律に適合するような行為は，法律に従った行為（合法）ということはできるが，それを道徳ということはできない。なぜなら，たとえ法律に従った行為であるにしても，それが本人が納得しないままやむを得ず従った行為であるとすれば，そこに合法性は認められるとしても道徳性は存在しないことになるからである。

もちろん，法律と道徳との間には重なり合う部分が多く，一般的には，法律は道徳の一部であるということも可能である。たとえば，殺人や詐欺などの犯罪行為は法律においても，また道徳においても許されるものではない。こうした両者の重なり合いが示唆するのは，法律が十分に機能するためには，道徳として容認されることが必要だということである。外部からの強制によって法律に服従するのではなく，道徳に従うという道徳的意識が基盤となって遵法《じゅんぽう》の精神が醸成されることが望ましいからである。外在的な法律と内在的な道徳が相互補完的に関わり，それらが社会の調和と秩序を維持するものとして機能することが求められる。

道徳の主体性と自由

人間は，自分一人で生きることが不可能な動物である。したがって親族，他人，社会，国家，世界，自然，また超越的な存在としての「他者」との関係性を構築することによって生きなければならない存在である。つまり，道徳とは自分と「他者」との関係性の中で生まれるものであり，基本的に「他者」との関係性を否定したところに道徳は存在しない。

そのため，道徳とは人間が生きるために「他者」との間に成立する社会規範としての意味合いを強く含み持っている。ただし，社会規範は道徳の一部ではあるが，それ自体が道徳の全てではない。なぜなら，社会規範は外在的なものであり，社会規範に従って生きることが必ずしも道徳的であるとはいえないからである。道徳的であるためには，外在的で個人を拘束する社会規範を自らの中に内面化する必要があり，社会規範が内面化して内的規範となったものが道徳ということができる。そして，この内面化された道徳に基づいて，道徳的な行為を可能とするのが道徳性であり，それが人格の基礎をなす重要な特性ということになる。

道徳が社会規範としての性格を強くしているために，一般には道徳とは，集団や社会の側から与えられる規範に外面的に従うことであると理解されがちである。たしかに，社会は個人を超えて存在するものであり，社会で生活する成員には，社会規範の範囲内で行動することが求められる。しかし，もともと道徳とは先人の長い歴史の営みの中から生み出されたものであり，その根底には先人の主体的な活動があったことは否定できない。道徳が成立するためには，共同体が求める社会規範に外面的に従うことではなく，個人が主体的にそれらを内面化することが必要であり，道徳とは歴史的現実の中に生きる人間が，自らの社会秩序の原理として主体的に創造するものである。

人間とは，歴史に造られながら歴史を形成する存在であり，また環境に造られながら環境を形成するという存在である。そして，人間が歴史や環境と主体的に関わり，社会規範としての道徳を創造するためには，何よりもまず自らが「自由」の主体である必要がある。

この場合の「自由」とは，自らが決断して自分のあり方を決定するという「決断の自由」を意味する。人間存在にとっての「決断の自由」が前提とされた時，人間の行為における善悪を判断する基準としての道徳が課題となり，「決断の自由」のないところに道徳は成立しない。人間が自ら決断し，自らその行為に対して責任を負う能力があるという点に，人間が「自由」の主体であるということの根拠がある。逆に言えば，行為に対して責任を負うということは，「自由」の主体たる「人格」が前提とされて初めて可能となり，自らの決断とあり方に責任を果たすことのできる主体こそが「人格」ということになるのである（天野貞祐『今日に生きる倫理』）。

「間柄の倫理」としての道徳

道徳は，社会で承認されている規範として捉えるか，あるいは個人の内面的な原理として捉えるかによって大きく解釈が分かれてきた。しかし，道徳という言葉は，慣習や規範として共同体で承認された外在的な原理とそれを支える内在的な原理とを併せ持っている。つまり，外在的な慣習や規範を一応は受け入れると同時に，その正当性を主体的に判断し，それを自らの問題として内面化することで適切な行為を選択・実行することに道徳の意味があるといえる。

たとえば，人間は一人で生きていくことができない存在である以上，どうしても他人，地域，国家，世界，自然といった「他者」との関係性を無視して生きることはできない。「他者」との関係をよりよくするためには，外在的な慣習や規範を遵守することが求められるが，そこに成立するのは「他者」との関係性を維持するための最低限の道徳である。「他者」とさらによりよい関係を切り結ぶためには，自分が「他者」とどのように向き合うかという主体性が問題となる。

このことを考える上で注目されるのが，和辻哲郎（1889～1960）の「間柄の倫理」である。和辻は，西欧近代が個人や自我を独立して存在するものと捉え，その意識から出発して人間存在や人間関係を考えることは具体的でも現実的でもないと指摘した。和辻によれば，人間の個々の行為は，夫が妻に対して夫らしく，妻が夫に対して妻らしく振る舞うように，間柄としての関係によってすでに規定されている。したがって人間とは，本来的に孤立的な個人ではなく，人間という文字が，人の間と書くように，自己と「他者」との間柄の関係を基盤としながら，「間柄の倫理」を前提として行為する存在であるとした。

また和辻は，人間という言葉は，個人の意味ばかりでなく，人の間，世の中，世間，社会の意味を持っており，個人であるとともにその全体を表し，個人であるとともに社会を表しているという。人間は「ひと」とも称されるが，「ひと」は，「人聞きが悪い」といわれるがごとく世間の意味を持つとともに，自分をからかう相手に対して「ひとを馬鹿にするな」，自分に対する干渉を退ける場合に「ひとのことに構うな」というように，他者にとっての「他者」である「我」をも意味している。つまり，「ひと」は自己であるとともに，世人や世間を意味し，人間とは「世の中」自身であると同時に，「世の中」における「人」（個人）ということになる（和辻『人間の学としての倫理学』）。

人間は，個人であると同時に社会的であるという理解が「間柄の倫理」の前提となる。ここで重要なことは，「他者」とは，自分以外の存在だけを示した表現ではなく，その中には「自己」も含まれるということである。つまり，道徳には，「他者」とのよりよい関係を築くと同時に，それを可能とするためには，「自己をみつめる」「自分が自分に自分を問う」という意味の内省や「自己内対話」が必要となるのである。

3　道徳的価値をどのように考えるか

道徳的価値とは何か

人間が「善く」生きようとする存在であり，「善さを求めて生きている」存在であるとすれば，道徳教育はそうした人間の育成を目指し，その基盤となる道徳性を養う教育活動と定義することができる。

道徳教育において最も重要なものは，「善さ」を認識し，判断する基準である。「○○は正しい」「△△すべきである」というように，道徳的な「善さ」「正しさ」を表現したものが道徳的価値である。また，正義，勇気，節制などのように，道徳的価値を分類して表現したものを徳目という。

一般に，道徳的価値は，時代や社会，宗教を超えた普遍的な価値としての「理性的道徳」と，ある特定の時代や社会の中で共有された価値としての「慣習的道徳」に分けられる。「理性的道徳」の例としては，「自由な行為が許されるのは，他人に危害や迷惑をかけない限りにおいてである」という「他者危害則」や，「己の欲せざるところ，人に施すなかれ」（『論語』），「あなたたちが人にしてもらいたいと思うことを，人にもしてやりなさい」（『マタイによる福音書』）という「黄金律」が挙げられる。

また，一般的に正義，勇気，節制，親切，正直といった徳目は普遍性を持つものと考えられる。なぜなら，こうした徳目は，時代や地域によって重んじられる度合いに多様性が認められるが，正義や勇気などの徳目が道徳的価値として否定された時代も社会も基本的にはないといえるからである。

つまり，道徳的価値や徳目とは，人間が長い歴史的な時間の中で醸成し，生の営みから導き出した明快で単純な指針であると言い換えることができる。それは,「より善く生きようとする」人間が,「より善く生きる」ために歴史的な試練を経て抽出したいわば「結晶」というべきものである。これに対し,「慣習的道徳」を重視する立場では，道徳的価値が普遍性を持っているという解釈には否定的であり,「善さ」を決定し，それを実現するのは個人の選択の問題であるとされる。

「理性的道徳」か「慣習的道徳」かを選択することは妥当でないとする見方もある。それは,「理性的道徳」と「慣習的道徳」を区別すること自体が適切ではなく，道徳的価値や徳目は普遍性を持つものであるが，その実現の仕方が歴史的かつ社会的に制約され，変化すると考えるべきであるというものである。

以上のように，道徳的価値や徳目の捉え方は多様である。これは，道徳が慣習や規範として共同体で承認された原理と，それを支える内在的な原理を併せ持っているという本質的な性格から派生している。しかし，人間が様々な認識や判断をする基準として善悪の問題を避けることができない以上，道徳や道徳教育を考える際には，常に道徳とは何かという本質的な問いを追究しながら，道徳的価値や徳目を直接的かつ中心的な課題とする必要がある。言い換えれば，道徳的価値や徳目を課題としない道徳教育はありえないということになる。

道徳的価値の自覚とは何か

道徳的価値や徳目は道徳教育を考える上で中心的な要素である。この点を確認した上で，次に道徳教育が目指すべき目的について考えてみよう。結論から先に言えば，道徳教育の目的とは「道徳的価値の自覚」である。一般的に「道徳的価値の自覚」とは,「道徳的価値を自分のこととして明確に内在化すること」と説明することができる。しかし，この「自覚」とは，単純に「文字情報を使って何かを頭の中にインプットする」という意味での「知る」「理解する」ことではなく，むしろ「わかる」「腑に落ちる」という経験に近いものとして考えるべきである（佐伯啓思『学問の力』)。

たとえば，このことはいじめを例とすれば分かりやすい。通常，私たちは「いじめは悪い」ということは頭では知っている。しかし，いじめが悪いと知っていてもいじめが一向に減らないのはなぜか。それは「いじめは悪い」ということが「腑に落ちていない」，つまりは「自覚」されていないためである。

つまり「自覚」とは，自分自身のあり方を反省し，自分が何者であるかを明瞭に意識化することである。ソクラテスの「汝自身を知れ」という言葉を引くまでもなく，「自覚」とは，哲学における出発点であると同時に目標でもあり，それは，自己認識や自己反省のプロセスと深く関わる。

もっとも，「自覚」するということは決して簡単なことではない。その難しさは，自分が自分自身を意識化することにある。自分自身を意識化するためには，認識する自分と認識される自分を区別しなければならないが，両者は同時に同じ自分でもあるというパラドックスを抱え込んでいるからである。

このパラドックスの中で，私たちが道徳的価値を「自覚」するために何が必要か。たとえば文芸評論家の小林秀雄（1902～83）は，人間が「自覚」するためには「考える」ことが不可欠であると述べる。小林によれば，「考えるということは，自分が身を以て相手と交わるということ」であり，「対象と私とが，ある親密な関係へ入り込むということ」を意味している。つまり，「考える」ことそれ自体が「他者」とつながることであり，自分と「他者」のつながりを欠いては「自覚」へ至ることはないと指摘する（小林「信じることと知ること」）。

「考える」という行為は，「他者」とよく話し合うことを意味しており，本来的に対話的なものである。様々な「他者」との対話を繰り返す経験は，自分の考えを整理し，確認し，より良い視点を発見することを促す上で意味がある。前述したように，この「他者」には，「自己」も含まれており，道徳教育においては「自己内対話」や「内省」が重視されることになる。

「道徳的価値の自覚」とは，「考える」ことを通じて，「自己」を含めた「他者」と対話し，議論することによって「腑に落ちる」という経験である。したがって，道徳教育は，「知る」「理解する」から「わかる」「自覚する」へとつなぐ役割を担うものであるということができる。

4　道徳教育は何を目指すのか

人間は，「他者」とのつながりの中で生きていく存在であり，「他者」とよりよい関係を構築するための知恵であり方法が道徳であるということもできる。

「他者」との関係（つながり）を問題にする以上，道徳は本来的に利他的な性格を持っている。近年の脳科学研究では，利他的な行動が人間に快楽を与えることが明らかとなりつつあるが，「○○のために」「△△のために」という心性は，家族や社会，国家，人類の幸せに貢献すると考えられる。たとえば，カント学者の天野《あまの》貞祐《ていゆう》（1884～1980）は，次のように述べている（天野『道理への意志』）。

> 自己の幸福を直接の目標とする行為は道徳的だとは言えない，つねに自己の幸福ということのみを考えていては利己主義に堕落する危険がある。道徳は自己を越すところに成立するからである。国家のため，社会のため，家のため，他人のため，或は学問芸術の如き文化内容のため，或はまた在るべき自己のために，在る自己を否定することなくしては道徳は成立しえない。個人の幸福ということがつねに生活の直接目標であっては自己否定は生まれえない，犠牲献身というような類の精神は育成されない。（中略）人は自分のためだけに生きたのでは足りない，つねに自分に対する配慮のみに日を暮していては人間性は充足せしめられない。他人に仕えるという自覚，自己を越したもののために働くという自覚がなくては生存は空虚たるとを免れえない。

天野のいう利他性は，個人の幸福を否定したものではなく，利他的な志向が，社会，国家，人類の幸福へとつながり，それは結果として，個人の幸福へと連続するという意味である。それは，「いかに生きるべきか」という道徳的な問いが，「いかによりよい社会を創造するか」という問いと表裏をなしている。

このことは，自分の幸福と「他者」の幸福との関係をどのように考え，両者の調和をいかに図るかという問題，つまりは「公と私の関係」という大きな課題とも連続する。多様な価値観を持つ人々が生きる「価値多元社会」の中で，「公と私の関係」を明確にし，着地点を見出すことはより困難となっている。しかし，「自他の幸福」をいかに実現するかは避けて通ることのできない課題である。したがって，これからの道徳教育には様々な文化や価値観の存在を認めながら，それらと共感的に「考え，議論する」ことで，「いかに生きるべきか」と「いかによりよい社会を創造するか」の問いを調和的に粘り強く模索し続ける力を育成することが求められる。

参考文献

天野貞祐『道理への意志』（岩波書店，1940年）。

天野貞祐『今日に生きる倫理（天野貞祐全集４）』（栗田出版会，1970年）。
荒木寿友・藤井基貴編著『道徳教育』（ミネルヴァ書房，2019年）。
押谷由夫『道徳教育の理念と実践』（放送大学教育振興会，2016年）。
貝塚茂樹『天野貞祐——道理を信じ，道理に生きる』（ミネルヴァ書房，2017年）。
貝塚茂樹・関根明伸編著『道徳教育を学ぶための重要項目100』（教育出版，2016年）。
小寺正一・藤永芳純編『新版　道徳教育を学ぶ人のために』（世界思想社，2001年）。
小林秀雄「信じることと知ること」（『学生との対話』新潮社，2014年）。
佐伯啓思『学問の力』（ちくま文庫，2014年）。
白川静『新訂　字統』（平凡社，2007年）。
西野真由美編『新訂　道徳教育の理念と実践』（放送大学教育振興会，2020年）。
古川雄嗣『大人の道徳——西洋近代思想を問い直す』（東洋経済新報社，2018年）。
村井実『道徳教育原理——道徳をどう考えればよいか』（教育出版，1990年）。
和辻哲郎『人間の学としての倫理学』（岩波文庫，2007年）。

第2章
道徳性はどのように育つのか

本章のポイント

道徳性はどのように発達するのか。本章では，ピアジェ，コールバーグ，ギリガン，セルマンなどの道徳性に関する理論を整理した上で，特に自律と他律の観点から道徳教育における発達の意味について考察する。

1　ピアジェによる道徳性の発達理論

世界の多くの国の義務教育は，おおむね6歳前後から開始される。子供の認知の発達段階を考慮すれば，この時期に学習を始めるのが適切であると理解されているためである。発達の視点は，道徳性においても重要であるが，心理学の立場からこの課題に取り組んだのがスイスの心理学者ピアジェ（Jean Piaget, 1896～1980）である。

ピアジェは，道徳が規則の体系から成り立っており，その規則を子供がどのように認識しているかを明らかにすることで道徳性の発達を捉えることができるとした。たとえばピアジェは，規則に対する認識を「マーブルゲーム」に対する振舞い方から捉えようとした。「マーブルゲーム」とは，地面に四角を描き，そこにいくつかのマーブル（大理石，おはじきの石）を置き，外側からマーブルを投げ，四角からはじき出すというルールで進められるものである。

その結果，ピアジェは，子供の思考（認知機能）がそれまで持っていた思考の「枠組み」では対処できなくなった時，それをより高度に洗練しようとする過程の中で発達するとして，規則に関わる発達を次の4段階に分けた。

①**運動的個人的段階**（0歳～2歳）：自己の欲求のまま，あるいは慣習的に遊ぶ。
②**自己中心的段階**（2歳～6歳）：ごっこ遊びをしたり，絵を描いたり，言語

化が進んでいく段階。年長者の行動は模倣するが，そこに規則は働いておらず，おのおの自分だけの遊びをする。
③**協働の段階**（6歳～11歳）：物事を1つの側面からのみ眺めていた状態から，多くの側面から推論をくだすことができるようになる段階。
④**規則制定化の段階**（11歳～成人）：より抽象的に思考することができるようになる段階。規則に対する考えが一致する段階。

また，ピアジェは，規則の意識の発達について，(1)運動的個人的規則の段階（個人の枠内に限定される），(2)強制的規則の段階（規則を神聖なものとして受け入れる），(3)合理的規則の段階（規則は相互の合意に基づくものであり，尊重すべきものと考えるが，お互いの了解があれば変更できると考える）という3段階があるとしている。

ピアジェは，子供たちは規則が大人から与えられた絶対的な存在と見なす段階（他律の道徳）から，規則が合意を前提として，お互いの了解があれば規則の変更が可能であるという段階（自律の道徳）へと移行するとした。ピアジェによれば，人はただ外界から社会化されるのではなく，逆に外界との相互作用（活動）を通して外界を能動的に認知し構成するものであり，道徳性とは客観的に存在する社会の規範を内面化させることではなく，他者や社会との関わりの中で各人が理解することで発達すると主張したのである（堺正之『道徳教育の方法』）。

2　コールバーグの発達段階とモラルジレンマ

コールバーグの道徳性認知発達論

コールバーグ（Lawrence Kohlberg, 1927～87）は，ピアジェの発達段階説を継承しつつ，他律から自律へという認知の枠組み（シェマ）を細分化し，6段階の道徳性認知発達論を提起した。

コールバーグによれば，道徳性の発達とは，葛藤のある道徳的問題における判断が，矛盾やジレンマ（葛藤）の解決を目指してより高次な判断へと組み替えられていくことであるとする。ここで問題とされるのは，自己の利害だけで判断する思考から，他者の立場を理解し，より公正な解決をめぐる思考への発達である。つまり，コールバーグにとって道徳性の発達とは，ジレンマ（葛藤）の解決に向け，自己の利益から他者や社会の視点に立って判断できるようになることであるとされた。コールバーグは，道徳性の認知発達段階を次のような３水準６段階に整理した（林泰成「道徳教育における他律から自律への発達図式についての哲学的検討」）。

第１水準　慣習的水準以前
　第１段階は，罰と服従への志向の段階である。この段階にある人は，罰を避けることや力のある者に従うことが正しいことであると判断する。
　第２段階は，道具主義的な相対主義志向の段階である。この段階では，何かの役に立てば，それは正しいことであると判断される。
第２水準　慣習的水準
　第３段階は，対人的協調，あるいは「よい子」志向の段階である。周囲からよい子だと思われるような判断をする。
　第４段階は，法と秩序の志向の段階である。法や社会秩序を維持することが絶対に正しいこととしてとらえられる。
第３水準　慣習的水準以降，自律的，原理化された水準
　第５段階は，社会契約的法律志向の段階である。この段階では，法もまた人間のためにあるのであって，法が不合理な場合には，合議を経て修正できるという考え方をする。
　第６段階は，普遍的な倫理的原理の志向の段階である。この段階では，法で定められているかどうかは問題ではない。よりいっそう普遍的な倫理的原理に基づいて道徳的な判断の理由づけがなされる。そしてその普遍的な原理の頂点に位置付けられていると考えられるのが正義の原理である。

コールバーグの提起した６段階は，(1)時代や地域や文化，民族を超えて普遍性を持つこと，(2)道徳性の発達が常に第１段階から第２段階というように順を追って進むこと，(3)各段階の内容は統合的な全体構造を持っており，たとえば第３段階の人は，誠実や友情についても常に第３段階で判断する，ということが前提とされている。

コールバーグの道徳性認知発達論の特徴は，普遍性や公正性を中核とする正義を重視する点にある。社会を人間の外部にあるものと捉え，社会の中における法律や宗教や道徳による「公平さ」を認知することで，社会への内的適合と

均衡化を図る過程で道徳性は発達するとした。

モラル・ディスカッションによる道徳授業

道徳は，社会的な関係を課題とするものである。そのため，道徳を認知するには，他者の立場に立って考えることや，他者の視点から状況を理解するという役割取得視点が重要となる。コールバーグが役割取得に注目し，判断の理由づけを重視した根拠もここにある。

コールバーグは，道徳的価値は絶対的なものではなく相対的なものであり，道徳教育は，発達段階に応じて，慣習や法や秩序を中心として自分自身で考え，自分で振る舞い行動し，自分自身で客観的な道徳的価値観へと高めることを促すべきである，と主張した。こうした理解に基づいて提唱されたのが，ジレンマ（葛藤）について話し合うモラル・ディスカッションを積極的に取り入れた道徳授業である。たとえば，モラル・ディスカッションの道徳授業で代表的なのが「ハインツのジレンマ」と言われる以下のような課題である。

> Ａの妻は病気で死にかけています。その病気は同じ町の薬局（薬剤師）が開発したある薬を飲むことによって助かる可能性があります。薬剤師はその薬に100万円の値段を付けました。Ａは知り合いや親戚からお金を借りましたが，50万円しか集められませんでした。Ａは自分の妻が死にかけているので，不足分は後で払うから50万円で売ってくれるように薬剤師にお願いをしましたが，薬剤師は「私がこの薬を開発した。私はこれを売ってお金儲けをするつもりだからダメだ」と言って断りました。その夜，困ったＡは薬局に押し入って，妻のためにその薬を盗みました。

モラル・ディスカッションの道徳授業は，児童生徒に「モラルジレンマ」（道徳的葛藤）場面を設定することで不均衡状態を経験させ，話し合いを通じて，より高度な道徳的判断を高めていくことを目的としたものである。一般的な授業のプロセスは次のようなものである（西野真由美編『新訂　道徳教育の理念と実践』）。

> ａ）問題（モラルジレンマ）の提示
> 　道徳的葛藤（ある価値と別の価値の対立）を含むオープンエンドの教材を提

示し，解決すべき問題として受け止められるようにする。
b）各自の考えの仮決定
主人公がとるべき行動（選択）とその理由を各自で考え，決定する。
c）小グループによる議論
互いの考えを出し合って比較し，よりよい解決を目指して話し合う。
d）学級内での議論
各グループの議論の結果を発表し，教師も交えて議論を深める。
e）議論のまとめ（個人の意思決定）
各自で，議論を振り返りながら，もう一度自分の考えを決定する。

コールバーグは，後に学級での授業づくりを超えて，学校の環境づくりに関心を向けた。学校で行われる道徳教育は，個人だけに焦点化されるものではなく，モラル・ディスカッションの道徳授業が機能するためには，学校が普遍性や公正性を核とする正義を基本的な原理として運営される必要があると考えたためである。コールバーグは，児童生徒と教師が協同して，学校内で生じた様々な問題を議論によって解決しようとする改革の試みをジャスト・コミュニティ（正義の原理に基づく共同体）と称した。

3　コールバーグへの批判と「ケアの倫理」

コールバーグへの批判

コールバーグの道徳性認知発達論は，道徳性の研究と道徳教育論に大きな影響を与えた。しかし，コールバーグへの批判も提起された。主なものは次の3点である。

第1は，コールバーグの道徳性研究が，認知的側面に限定されていることへの批判である。人間の道徳性は，基本的には認知的側面，情意的側面，行動的側面に分類され，その調和的な発達が期待されている。したがって，認知的側面としての道徳的判断に焦点化されるコールバーグの道徳性認知発達論は，道徳性を捉えることに不十分であるとするものである。

第2は，コールバーグの第6段階の実在性に対する批判である。コールバーグの提起した第6段階は，宗教者や偉人に見られる高い道徳性を想定したものであり，実際には大多数の人間は第6段階に到達できないとするものである。

この批判に対してコールバーグは，最晩年には，第６段階を「理念的な到達点」と位置づけ，自らの発達段階に修正を加えている（西野編『新訂　道徳教育の理念と実践』）。

第３は，道徳性の発達の枠組みそれ自体に関する批判である。コールバーグの道徳性認知発達論は，普遍的な原理に基づいて高次の理由づけをすることが望ましいとされている。その根拠となるのは，正義（公正・公平）の原理であるが，なぜこれが普遍的な原理として重視されるのかは十分に説明されていない。たとえば，日本でも第５段階の人はかなり存在するとされている。しかし，この人々が判断の基準として，正義（公正・公平）を重視した例は少数であった。その理由としては，西洋社会では対立する個と個を調整する基準として正義（公正・公平）が重要であるのに比べて，日本では集団性が優先され，西洋に比べて個と個の対立が生じにくく，正義（公正・公平）が必ずしも道徳判断の基準になりにくいことが指摘できる（永野重史編『道徳性の発達と教育』）。

「ケアの倫理」の視点

コールバーグの道徳性認知発達論に対しては，⑴道徳性の加齢に伴う変化に焦点を当て，個人差（パーソナリティ）についてはあまり考慮してこなかったこと，⑵コールバーグが小さい子供には道徳性がない（道徳と慣習を区別できない）と主張したことなどへの批判もなされた。

しかし，こうした批判によって，コールバーグの理論が完全に否定されたわけではない。むしろコールバーグへの批判の観点が，その後の道徳性の研究の裾野を広げ，発展していることも事実である。たとえばチェリエル（Turiel, E. 1938～）は，子供には道徳性がないという点については，実験方法を工夫すれば，小さい子供も道徳と慣習を区別できることを明らかにしている（荒木寿友『道徳教育はこうすれば〈もっと〉おもしろい』）。また，認知的側面としての道徳的判断に焦点化されるコールバーグの捉え方は，その後の道徳教育では，思いやりや共感などの道徳的心情の発達という視座を喚起する役割を果たしている。

コールバーグ理論への批判と発展という点では，アメリカの心理学者，ギリガン（Carol Gilligan, 1937～）によって提唱された「ケア（care）の倫理」が注目される。コールバーグの道徳性認知発達論に基づいて男女の性差を調べると，同世代の男性が第４段階へと発達する場合においても，女性は第３段階までに留まる傾向が強い。この結果だけ見ると，女性の発達段階は男性に比べて低いことになるが，ギリガンはこの点に異議を唱えた。

ギリガンは，男女の違いは，男性が正義を道徳的判断の基準とする傾向が強いのに対して，女性は他者との関係の中で道徳を捉える傾向があり，身近な他者への責任と思いやりを基準として道徳的判断をする傾向が強いことにあると主張した。ギリガンは，この点を「女性は，道徳的な問題を権利や規則の問題としてというよりむしろ，関係性におけるケアや責任の問題として構成する。このことは道徳性の概念を平等性や互恵性の論理と結びつけるのと同様に，責任や関係性の理解において女性の道徳的思考の発達が変化することと結びついている」と説明している（ギリガン『もう一つの声』）。

ギリガンの批判に対し，コールバーグも道徳的判断にはケアと責任の道徳があることを認めているが，ギリガンが「正義の倫理」とは異なる「ケアの倫理」を提唱したことは意義がある。「ケアの倫理」は，単に相手に思いやりを示すというものではなく，また誰かが誰かをケアするという〈与える―与えられる〉という関係に限定するものでもない。自律した個人に価値を置く西洋近代の原則や，知識の個人的獲得という学習観を超えて，他者との関わり合いや学び合いの中で喜びをともにしたり，連帯を形成する場として学校を再定義することの重要性を提起するものである。

セルマンの社会的視点取得の発達

コールバーグ理論は役割取得の原理を中心としているが，役割取得の能力を「社会的視点取得」（social perspective taking）という観点から精緻化し，その育成を目指したのがセルマン（Robert L. Selman, 1942～）の社会的視点取得の発達理論である。セルマンは，「社会的視点取得」を「他者の立場に立って心情を推測し，自分の考えや気持ちと同様に，他者の考えや気持ちを受け入れ調整し，対人交渉に生かす能力」と定義し，人間の視点が相互にどのように関連し，調整し合っているのかという発達的理解を含むものとして捉えた。セルマンは社会的視点取得の発達をレベル０から４までの５つのレベルで表２-１のように示している。

レベル０では，自分と他者は存在としては異なっていることは理解できているが，自分と他者の視点を明確に分けて考えることはできず，「自分が好きな

表２−１　社会的視点取得の発達段階

レベル０	未分化で自己中心的視点取得（３～６歳）
	人の体格的，心理的特徴を区別することが難しく，また自分と他者の視点を区別することが難しい。
レベル１	分化　主観的視点取得（５～９歳）
	人の体と心を分けることができ，自分の視点と他者の視点を区別して理解する。しかし同時に関連づけることが難しい。また他者の意図と行動を区別して考えられるようになり，行動が故意であったかどうかを考慮するようになる。「贈り物は人を幸せにする」といった一方向の観点から捉えたり，身体的なものに限られるが「叩かれたら叩き返す」といった双方向のやり取りもある。
レベル２	自己省察／二人称互恵的視点取得（７～12歳）
	他者の視点から自分の思考や行動について省察できる。また，他者もそうすることができることを理解する。外からみえる自分と自分だけが知る現実の自分という２つが存在することを理解するようになる。したがって，人と人とがかかわるときに他者の省察を正しく理解することの限界を認識できるようになる。
レベル３	三人称的で相互の視点取得（10～15歳）
	自分と他者の視点以外，第三者の視点をとることができるようになる。「観察する自我」（observing ego）といった概念が生まれていく。したがって，自分と他者の視点や相互作用を第三者の立場から互いに調整し考慮できるようになる。
レベル４	深く社会的記号論的な（一般化された他者としての）視点取得（12歳～大人）
	多様な視点が存在する状況で自分自身の視点を理解する。人の心の無意識の世界を理解し，主観的な視点をとらえるようになり，「言わなくても明らかな」といった深いところで共有される意味を認識する。

出典：渡辺弥生編『VLF によるおもいやり育成プログラム』。

ものは他人も好き」という考え方をするのが特徴である。そのため，他者が自分とは異なった見方をしていることを理解するのは困難な段階である。

レベル１では，他者の考えや気持ちが自分とは異なっていることを理解できるようになる。しかし他者の立場に立って考えることはまだ難しく，自分の主観的な，あるいは外的な要因から他者の考えや気持ちを推察する。レベル２では，他者の視点から自分自身を見つめることが可能になると同時に，他者のことは本当のところはわからないという認識を持つようになる。省察（reflection）という言葉がキーワードとなる。

レベル３では，私とあなたという関係だけではなく，それを見ている第三者の視点から物事を捉えることが可能になる。この段階では，自分は他者からどう見られているのかということを踏まえて，物事を考えることが可能になる。そして，レベル4では，集団やより広い社会全体の視点から物事を捉えることができ，一般化された他者（generalized others）という視点によって，社会システムが機能していることを理解できるようになる。

セルマンは，この社会的視点取得能力の発達に基づいたプログラムをボストンの幼稚園や小学校で実施している。ここでは，「結び付き」「話し合い」「実践」「表現」「ホームワーク」の5つのプロセスを経ることで，自己の視点を表現すること，他者の視点を理解すること，自他の違いを認識し，葛藤を解決できるようにすることなどが目指されている。

4「他律から自律へ」をどう考えるか

認知発達段階と社会律

道徳性の発達に関する研究では，ピアジェ，コールバーグの正義を基準とする道徳性の認知発達論とギリガン，セルマンなどの他者との関係性を基準とする認知発達論を確認することができる。これらの認知発達論に対しては，個人の発達に焦点化される傾向が強く，個人の発達に及ぼす社会性あるいは社会律（社会規範）との関係に必ずしも十分な配慮がされていないとの指摘もある。

たとえば，他律から自律へというピアジェの発達理論を批判的に継承しながらも，他律の意義を探求したのがイギリスの教育学者であるノーマン・ブル（Norman Bull, 1916～）である。ブルは，ピアジェの発達段階説には社会性や社会関係の視点が十分ではないとして，社会律を加えた発達段階説を主張し，(1)道徳以前，(2)外的道徳（他律），(3)外―内的道徳（社会律），(4)内的道徳（自律）という4段階の順序で発達していくとした。

ブルは，友人関係の中に見られる単純な相互性から愛他的な自律が生まれるわけではないとして，社会律（社会規範）の意義を主張した。また，4段階のいずれかにおいても他律は残っていると指摘し，一律に他律から自律へと進むわけではないとした。心理学は，個人を対象として発達の段階を探求することを基本とするが，人間の日常生活は社会と強く結び付いている。社会が人間にとって必然的なものであり，有機的な関連をもつ存在であれば，発達段階から社会性や社会関係の意味を捨象することは適切ではないというのがブルの主張であった。

また，フランスの発達心理学者のアンリ・ワロン（Henri Wallon，1879～1962）は，心理学は個人を対象としてその発達を探求するが，人間は社会との緊密な関係性の中で生きているのであり，社会律（社会規範）を無視することはできないとしてピアジェの認知発達論を批判した。

道徳教育における自律と他律

コールバーグが提起した道徳性認知発達の６段階は，道徳教育研究に大きな影響を与えたが，そもそも高次の段階の方が道徳性として優れているといえるのかについては議論が分かれる。また，「他律から自律へ」という認知発達段階の枠組みは，西洋近代の自律と自己決定を重視する倫理思想を基盤としているが，自律の段階に到達したからといって他律としての社会律（社会規範）から完全に解放されるわけではない。そのため，自律が可能となるためには，他律としての社会律（社会規範）との調整が常に必要となり，時として想定される自律と他律との矛盾の解決も課題となる（林「道徳教育における他律から自律への発達図式についての哲学的検討」）。

そのため，道徳教育において，「自律か他律か」という二者択一的な選択ではなく，自律と他律をどのように調和させることが可能なのか，また，自律と他律との対立をどう克服するかということが重要な研究課題となる。この点はコールバーグのモラル・ディスカッションに対して，伊藤啓一が次のように指摘したことにもつながる（伊藤啓一「道徳教育の授業理論」）。

> 思考形式が同じ段階でも，ある子どもは善い行為を，他の子どもは悪い行為をなす場合がある。例えば，「みんなから称賛されたい，認められたい」という理由でクラスのために尽くす第３段階の子どももいれば，「仲間から弱虫といわれたくない」との思いで，みんなと同じように万引きする第３段階の子どももいるのである。よって，認知発達理論に基づいて段階の上昇を目的とするだけの道徳教育では不十分なのである。つまり，価値内容を教えることを否定してしまっては，道徳教育は成立しない。モラル・ディスカッションは，子どもの主体性を尊重する授業スタイルや認知発達を促進する点に魅力はあるものの，道徳教育としての限界があることも認めなければならないだろう。

コールバーグは後に，「道徳性の発達段階が心理学的に解明できたからといって，それによって道徳教育の方法を提示できると考えたのは心理学者として誤りであった」と述べ，道徳的価値を教えることの必要性を認めている。

「他律から自律へ」という枠組みは，他律よりも自律が高次の概念であることが前提とされている。しかし，他者とのつながりを基盤とする道徳教育においては，他律としての社会律（社会規範）との関係を無視することはできない。道徳教育においては，「他律から自律へ」という観点だけでなく，「自律から他律へ」という観点との往還を視野に入れながら，自律と他律の調和と調整を図ることができる資質・能力の育成が求められる。

参考文献

荒木寿友『学校における対話とコミュニティの形成——コールバーグのジャスト・コミュニティ実践』（三省堂，2013年）。

荒木寿友『道徳教育はこうすれば〈もっと〉おもしろい』（北大路書房，2019年）。

荒木寿友・藤井基貴編著『道徳教育』（ミネルヴァ書房，2019年）。

伊藤啓一「道徳教育の授業理論」（小寺正一・藤永保編『新版　道徳教育を学ぶ人のために』世界思想社，2001年）。

押谷由夫『道徳教育の理念と実践』（放送大学教育振興会，2016年）。

貝塚茂樹・関根明伸編著『道徳教育を学ぶための重要項目100』（教育出版，2016年）。

C. ギリガン（岩男寿美子監訳）『もう一つの声——男女の道徳観のちがいと女性のアイデンティティ』（川島書店，1986年）。

堺正之『道徳教育の方法』（放送大学教育振興会，2015年）。

永野重史編『道徳性の発達と教育——コールバーグ理論の展開』（新曜社，1985年）。

西野真由美編『新訂　道徳教育の理念と実践』（放送大学教育振興会，2020年）。

林泰成『新訂　道徳教育論』（放送大学教育振興会，2009年）。

林泰成「道徳教育における他律から自律への発達図式についての哲学的検討」（『上越教育大学紀要』第25巻第1号，2005年）。

渡辺弥生編『VLF によるおもいやり育成プログラム』（図書文化，2001年）。

第3章
学校で道徳を学ぶとはどういうことか

本章のポイント

道徳を学ぶとはどういうことなのか。本章は，「道徳は教えられるのか」という根本的な問いを踏まえて，公教育として学校で道徳を学ぶことの意味について考察する。また，道徳教育の学びの構造を整理しながら，他者とつながるとはどういうことなのかについても検討する。

1　道徳を教えるとはどういうことか

道徳は教えられるか

道徳は教えられるのか。これは，道徳を考える上で根本的な課題であり，繰り返し議論されてきた問いである。また，はたして人間は道徳を学ぶことで道徳的となり，道徳性を身に付けることができるのか。これもまた私たちが考えなければならない道徳教育に関する問いである。

古代ギリシャの哲学者ソクラテス（BC 469頃～BC 399）の考えは，弟子であるプラトン（BC 428/427～BC 348/347）の著した対話篇を通じて知られる。その一つである著作『メノン』の中でソクラテスは弟子メノンから「道徳は教えられるのか」と問われている。これに対してソクラテスは，「徳とは善きものを望んで獲得する能力」であり，万人に備わっている。「善きものを望んで獲得する能力」とは，「正しい思わく」として万人に内在しており，それが他者からの問いによって覚醒されて知識となると答えている。「善きもの」とは知識であり，知識であれば教えることができるというのがソクラテスの答えであった。

ソクラテスはまた，人間は本来的に「善さ」を求めて生きている。その人間が悪い行為をするのは，その人に善の知識がないためであり，知識があれば善い行為ができるとも述べている。ここから導き出されたのが「徳は知である」という命題である。

しかし，善の知識を持っている人が善い行為をしているかといえば，そうではない現実を私たちは日常的に目にしているではないか。そう言ってソクラテスを批判したのがアリストテレス（BC 384頃～BC 322）である。アリストテレスは，徳を「知性的徳」と「習慣的徳」に分類し，日常生活の中で繰り返される中庸の精神に基づいた「習慣的徳」を重視した。アリストテレスは，ソクラテスのいう「徳は知である」という命題に対しては，それが善の知識を重視している点を評価しつつも，道徳は知識だけでなく「習慣」や「習慣づけ」によって機能すると主張した。つまり，アリストテレスによれば，道徳的な人間とは，善悪についての知識を持っているだけではなく，それを「習慣づけ」て行動できることであった。知識と習慣が備わることが「道徳的」の意味であるとしたのである。

道徳をどう学ぶのか

私たちには，知識として「わかっている」ことでも，実際にはそれが行動としては「できない」ことがある。第1章において，道徳教育の目指すものが「道徳的価値の自覚」であると述べたが，「できない」ということは，基本的に道徳的価値を自覚していないためであるといえる。この点から言えば，「わかっているけどできない」ということは，「わかっていないからできない」ということになる。

アリストテレスは，知識が「習慣づけ」されるためには，知識が正しく認識され，判断されることが必要であるとした。これが，アリストテレスの「実践的三段論法」であり，人間の道徳的行為は，次のような3つの段階の論理的推論の構造から説明されるとした（村井実『道徳教育の論理』。図は，同書175頁を参考として，一部に修正を加えたものである）。

実践的三段論法
〈大前提〉………道徳的価値
〈小前提〉………個人が現実に直面する状況の認識・判断
〈結　論〉………行為の決定

〈大前提〉は，「誠実」「正直」「正義」といった道徳的価値（徳目）を理解することであり，これが道徳的認識や判断の基盤となる。また，〈小前提〉にあたるのが，個人の置かれている状況についての認識と判断である。道徳教育において大切なことは，子供たちが直面する生活場面において，それぞれが道徳的価値に基づいた行為を決定できることである。そのためには，歴史や社会に対する知識やその他の諸科学についての知識を用いながら，道徳的価値を適用させるための条件を分析する能力が必要となる。これがアリストテレスのいう〈小前提〉にあたるものである。

そして，〈大前提〉としての道徳的価値が，状況についての認識・判断である〈小前提〉につき合わされることによって，道徳的価値にかなった行為が〈結論〉として導き出され，一定の行為が決定されるのである。

アリストテレスのいう「実践的三段論法」は道徳教育の学びの基本であると考えられる。ただし，道徳教育の学び全てが「実践的三段論法」にあてはまるわけではない。なぜなら，〈大前提〉としての道徳的価値が正しくても，認識と判断を誤って正しい行為ができない場合もあるし，逆に，道徳的価値それ自体が実態とかけ離れているために，適切でない場合もあり得るからである。道徳教育の学びでは，アリストテレスの「実践的三段論法」が基本となるが，〈大前提〉としての道徳的価値を批判的に検討し，また新たな道徳を創出するという往還的な作用が必要となる場合もある。

この点に関して村井実（1922～）は，実践規則（徳目）とは，道徳的に行為するための原理・原則であるが，「本来私自身によって作られたものではなく，この世に生まれ落ちたときから，いわば外面的に押しつけられたもの」としながら，「真の道徳的主体は，私自身が私の実践規則の作り主であることによってはじめて保証される」と述べている（村井『村井実著作集４　道徳は教えられるか・道徳教育の論理』）。つまり，道徳教育においては，道徳的な主体性を育てる学びを目指すことが求められるのである。

2　学校教育と道徳教育

デュルケムの道徳教育論と社会化

第７章で述べるように，日本の近代教育は1872（明治５）年の学制を起点としている。学制では道徳教育を担う教科として修身科が設置された。修身科の理念は宗教の教義に求めたものではなく，その制度的なモデルとなったのはフランスの教育であった。当時のヨーロッパ諸国がキリスト教に基づく宗教教育を行っていた中で，フランスが採用していた非宗教の立場は，国教としての宗教が明確ではない日本の国情に親和性があったといえる。

宗教から独立したフランスの道徳教育の理論構築に大きな役割を果たしたのが社会学者デュルケム（Emile Durkheim, 1858～1917）である。近代教育が，普遍的で理想的な人間像から個人の人格形成としての道徳教育を構築したのに対し，デュルケムは，社会のありのままの姿の観察に基づいて，公教育としての学校が担うべき道徳教育の役割を明確にした（西野真由美編『新訂　道徳教育の理念と実践』）。

デュルケムの教育論は教育の目的を社会化に置いたことに特徴がある。社会化とは，個人が自分の所属する社会の価値，規範，行動様式などの社会生活に必要とされる知識・技能などの能力を習得し，社会性を獲得していくことである。デュルケムは「教育は，個人およびその利益をもって，唯一もしくは主要な目的としているのではまったくなくて，それは何よりもまず，社会が，固有の存在条件を不断に更新するための手段なのである」と述べている（デュルケム『道徳教育論』）。

社会の存続のためには，社会を構成する成員に同質性とある程度の多様性が必要であり，デュルケムにとって教育とは，その両面において「若い世代を組織的に社会化すること」であった。こうした理解に基づくデュルケムの道徳教育論は，「規律の精神」「社会集団への愛着」「意志の自律性」の３つを重視している。

「規律の精神」は，社会生活においてあらかじめ設定された規則の権威を受け入れ，それに従おうとするものである。デュルケムは，家庭における道徳教育は愛情を基盤としたものであり，家庭では個人の主観や利害を超えた規則に従う義務は教えられないとする。それに対して学校で学ぶ規則は，市民社会で必要とされる道徳と接続し，家庭での道徳教育と社会とを繋ぐ役割を果たすものであるとした。

「社会集団への愛着」における社会集団とは，具体的には個人の外部にある他者としての家族，国家，人類などである。デュルケムは，この社会集団の中で特に愛国心（祖国愛）の価値が高いとしている。社会とは「固有の存在条件を不断に更新するための手段」と考えるデュルケムは，社会的有機体としての国家に注目し，国家と個人との道徳的な関係を重視したのである。

ただし，デュルケムは人類的な価値を否定しているわけではなく，むしろ愛国心よりも価値が高いと考えていた。しかし，人類愛は固有の意識や組織を持つわけではなく，人類の普遍的な価値を実現することは，それぞれの国家の役割であるとした。つまり，デュルケムは世界市民的な思想は非現実的であり，人類的な普遍性を志向するものが愛国心であるとしたのである（堺正之『道徳教育の方法』）。

「規律の精神」と「社会集団への愛着」が，デュルケムが志向する社会化の理念と連続していることは明らかである。それに対して，「意志の自律性」はこれらとは異質のようにも見える。しかし，デュルケムは，「道徳を教えるとは，道徳を説諭し，注入することではなく，これを解き明かすこと」であると述べている。デュルケムによれば道徳的行為を実現するためには，なぜそのような行動をするのか，そうした行動の根拠となる理由は何かを問うことが不可欠であり，そうした理由を問うことによって，初めて合意の上で社会の規則に従うことができる。そして，それを可能とするのは，「道徳を理解する知性」としての自律性であると規定した（デュルケム『道徳教育論』）。

デュルケムの道徳教育論は，学校における道徳教育の役割を意識しながら，社会へのつながりと個人の自律性とをいかに両立させるかという視点を提示するものであった。

学校における道徳教育の役割

第１章で述べたように，道徳教育は，より善い生き方を求め実践する人間の育成を目指し，その基盤となる道徳性を培う教育活動であると定義することができる。具体的に言えば，道徳的価値に基づいて道徳的な主体性を育てる学びを助ける働きが道徳教育であり，他者とつながるための知恵と方法を考え続ける資質・能力を育成することを目指すものである。

ただし，デュルケムが説明したように，家庭での道徳教育，地域での道徳教育，そして学校での道徳教育は，子供たちの道徳性を育成するという共通の目的を持つものであるとしても，それぞれの場で展開される内容と方法には差異がある。道徳教育に関する議論は，ともすればこれらの差異を無視して一般化する傾向があるが，それは逆に，学校・家庭，地域における道徳教育の機能と役割を抽象化させてしまうことになりかねない。

本書が対象とするのは，学校における道徳教育である。学校が公教育である以上，学校で意図される道徳教育は，国家の規定する法体系に基づいて構成される。学校における道徳教育の基準となるのは，日本国憲法，教育基本法，学校教育法といった法律や学習指導要領であり，これらに規定された目的，内容，方法を無視して行うことはできない。学習指導要領が規定する「特別の教科道徳」については，第11章で詳しく説明するが，本章では，教育基本法の規定を確認しておきたい。

2006（平成18）年12月に改正された教育基本法は，その前文において，「民主的で文化的な国家を更に発展させるとともに，世界の平和と人類の福祉の向上に貢献すること」を実現するために，「個人の尊厳を重んじ，真理と正義を希求し，公共の精神を尊び，豊かな人間性と創造性を備えた人間の育成を期するとともに，伝統を継承し，新しい文化の創造を目指す教育を推進する」としている。

教育基本法第１条は，教育の目的について「人格の完成を目指し，平和で民主的な国家及び社会の形成者として必要な資質を備えた心身ともに健康な国民の育成を期して行われなければならない」と定めている。ここでは，「人格の完成」と「平和で民主的な国家及び社会の形成者」を育成することを教育の目的としており，その実現は道徳教育の課題と重なる。そして，第１条のこの目的を実現するために，第２条では具体的に教育の目標を次のように定めている。

一　幅広い知識と教養を身に付け，真理を求める態度を養い，豊かな情操と道徳心を培うとともに，健やかな身体を養うこと。
二　個人の価値を尊重して，その能力を伸ばし，創造性を培い，自主及び自律の精神を養うとともに，職業及び生活との関連を重視し，勤労を重んずる態度を養うこと。
三　正義と責任，男女の平等，自他の敬愛と協力を重んずるとともに，公共の精神に基づき，主体的に社会の形成に参画し，その発展に寄与する態度を養うこと。

四　生命を尊び，自然を大切にし，環境の保全に寄与する態度を養うこと。
五　伝統と文化を尊重し，それらをはぐくんできた我が国と郷土を愛するとともに，他国を尊重し，国際社会の平和と発展に寄与する態度を養うこと。

「人格の完成」と「平和で民主的な国家及び社会の形成者」の育成という教育の目的を実現するための第２条の具体的な規定は，学校で行うべき道徳教育の内容と直接に関わる。つまり，学校での道徳教育は，教育基本法第１条と第２条に示された教育の根本精神に基づいて行われなければならず，教育基本法の規定は，学校が中心となって達成すべき道徳教育の目標ということになる。

3　道徳教育をめぐる２つの立場

本質主義と進歩主義

道徳教育についての考え方には，大きく分けて本質主義（essentialism）と進歩主義（progressivism）の２つの立場がある。本質主義の立場は，歴史の試練に耐えてきた文化遺産としての教育的価値を重視し，学校にはそれを次世代に伝達するという社会的な役割があることを強調する。本質主義の立場からの道徳教育では，社会や共同体のなかで重視される規範や慣習，道徳的価値を子供に伝達し，内面化を図ることを主眼とする。

これに対して進歩主義の立場は，子供の興味・関心・成長欲求を受け止めることが大事であり，子供の自発性・主体性を尊重して活動意欲を引き出すことに道徳教育の目的を置くものである。

たとえばアメリカにおいて，本質主義の立場は，インカルケーション（価値の内面化：inculcation）の道徳教育や人格教育（character education：品性教育ともいわれる）として研究され，実践されてきた。これらの道徳教育では，青少年の問題行動や自制心の欠如は，親や教師が善悪や道徳的価値を教えてこなかった結果であると捉え，社会や大人が望ましいと考える価値を子供に伝達することの必要性が強調された。

一方，進歩主義の立場は，本質主義に基づくインカルケーション（価値の内面化）の道徳教育は，正直・親切・勇気・忍耐などの社会の慣習的価値を子供に注入（インドクトリネーション：indoctrination）するものであると批判し，ディスカッションなどを通して，子供の価値表現や価値判断を尊重する道徳教育を主張した。ここでは，道徳的価値を普遍的で絶対的なものとして捉えるのではなく，相対的で個人的なものと捉え，状況における判断を重視する「価値の明確化」の授業理論（諸冨祥彦『道徳授業の革新』を参照）や第2章で紹介したコールバーグの道徳性認知発達論に基づく道徳教育として展開した。進歩主義の道徳教育では，学校や教師の役割は道徳的価値の内容を伝達することではなく，道徳的価値を獲得する過程を援助するものとして捉えることに特徴がある。

本質主義と進歩主義をめぐる2つの大きな潮流の中で，日本でも1980年代後半からはコールバーグの授業理論の研究や「価値の明確化」の授業理論が紹介された。また，1990年代には，各教科や総合的学習及び特別活動などそれぞれの中での道徳的価値に関する流れを押さえ，「道徳の時間」と関連づけて子供たちが連続的に道徳学習を発展させられるように支援していく「総合単元的道徳学習」などが提唱された（詳しくは，押谷由夫『総合単元的道徳学習論の提唱』などを参照）。

道徳教育の学びの構造

1990年代以降，アメリカではインカルケーションの道徳教育が再評価されつつあり，「価値の明確化」やモラル・ディスカッションの限界をいかに補うかという観点からの研究が進んでいる（小寺正一・藤永芳純編『新版　道徳教育を学ぶ人のために』）。また，日本でも「子供に道徳的価値を伝達すること」と「子供の道徳的批判力・創造力を育成すること」の統合を目指した統合的道徳教育（統合化方式）なども提唱された（伊藤啓一『「生きる力」をつける道徳教育授業』）。これは，本質主義と進歩主義の2つの理論的な立場をどのように統合するかという課題であると同時に，アリストテレスの「実践的三段論法」とも関連する道徳の学びの構造ともいえる。

「子供に道徳的価値を伝達すること」と「子供の道徳的批判力・創造力を育成すること」の統合をどう図るかという課題は，すでに1940年代に天野貞祐によっても指摘されていた。天野は，「道徳教育は被教育者の道徳性を開発育成する活動である」としながら，道徳性の核心をなすものは善意志（善い意志）であり，善意志なくしては，道徳性はありえないと述べている。

たとえば天野は，善意志のない勇気はかえって道徳性を阻害すると同時に，健康とか富という人生の財産も善意志に裏打ちされなければ害悪となるとした。ただし，善意志が道徳性の中核ではあるが，善意志があれば十分というわけではない。なぜなら，動機と目的が善いと信じて行動しても，それが必ずしも善いというわけではないからである。

善意志が善い行為となるために必要なものは何か。天野はそれを思慮（道徳的判断力）であるとした。「善行為の成り立つためには善意志に思慮が伴わねばならぬ」のであり，「道徳性は善意志と思慮とを要求する」というのが天野の主張であった。

具体的に天野は，道徳教育における，教育者の「人格の直接の影響」を重視した上で，善意志と思慮（道徳的判断力）をバランスよく育成するために，(1)「道徳の規準，偉人の言行，さまざまな善行，人生経験，道徳に関する思想」などを教えること，(2)「広く一般の知識を授け，その知識を媒介として道徳的判断力を養う」ことが必要であるとしている（天野「道徳教科書の問題」）。

人間の歴史の中で醸成されてきた道徳的価値をいったんは受け入れ，それを基盤として私たちが直面する様々な道徳的な課題について的確に認識，判断する資質・能力を育てることが道徳教育の役割といえる。もちろん，継承された道徳的価値は，それ自体が絶対的なものと考えるのではなく，社会や時代の変化に対応する中で修正される場合もあり得る。しかし，それは過去から継承されてきた道徳的価値を否定するということではなく，それらを発展的に継承しながら必要に応じて修正するということであり，さらに新たな道徳的価値の創出を追究する営みでもある。

4　他者とのつながりを学ぶ

人間は一人では生きていくことができない以上，他者とつながることが求められる。したがって，他者とのつながりを実現するための知恵と方法が道徳教育と言い換えることもできる。

特に学校は，同年齢や異年齢との交わりの中で集団的な学びが可能となる場でもある。たとえば教育者の金森俊朗は，「生きるとは，仲間とつながることだ。つながることで自分らしいハッピーを創り出してほしい」と述べ，学校は，丹念に，丹念に，「つながる練習」を繰り返すことによって子供が成長する場であることを強調している（金森『いのちの教科書』）。

学校が他者と「つながる練習」をする場であるとすれば，学校の教育課程において直接に他者とつながる方法を学ぶことが道徳教育であり，「特別の教科道徳」はその要としての役割を担うということができる。

しかし，他者とつながるということは，単純に他者を「好きになる」，あるいは「仲良くなる」ということだけを意味するものではない。もちろん，他者を「好きになる」「仲良くなる」ことが可能であればそれに越したことはないが，人間と人間との関わりは，それほど簡単ではない。また，「好きになる」「仲良くなる」ことで，いじめなどの問題がなくなると考えるのも短絡的である。

道徳教育では，他者と分かり合い，共感することによって相手を「好きになる」「仲良くなる」ことを目指しながらも，それ自体を目的とするのではなく，そのためにはどうすればよいかを自分の問題として考えることが重要である。また，どうしても「好きになれない」「仲良くできない」としても，それ自体を否定するのではなく，そうした関係性の中でもつながりを切ることなく，よりよい関係を築くにはどうすればよいのかを考えることも大切である。つまり，つながるとは，他者との親密な関係性を構築することだけを意味するものではなく，他者との「距離感」や「間合い」に近い概念として捉えることができる。その意味で道徳は，道徳的な他者とのつながり方を学ぶという技術的な側面を含んでいるのである。

参考文献

天野貞祐「道徳教科書の問題」（『心』1963年９月号）。
荒木寿友・藤井基貴編著『道徳教育』（ミネルヴァ書房，2019年）。
伊藤啓一『「生きる力」をつける道徳教育授業――中学校統合プログラムの実践』（明治図書，1996年）。
押谷由夫『総合単元的道徳学習論の提唱』（文溪堂，1995年）。
押谷由夫編『道徳教育の理念と実践』（放送大学教育振興会，2016年）。
貝塚茂樹・関根明伸編著『道徳教育を学ぶための重要項目100』（教育出版，2016年）。
金森俊朗『いのちの教科書――学校と家庭で育てたい生きる基礎力』（角川書店，2003年）。
木村敏『人と人の間――精神病理学的日本論』（弘文社，1972年）。
鯨岡峻『ひとがひとをわかるということ――間主観性と相互主体性』（ミネルヴァ書房，

2006年）。
小寺正一・藤永芳純編『新版　道徳教育を学ぶ人のために』（世界思想社，2001年）。
堺正之『道徳教育の方法』（放送大学教育振興会，2015年）。
デュルケム（麻生誠・山村健訳）『道徳教育論』（講談社，2010年）。
西野真由美編『新訂　道徳教育の理念と実践』（放送大学教育振興会，2020年）。
村井実『道徳教育の論理』（東洋館出版社，1981年）。
村井実『村井実著作集４　道徳は教えられるか・道徳教育の論理』（小学館，1987年）。
諸冨祥彦『道徳授業の革新』（明治図書，1997年）。

コラム１　道徳教育の学びと「個性」

個性とは，特定の能力や性格，知能や気質などについての個人的な差異ではなく，「その人たらしめている全体としての特徴」を意味している。したがって，そもそも「個性がない」ということはありえず，全ての個人が個性を持っているということになる。

「その人たらしめている全体としての特徴」が個性であるとすれば，個性とは，常に肯定され，尊重されるべきものであるとは限らない。実際に，「個性的」という言葉は，才能豊かで魅力的な場合を言い表す反面，「常軌を逸した人」に対しても用いることも珍しくない。一般に，飛び抜けた才能や，万人が認める仕事や作品を「個性的」とはいわず「一流」と称するのはそのためでもある。個性は，それ自体が人生の目的となるようなものではなく，意図的に「個性的」であろうとふるまう必要もない。個性とは，個人の成長の結果として自ら形成されるものであり，「個性的」であるかどうかは，結局は「他者」によって認識されるべきものである。つまり個性とは，それ自体が称賛されるべきものではなく，「望ましい個性」も「望ましくない個性」もあるということである。そして，道徳教育的な観点からすれば，「望ましい個性」は伸ばすべきものであるが，逆に「望ましくない個性」は抑制される必要があるということになる。

2000年代以降の教育改革では，「自ら学び，自ら考える」個人こそが，「主体的・自律的に行動」するための前提とされ，「生きる力」を育成するためには，学ぶ意欲，興味，関心を育てることが重視されている。このことは，「自分の内側の奥底にある『何か』のほうが，外側にある基準よりも尊ばれる」状況，つまりは，「個人の心の内なる声」こそが個性であるという理解を助長させた（苅谷剛彦「『中流崩壊』に手を貸す教育改革」『中央公論』2000年７月号）。

たしかに，学校教育では，子供たちの個性への配慮が必要である。しかし，そもそも学校は，「国家及び社会の形成者」を育成する目的を持っており，社会化の機能を主としている。したがって学校では，一般社会と同じように秩序の維持や規律の遵守が必要であり，秩序を乱し，規律を遵守しない望ましくない個性は抑制されることが必要となる。学校教育の基本的な役割は，「他者」との共通の規範意識を身に付けさせることであり，「他者」との協調的な人間関係の中で，国家と社会の一員としての望ましい価値観を子供たちに身に付けさせることである。学校がこうした社会化の機能を持つ公の機関である以上，子供の個性を無限定で無条件に受け容れることは本来できないし，実際の学校教育では子供の個性を意図的に抑制しなければならないことも生じる。そのため，学校教育本来の目的を達成するためのルールや規制は，子供たちの個性を無視するもの，あるいは歪めるものとして理解されるべきではない。この点で，市川昭午の次の言葉は重要な指摘である（市川昭午『臨教審以後の教育政策』教育開発研究所，1995年）。

> 規制がなければ個性が伸びるというわけではないし，逆に画一的な教育であれば個性が育たないというものでもない。（中略）現実に個人が生活していくためには他者との交わりや人々との協同など集団の人間関係のなかでしか成立しない。異質の者の存在を知り，それとの付き合いを通じ自己認識を深める。多様な個性の存在に気づき，互いの個性を認め，尊重する必要を知ることができる。それに，協調性・調整力など社会性に優れているものも個性の一つといえる。集団のなかで揉まれることを通じてたくましい個性が育ち，リーダーシップが育成されるということもありうる。したがって，個性の伸張を図るためにも個別指導だけでなく，集団のなかでの教育が必要とされる。このように集団のなかで個を磨き，個性を伸ばす点で，学校教育は個性化にとっても意義がある。その意味で，学校における集団教育社会化は個性の育成と必ずしも矛盾しない。

個性は，もともと「個人」の内面に存在しているのではなく，「他者」との関わりの中で強固なものへと「磨かれる」側面がある。なぜなら，個性とは，常に固定したものではなく，より高い水準へと変容を遂げる可能性を持つからである。

このことを考えるために重要なのが，「型」である。一般的には，「個性的である」ことと「型にはめる」ということは対概念として捉えられる。しかし，両者の関係を対立するものと捉えるのは正しくはない。たとえば，伝統芸能の世界には，「守・破・離」という言葉がある。師匠はまず弟子に基本形としての「型」を繰り返し教え込む。それによって伝統的な「型」を継承し，「守」るのである。弟子はやがて，師匠から継承された「型」を「破」り，その枠から飛び出し，遂には「型」から「離」れることで，独自の世界観（境地）を確立することができるという意味である。

ここで大事なことは，より高い水準へ到達するためには，基礎・基本となる「型」が基盤となっていることである。哲学を学ぼうとする人が，ソクラテスやプラトンの打ち立てた学問体系を無視して創造的な独自の哲学を確立できるわけではない。同じように，物理学を学ぼうとする人が，ニュートンやアインシュタインの確立した学問体系を無視することはできない。そもそも先人の業績を飛び越して独自の世界観（境地）を創造することは不可能なことであり，それを達成するためには，基礎・基本である「型」の修得が前提になる。

たとえば落語である。一般に落語には，江戸時代から明治時代にかけて成熟した「古典」落語と大正期以降に創作された「新作」落語に分けられる。「古典」落語の場合，寄席に集まる人々は，最初から披露される演目の「落ち（サゲ）」を知っている。知っていながら，円熟した「芸」の前では観客はやはり「落ち（サゲ）」の部分で笑うことになるのである。そして，「噺家が笑わせようとしないのにお客が思わず笑ってしまうのが芸の境地である」（柳家小三治）とも言われるが，その境地とは，毎日の厳しい稽古を積み重ねて「型」を修得し，独自の「芸」を確立して初めて到達できるものである。

このように考えれば，伝統芸能における「守・破・離」の「守」にあたる部分が「型」であり，そして「離」にあたる部分が個性に対応しているといえる。つまり，「型」とは，高いレベルの個性に到達するための先人が生み出した叡智であり，また究極の学習法であるということができる。

道徳教育では社会規範としての道徳的価値をいったんは受け入れる。しかし，それで終わりではなく，自分の問題としてより高い道徳的価値へと高められるように主体的に努力することが重要である。学習法としての「守・破・離」は道徳教育の学びにもそのままあてはまる。

一般には，「競争が個性をだめにする」ということがよく言われる。しかし，「競争が個性をだめにする」のではなく，むしろ，「競争」によって人間の技量や人格的魅力としての個性が磨かれ，より高い水準へと高められる側面がある。つまり「競争」を自分の成長の糧として効果的なものとするための方法と手段が「型」ということもできる。そもそも，「競争」することによって萎んでしまうような個性は，その名に値しない。個性とは，個性を抑えるものと，それに反発しようとするものとの葛藤と緊張関係の中で形成される相対的なものであると理解できる。

第4章
道徳教育と宗教の関係をどう考えるか

本章のポイント

教育基本法の第15条第1項は，「宗教に関する寛容の態度，宗教に関する一般的な教養及び宗教の社会生活における地位は，教育上尊重されなければならない」と規定し，教育における宗教教育の役割を求めている。しかし，戦後日本の教育では，教育と宗教の関係に言及することには消極的であった。本章では，道徳教育と宗教との関係を歴史的に整理しながら，今後の道徳教育における宗教教育の課題と可能性について検討する。

1　教育と宗教との関係

人間存在と宗教

宗教には時代や地域によって様々な形態があり，あらゆる宗教に普遍的な定義や共通の特質を導き出すことはきわめて困難である。ただし，それは，人間にとっての宗教の意義と役割を軽視させるものではない。特定の宗教への信仰を持つ人にとっても，あるいは，宗教を信じない人にとっても，宗教が人類の歴史や人間の文化と生活に大きな影響を与えてきたという事実は否定できないからである。

人間は有限で不完全な存在である。ただし，有限で不完全な存在であるという事実に満足できないのも人間である。また，有限なる存在でありながら無限の欲望を持ち，不完全な存在であるからこそ絶対的な理想を求めるというのも人間である。そこに人間存在が宿命的に直面する苦悩と矛盾があるといえる。

こうした人間存在の苦悩と矛盾は，必ずしも合理的な思考や数理的な科学によって十分な解決と救いが得られるわけではない。人間の現実的な矛盾や苦悩を自覚せしめ，永遠の理想によって人間の精神生活を豊かにする方途を示す歴史的で文化的な機能を果たしてきた主要なものが宗教であると考えられる。

一般に教育は，「いかに生きるか」を課題としている。これに対して宗教は，「いかに死ぬか」を問うことを課題としているといえる。その意味では教育と宗教の課題は相反するもののようにも見える。しかし，「いかに生きるか」という課題は「いかに死ぬか」という課題と連続しており，両者の関係は表裏の関係であり，相互補完的である。

教育の目的は，「人格の完成」を目指すことにある（教育基本法第１条)。「人格の完成」という目的を実現するためには，人間存在の本質的な問題としての「いかに生きるか」と「いかに死ぬか」という２つの課題を追究していくことが不可欠である。したがって「人格の完成」という教育の目的を実現するためには，人間存在における宗教の役割の意義を軽視することはできないことになる。つまり宗教教育とは，人類が長い時間をかけて形成してきた様々な宗教の意義と世界観を理解し，宗教が社会に果たしてきた役割を学ぶことで，子供たちが自らの生き方やあり方についての考えを深めるためのものである。

学校における宗教教育

教育基本法第15条は，宗教教育について次のように規定している。

> 第15条　宗教に関する寛容の態度，宗教に関する一般的な教養及び宗教の社会生活における地位は，教育上尊重されなければならない。
>
> 2　国及び地方公共団体が設置する学校は，特定の宗教のための宗教教育その他宗教的活動をしてはならない。

一般に宗教教育は，(1)宗派教育，(2)宗教的情操教育，(3)宗教知識教育，の３つに分類される。教育基本法第15条を踏まえると，(1)宗派教育は，私立学校では認められるが，政教分離の規定から，国・公立学校では認められていない。(2)の宗教的情操教育については，その解釈をめぐって様々な議論があり，国公立学校では認められるかどうかは見解が分かれるが，私立学校では認められる，というのが教育行政の基本的な立場である。(3)の宗教知識教育は，国・公立学校，私立学校を問わず全ての学校での教育が認められている。しかし，学校教育での宗教の扱いは総じて消極的であり，歴史や国語や芸術で宗教文化の一端には触れても，宗教の歴史，思想にまで踏み込む授業はほとんど行われていない。

「特別の教科 道徳」（以下，道徳科と略）の内容項目「人間の力を超えたものに対する畏敬の念を深めること」では，「人間の力を超えたもの」や「畏敬」が宗教と深く関係すると考えられるが，特に国・公立学校の授業では，宗教に結び付いた実践や教材の開発が進んでいないのが実態である。

2　戦後の宗教教育と宗教的情操

総力戦体制と宗教的情操

明治時代以前までの日本では，教育と宗教の関係は密接であり，特に仏教が教育に果たした役割は大きかった。しかし，1872（明治５）年の「学制」では，教育と宗教を分離する政策が採用され，教育から宗教が排除された。また，明治政府は，1899（明治32）年に「一般ノ教育ヲシテ宗教ノ外ニ特立セシムルハ学政上必要トス依テ官公立学校及学科課程ニ関シ法令ノ規定アル学校ニ於テハ課程外タリトモ宗教上ノ教育ヲ施シ又ハ宗教上ノ儀式ヲ行フ事ヲ許サヽルヘシ」とする訓令（「文部省訓令第12号」）を出すことで，教育と宗教を分離する方針の徹底を図り，学校では宗教教育や宗教行事を行うことが禁じられた。

しかし，一方では，教育から宗教的な要素を取り除くことは，かえって教育の機能を妨げるという指摘も次第に強くなっていった。特に，大正期には私立学校を中心に様々な宗教教育の実践も行われた。そのため文部省は，1935（昭和10）年に「宗教的情操の涵養《かんよう》に関する件」を通牒し，宗教的情操の涵養は，「文部省訓令第12号」によって禁止されている「宗教上の教育ないし宗教上の儀式」には含まれないという公式見解を示した。これによって，一宗一派の教義に基づく宗教教育は禁止すべきであるとしながらも，特定の宗派の教義に依拠することなく，どの宗教にも共通する宗教的情操は否定されるべきではないとされた。

宗教的情操教育への注目は，教育における宗教教育の可能性を示したものであった。ところが，教育が総力戦体制に組み込まれてゆく中で，「宗教的情操の涵養に関する件」の教育的な意味は後退し，戦勝祈願のための神社参拝の正当化や，教科書や学校儀式の中に神道的な内容を取り入れるための根拠として機能していく側面が強かった。戦後教育における宗教への消極的な姿勢は，特に総力戦体制下において宗教（特に国家神道）が教育に大きな影響を及ぼしたことへの反省と拒否感が背景となっている（国際教育研究所編『教育のなかの宗教』）。

戦後教育改革と政教分離

第二次世界大戦後，日本国憲法第20条によって国民の「信教の自由」が認められ，国家と宗教との厳格な政教分離政策が推し進められた。1945（昭和20）年12月15日，連合国軍最高司令官総司令部（GHQ/SCAP）は「国家神道，神社神道ニ対スル政府ノ保証，支援，保全，監督並ニ弘布ノ廃止ニ関スル件」，いわゆる「神道指令」を公布した。この指令は，「宗教ヲ国家ヨリ分離」し「宗教ヲ政治的目的ニ誤用スルコトヲ防止」することを目的とし，国家神道が古来の宗教の要素と超国家主義及び軍国主義的なイデオロギーからなるものと定義した上で，国家神道の禁止を求めた。

また日本国憲法第20条は，「信教の自由は，何人に対してもこれを保障する。いかなる宗教団体も，国から特権を受け，又は政治上の権力を行使してはならない。何人も，宗教上の行為，祝典，儀式又は行事に参加することを強制されない。国及びその機関は，宗教教育その他いかなる宗教的活動もしてはならない」（下線は著者）と規定している。

一般に，日本国憲法が規定する宗教教育とは，教育基本法が規定する「特定の宗教のための宗教教育」と解釈される。「特定の宗教のための宗教教育」は教育において禁止されるが，それは，「特定の宗教のためではない宗教教育」は可能であるという解釈と表裏をなしていた。そして，「特定の宗教のためではない宗教教育」の可能性として改めて注目されたのが宗教的情操であった。

1946（昭和21）年９月15日に文部省が出した「新日本建設ノ教育方針」は，戦後日本の理念として「国民ノ宗教的情操ヲ涵養」することを掲げた。また，文部省がまとめた『教育基本法の解説』においては，宗教教育が「広い意味では宗教に関する知識を与え，宗教的情操を養い，もって人間の宗教心を開発し，人格の完成を期する教育である」と規定された（文部省調査局審議課内教育法令研究会『教育基本法の解説』）。しかし，宗教的情操の意義が強調される一方で，宗教的情操が具体的に何を意味するのかという点については明確ではなかった。

「期待される人間像」と学習指導要領

戦後教育において，宗教的情操をどのように定義するかについての議論は錯綜した。その根底には，特定の宗教に基づかなくても宗教的情操教育は可能であるとする意見と，宗教的情操教育は，特定の宗教への信仰に基づかなければ不可能であるとの意見の対立があった（宗教教育研究会編『宗教を考える教育』）。

宗教的情操についての定義を明確に示したのは，1966（昭和41）年10月31日の中央教育審議会答申別記「期待される人間像」においてである。ここで，宗教的情操について次のように定義された。

> すべての宗教的情操は，生命の根源に対する畏敬の念に由来する。われわれはみずから自己の生命をうんだのではない。われわれの生命の根源には父母の生命があり，民族の生命があり，人類の生命がある。ここにいう生命とは，もとより単に肉体的な生命だけをさすのではない。われわれには精神的な生命がある。このような生命の根源すなわち聖なるものに対する畏敬の念が真の宗教的情操であり，人間の尊厳と愛もそれに基づき，深い感謝の念もそこからわき，真の幸福もそれに基づく。

「生命の根源すなわち聖なるものに対する畏敬の念」が宗教的情操であるとする「期待される人間像」の定義は，その後の学習指導要領の内容にも影響を及ぼすことになる。1968（昭和43）年改訂の「昭和43年版小学校学習指導要領」では，「生命を尊び，健康を増進し，安全の保持に努める」「美しいものや崇高なものを尊び，清らかな心をもつ」ことが道徳の内容として明記された。

「心のノート」とスピリチュアリティ

「生命への畏敬の念」を「人間の尊重」に直接結び付ける指導方針は，その後の学習指導要領や2002（平成14）年度から全国の小中学生に配布された「心のノート」の内容にも継承された。「心のノート」では，特に，生命の有限性，偶然性，連続性を基軸とした「いのち観」が提示された。

「心のノート」に見られる「いのち観」は，①生命は自分のものであるが，「与えられた」という意味で自分だけのものではないという「与えられたいのち観」，②人間の生命は宇宙や自然を超えた「大いなるもの」に通じるという「通じ合ういのち観」，③生命は，輝かせることが使命であり目的であるという「輝くいのち観」の３つの性格を有している（カール・ベッカー，弓山達也編『いのち　教育　スピリチュアリティ』）。しかし，「心のノート」では，直接には宗教には言及されてはいないため，いわば，宗教を経由することなく，先祖や「大いなるもの」や「人間の力を超えたもの」に思いを馳せる心情を養うことを求めるものであった。

こうした「心のノート」の立場は，「永遠絶対なもの」や「聖なるもの」といった宗教的な存在を前提とするのではなく，「畏敬の念」の対象は，「自然」や「美」に向けられ，「生命の尊重」は，具体的な人間や動植物の生命を大切にするという点に焦点が合わされたものとなっている。

こうした「いのち観」や「生命の尊重」の捉え方は，2006（平成18）年に改正された教育基本法第2条第4号が，「生命を尊び，自然を大切にし，環境の保全に寄与する態度を養う」と規定し，学校教育法第21条第2号において「生命及び自然を尊重する精神並びに環境の保全に寄与する態度を養う」とする規定とも連続した。

これらを受けて，「平成20年版中学校学習指導要領」でも「主として自然や崇高なものとのかかわりに関すること」の中で次のような内容が示された（ただし厳密にいえば，学習指導要領の表現では，「期待される人間像」にあった「聖なるもの」という表現が削られ，「畏敬の念」の対象が「人間の力を超えたもの」などに置き換えられ，「生命」に関しては，それを「尊重する」という表現へと変わっている。これによって，両者には違いがあり，学習指導要領では，「宗教」の意味が薄められているという指摘もある（岩田文昭「道徳教育における〈宗教性〉」）。

①生命の尊さを理解し，かけがえのない自他の生命を尊重する。
②自然を愛護し，美しいものに感動する豊かな心をもち，人間の力を超えたものに対する畏敬の念を深める。
③人間には弱さや醜さを克服する強さや気高さがあることを信じて，人間として生きることに喜びを見いだすように努める。

この「人間の力を超えたものに対する畏敬の念」の内容は宗教と直接に結び付けられてはおらず，「生命の尊さ」は，宗教の教義に関わる内容を想定したものではない。そのため，「心のノート」に示された「大いなるもの」「生命の根源からの導き」「人間の力を超えたもの」「目に見えない神秘」という宗教を意識させる言葉は，直接には宗教に焦点化されていないために，かえって具体性を欠くことになるという批判もある（ベッカー・弓山編『いのち　教育　スピリチュアリティ』)。

こうした指摘は，昨今のスピリチュアリティの問題とも密接に関わると指摘される。櫻井義秀は，「心のノート」の基調は，自分の心のありように重点がおかれ，そこで問題とされるのは具体的な友人や親，先生，近所のおじさん・おばさんよりも，抽象的な他者としての「あなた」であり，現実社会や国土というよりも「地球」であると述べ，「このような感覚は，宗教伝統をふまえた『聖なるもの』にはやや距離を置きつつも，『かけがえのないもの』という感性にうったえるいまはやりのスピリチュアリティに近い」と指摘した（櫻井編著『カルトとスピリチュアリティ』)。実際に，読み物資料においては，「この見える世界の向こうに，人智をはるかに超えたすばらしい働き，私たち人間よりもはるかに大きく，こわく，おそろしい，けれども愛と慈悲に満ちた不可思議な力が働いていて，それと私たち人間とは心の深いところでつながっている」というスピリチュアルな感覚を「畏敬の念」を結び付けて積極的に理解しようとする傾向も認められる（諸富祥彦『人間を超えたものへの「畏敬の念」の道徳授業』)。

これに対して，伝統的に宗教が問題としてきたような事柄をまったく扱わないで，「人生」「死生観」といったテーマに踏み込めるのか，という指摘もなされている。これは，生と死に関する根本的な課題になんらかの答えを提供してきたのが宗教であるとすれば，宗教に言及することのない状況は，逆に現世主義や世俗主義の人生観や死生観を受け入れることを強いることになるのではないかというものである（ベッカー・弓山編『いのち　教育　スピリチュアリティ』)。

3 「宗教リテラシー教育」と道徳教育

対宗教安全教育と宗教的寛容教育

グローバル化が進行する現代社会では，様々な宗教や文化的背景を持った人々と接触する機会が増える。そのため，異なる宗教的信仰や文化を持つ諸外国の人々を理解することは国際理解の観点からも不可欠である。グローバル社会では，地政学的・文化的要因から世界の動きを捉える必要があり，世界の諸宗教における宗教制度と政治，文化システムとしての宗教を理解することが求められる。

また，個人化と分断が進む社会では，社会の共同性の回復を図ろうとする反グローバリズム（宗教原理主義，宗教的過激主義，カルト運動等）が発生し，社会と鋭く対立する場面も増加している。特に，「カルト」に対する諸外国での危機感は強い。「カルト」対策教育は，フランス，ベルギー，ドイツ，アメリカなどでも進められており，「カルト」対策ビデオによる啓蒙教育や校長研修が政府主導の下で義務づけられているところもある。

こうした諸外国の「カルト」対策の動向に比すれば，日本の「カルト」に対する関心と意識は総じて低い。これは，これまで宗教をある種の「タブー」とし，消極的に捉えてきた日本の教育の責任でもあるといえるが，諸外国の例に倣えば，対宗教安全教育（対カルト教育）を学校教育においてどのように位置づけるかは重要な課題となっている。たとえばイギリスでは，これまでキリスト教に基づいて宗教教育が行われてきたが，社会の多文化的な動向に対応して，1988年の教育改革以降は，キリスト教以外の宗教も対象とし，宗教間の寛容と相互理解を促進するような宗教教育を必修としている。

また，グローバル化と多文化主義に基づいた多文化社会が進展する中で，特定の宗教を絶対視して他の宗教を拒否したり，排除したりする閉鎖的な宗教教育は適切ではない。多様性のある社会を前提とした宗教的寛容教育（他宗教への理解を促す教育や無宗教な人々の立場を認めようとする宗教的寛容に関する教育）も必要となってくる。

歴史的な経緯や法制的な観点を背景として，これまで日本では宗教的情操をめぐる議論が中心となってきた。しかし，「期待される人間像」で宗教的情操の定義が示されて以降も教育と宗教に関わる検討が進展したわけではない。

道徳教育としての「宗教リテラシー教育」

宗教に関する基本的な知識や相違を文化として捉えようとする宗教文化教育は，「宗教リテラシー教育」（宗教情報教育）への関心を喚起している。「宗教リテラシー教育」は，概念としても多様な内容を含んでいるが，一般には，宗教に関する情報を認識し，判断するという意味として理解される。もともと「宗教リテラシー教育」は「カルト」対策としての視点を持つものであり，「正しい宗教」と「カルト」を見分ける能力を育成することが目的とされた。宗教に対する十分な知識を持たない人は，宗教を怪しいものとして感覚的に拒否する傾向があり，たやすく「カルト」に依存する傾向があると指摘される。宗教に関する正確な情報を身につけ，批判的な観点から認識，判断する資質・能力を育成するという意味での「宗教リテラシー教育」は，今後の大きな研究課題の視点といえる。同時にそれは，宗教的情操に偏りがちな日本の議論に新たな視点を提供するものとしても注目される。

宗教を正しく理解することは，自分自身のあり方や生き方を確認することにつながる。そのため，「宗教リテラシー教育」は単なる「カルト」対策という点のみに矮小化されるべきではなく，宗教教育の新たな視点として検討される必要がある。

道徳教育としての「宗教リテラシー教育」の内容を考えるにあたっては，たとえば，「昭和22年版学習指導要領　社会科編（Ⅱ）(試案)」に例示された内容が参考になる。ここでは，「宗教が各国民に共通に経験されるということを理解すること」「日本における宗教の種類について理解すること」「世界の宗教について，その種類と教理の一般とその重点とを理解すること」「社会生活の一部面と考えられる宗教の歴史的発展について理解すること」をはじめとして，次のような内容が挙げられている。

- 神社・寺院・教会その他の宗教団体が行う社会的な仕事に対する理解を深めること。
- 家庭及び社会における宗教教育が一般の社会生活にどんな影響を与えるかを認識すること。
- 宗教が集団の連帯性を発展させるのに，いかに大きな影響力を持っているかということを認識すること。
- 宗教文化が社会生活を豊かにしてきたことを認識すること。
- 科学精神の発展や社会の進歩に伴って宗教がいかに洗練され変化しつつあるかを理解すること。
- 宗教が個人の価値を確立するのに貢献していることを認識すること。
- 信教の自由の必要とそのために過去の人々がいかに戦《（ママ）》かって来たかを認識すること。
- 他の人々の宗教を尊重すると共に自分の信仰によって，社会生活に障壁を築くことのないような寛容な態度を養うこと。

以上の内容は，宗教を信仰の対象として教育することを目的としたものではなく，宗教に対する知識の理解を基盤としながら，宗教が社会生活に果たしてきた文化としての機能と役割に重点を置くものである。こうした宗教文化教育への注目は，近年では，日本宗教学会と「宗教と社会」学会を連携学会とする宗教文化教育推進センターによる宗教文化士資格として具体化されつつある。*

＊2011年から行われている宗教文化士になるための受講科目の到達目標は，(1)教えや儀礼，神話を含む宗教文化の意味について理解できる，(2)キリスト教，イスラーム，ヒンドゥー教，仏教，神道などの宗教伝統の基本的な事実について，一定の知識を得ることができる，(3)現代人が直面する諸問題における宗教の役割について，公共の場で通用する見方ができる，の３つが挙げられている。

4 「特別の教科 道徳」と宗教

戦後の教育と宗教の議論は，歴史的かつ法制的な観点を背景として，宗教的情操をめぐる問題を中心として展開してきた。宗教的情操の捉え方は，大きく分けて(1)「永遠絶対的なもの」や「聖なるもの」としての宗教的な存在を前提とする立場（たとえば「期待される人間像」)，(2)神や仏という宗教的存在を前提とはせずに，「人間の力を超えたもの」を畏敬の対象とする立場（たとえば，学習指導要領や「心のノート」）に分かれていたといえる。

日本国憲法の政教分離規定から考えれば，国・公立学校において，「永遠絶対的なもの」や「聖なるもの」という宗教的な存在を前提に教育を行うことが困難であることは否定できない。もちろんここには，公教育が個人の内面に関わる宗教の問題にどこまで踏む込むことが可能なのかという近代教育の根本的な課題の検討も加わることになる。

一方，教育基本法や学習指導要領に示されたような宗教に言及しない宗教的情操や「生命の尊重」という方向性は，「命」や「こころ」を単なる生物学的・生理学的な次元での問題に押し込めてしまう可能性も指摘される。しかも，宗教系の私立学校を除いて，宗教教育には総じて消極的である日本の国・公立学校において，「命」や「こころ」の大切さをスピリチュアルな感覚の延長線上に置くことに対する危険性も指摘される（例えば，櫻井編著『カルトとスピリチュアリティ』などを参照)。

歴史的な経緯を踏まえれば，宗教的情操の解釈を検討することから教育と宗教との関係を明らかにすることはもはや現実的ではないといえる。宗教的情操の解釈が多義的であり，それぞれの立場の解釈が個々の宗教の教義に基づくことになりがちであるためである。その点では，宗教を個々の宗教的な教義とはいったん切り離し，宗教を人間存在と密接に関わる文化として捉えようとする「宗教リテラシー教育」は，これからの宗教教育のあり方を考える視座として有効といえる。同時にそれは道徳教育においても重要な視点となる。

2017（平成29）年３月に告示された学習指導要領では，道徳の内容項目と宗教を直接に結び付けた記述がない点では，従来と変化してはいない。しかし，『学習指導要領（平成29年告示）解説　特別の教科 道徳編』での「国際理解，国際貢献」の項目において次のように明記されたことは重要である。

> 宗教が社会で果たしている役割や宗教に関する寛容の態度などに関しては，教育基本法第15条の規定を踏まえた配慮を行うとともに，宗教について理解を深めることが，自ら人間としての生き方について考えを深めることになるという意義を十分考慮して指導に当たることが必要である。

ここでは，宗教が「生命に対する畏敬の念」と直接に結び付けられていない点で従来の学習指導要領の立場と変化はない。しかし，道徳の指導内容として宗教の視点が示された点では大きな意義があったといえる。

繰り返すように，教育基本法第15条は，「宗教に関する寛容の態度，宗教に関する一般的な教養及び宗教の社会生活における地位は，教育上尊重されなければならない」と規定している。その趣旨を実現するためには，「宗教に関する一般的な教養」とは何かという点を十分に検討すると同時に，諸外国で展開されている宗教教育や宗教文化教育の可能性を視野に入れつつ，道徳授業として行うべき宗教教育の役割と範囲を考え，それを具体化することが今後の課題となる。少なくとも，道徳教育が宗教の問題に無関心であることは，教育基本法の規定を否定することに等しいのである。

参考文献

岩田文昭「道徳教育における〈宗教性〉」（国際宗教研究所編『現代宗教2007――宗教教育の地平』秋山書店，2007年）。

貝塚茂樹『戦後日本の教育改革と道徳教育問題』（日本図書センター，2001年）。

国際宗教研究所編（井上順孝責任編集）『教育のなかの宗教』新書館，1998年）。
国際宗教研究所編『現代宗教2007――宗教教育の地平』（秋山書店，2007年）。
櫻井義秀編著『カルトとスピリチュアリティ』（ミネルヴァ書房，2009年）。
宗教教育研究会編『宗教を考える教育』（教文館，2010年）。
藤原聖子『教科書の中の宗教――この奇妙な実態』（岩波書店，2011年）。
カール・ベッカー，弓山達也編『いのち　教育　スピリチュアリティ』（大正大学出版会，2009年）。
宮崎元裕「多文化社会における宗教教育」（村田翼夫・上田学・岩槻智也編『日本の教育をどうデザインするか』東信堂，2016年）。
諸富祥彦『人間を超えたものへの「畏敬の念」の道徳教育』（明治図書，2007年）。
文部省調査局審議課内教育法令研究会『教育基本法の解説』（国立書院，1947年）。

コラム2　道徳教育と「死者の民主主義」

吉田満の「問い」

吉田満《よしだみつる》は，1923（大正12）年1月に東京に生まれた。東京帝国大学法学部在学中の1943（昭和18）年10月に学徒出陣で海軍に入り，海軍予備学生として武山海兵団に入団。1944年に海軍電測学校を経て少尉（予備少尉）に任官，副電測士として戦艦大和に乗艦した。翌1945年4月，天一号作戦（沖縄海上特攻）に参加し，大和やその僚艦が撃沈されて多くの犠牲者が出るなか，奇跡的に生還した。復員後の1945年秋に戦時文学の金字塔と称される『戦艦大和ノ最期』を執筆，日本銀行に勤務するかたわら，「散華《さんげ》の世代」「戦中派世代」として，戦後日本のあり方と自らの生の意味を問い続けた。なかでも，1969（昭和44）年の「戦没学徒の遺産」の次の一節は「散華の世代」「戦中派世代」から戦後日本に対する重い「問い」である。

> 私はいまでも，ときおり奇妙な幻覚にとらわれることがある。それは，彼ら戦没学徒の亡霊が，戦後二十四年をへた日本の上を，いま繁栄の頂点にある日本の街を，さ迷い歩いている光景である。（中略）彼らが身を以て守ろうとした〝いじらしい子供たち〟は今どのように成人したのか。日本の〝清らかさ，高さ，尊さ，美しさ〟は，戦後の世界にどんな花を咲かせたのか。それを見とどけなければ，彼らは死んでも死にきれないはずである。（中略）こうした彼らの願いは，戦後の輝かしい復興の中で，どのように満たされたのか。その切なる呼びかけは，誰かに聴き入れられたのか。それともこだまのようにむなしく反響しただけなのか。

さらに吉田は，「彼らの亡霊は，いま何を見るか，商店の店先で，学校で，家庭で，国会で，また新聞のトップ記事に，何を見出すだろうか。戦争で死んだ時の自分と同じ年頃の青年男女を見た時，亡霊は何を考えるだろうか」と問う。そして，「この氾濫する自由と平和とを見て，これでこそ死んだ甲斐があったと，歓声をあげるであろう」。しかし，「もしこの豊かな自由と平和と，それを支える繁栄と成長力とが，単に自己の利益中心に，快適な生活を守るためだけに費やされるならば，戦後の時代は，ひとかけらの人間らしさも与えられなかった戦時下の時代よりも，より不毛であり，不幸であると訴えるであろう」（『吉田満著作集　下』文藝春秋，1986年）。

佐伯啓思は，戦艦大和の生き残りであるこの吉田の「問い」を「単純なものでも容易に割り切れるものでもない」とした上で，次のように代弁した。「平和と繁栄は結構である。しかし，それが自己利益と他者への無関心だとすれば，それは簡単に認めるわけにはいかない。ここで他者とは，未来の美しい日本のために戦死した者たちであり，その戦死した若者たちの忘却の上に成り立った自己中心的な平和と繁栄など手放しで認めるわけにはいかない」（『日本の愛国心』NTT 出版，2008年）。「未来の美しい日本のために戦死した者たち」としての「他者」の喪失――これこそが，戦後日本の大きな欠陥であり，戦後の教育が意図的に目を閉ざしてきたことではなかったか。靖国神社が辿った戦後の歴史を紐解くまでもなく，「未来の美しい日本のために戦死した者たち」は，戦後日本では政治の駆け引きの中に翻弄され，批判の対象とされてきた。

吉田の『戦艦大和ノ最期』も例外ではない。吉田は，同書が「戦争肯定の文学であり，軍国精神鼓吹の小説であるとの批判が，かなり強く行なわれた」と振り返っている。そして，こうした戦争との断絶を図ろうとする戦後日本の風潮に対する吉田の批判と憤りは，逆に吉田から「それでは我々はどのように振舞うべきであったのかを，教えていただきたい」という激しい「問い」として戦後日本に突きつけられた。「我々は一人残らず，召集を忌避して，死刑に処せらるべきだったのか。或いは，極めて怠惰な，無為な兵士となり，自分の責任を放擲《ほうてき》すべきであったのか。――戦争を否定するということは，現実に，どのような行為を意味するのかを教えていただきたい。単なる戦争憎悪は無力であり，むしろ当然過ぎて無意味である」（『吉田満著作集　下』）。

戦争を闘った人々は，それぞれ抗うことの許されない葛藤を抱えながら，自らの死の意味を問い続けて過酷な現実の中を生きた。戦後日本が享受した物質的な豊かさの中に身を置きながら，「あの戦争」は間違っていた，戦地に赴いた者にも戦争責任はある，と一方的に断罪する言葉が，いかに耐え難い欺瞞に満ちたものであるかはいうまでもない。佐伯のいう「未来の美しい日本のために戦死した者たち」としての「他者」の喪失――これこそが，戦後の日本の大きな欠陥ではなかったか。私には，「戦死した若者たちの忘却の上に成り立った自己中心的な平和と繁栄」という佐伯の言葉が，今の日本の姿を的確に表現しているように思える。

「死者の民主主義」の必要性

民主主義を支える常識は歴史的に構成された伝統に支えられている。つまり，民主主義とは伝統に支えられることで健全に機能する。イギリスの作家であるチェスタトン（G. K. Chesterton, 1874～1936）は，民主主義と伝統とは対立するものではなく，伝統とは，民主主義を時間の軸にそって昔へと押し広げたものであり，「何か孤立した記録，偶然に選ばれた記録を信用するのではなく，過去の平凡な人間輿論の信用する」ものであると述べる。チェスタトンはまた，「伝統とは選挙権の時間的拡大と定義してよろしいのである。伝統とは，あらゆる階級のうちもっとも陽の目を見ぬ階級，われわれが祖先に投票権を与えることを意味するのである。死者の民主主義なのだ。単にたまたま生きて動いているというだけで，今の人間が投票権を独占するなどということは，生者の傲慢な寡頭政治以外の何物でもない」と続けている（『正統とは何か』（福田恆存・安西徹男訳）春秋社，1973年）。

中島岳志は，「この国のかたち」は，今の時代を生きる人間が独占的に占有しているものではなく，あらゆる国家は過去によって支えられ，死者は私たちの精神や常識の中に密やかに生きているのであり，その意味で民主主義とは死者との協働作業であるという。つまり，民主主義では，死者に耳を傾けることが重要であり，「伝統によって死者とつながり，常識によって死者と対話し続ける」という「死者の民主主義」の必要性を強調する（『保守と立憲——世界によって私が変えられないために』スタンド・ブックス）。

「死者への視線」を欠落させた道徳教育

江藤淳は，1986（昭和61）年の論文「生者の視線と死者の視線」において，「死者の魂と生者の魂との行き交いがあって，初めてこの日本という国土，文化，伝統が成立している。（中略）つまり死者のことを考えなくなってしまえば，日本の文化は滅びてしまう」と述べた（『同時代への視線』PHP 研究所，1987年）。日本人の日々の営みは，常に「死者」との共生感の中にあり，「死者」とともに生きるということがなければ，日本人は生きているという感覚をもてないというのが江藤の指摘であった。「死者への視線」をもつということとは，「死者からの視線」を実感しながら生きるということでもある。

しかし，1946（昭和21）年に発表された柳田國男の『先祖の話』でも展開されたこのモチーフは，江藤の指摘からさらに四半世紀を経過した今日，ほとんど実感のもてないものとなっている。現在の日本の「豊かさ」が，「死者」の犠牲の上に築かれているという事実から目を背け，戦後日本は75年以上も彼らへの「慰霊」の形式さえも確立できないでいる。「遠い祖国の若き男よ，強く逞しく朗らかであれ。なつかしい遠い母国の若き女達よ，清く美しく健康であれ」と願った英霊の祈りに，われわれが「死者」を忘れることで応えてきたとすれば，これ以上に「不道徳」に満ちた態度はないはずである。

戦後教育では「死者」が忌避され，「死者への視線」が欠落している。「死者」との絆は，「戦前＝悪」「戦後＝善」という単純な図式による歴史教育によって意図的に切断されるか，「教えない」という選択によって無視されてきた。たしかに，小中学校の道徳では，「人間尊重の精神と生命に対する畏敬の念」が強調され，学習指導要領では，「生命の尊さを理解し，かけがえのない自他の生命を尊重する」と説かれるが，ここには今ある自らの生命の礎となった「死者」の存在が見事に欠落している。

「人間尊重の精神と生命に対する畏敬の念」という理念は，「死者への視線」を欠いては達成されない。なぜなら，これを欠いた後に残るのは空虚な「生命尊重主義」というべきものであり，それは生命の根源に対する「畏敬の念」とは本質的に異質なものだからである。連綿と流れる歴史の中で，自らの生命が多くの「死者」の祈りと犠牲の上に築かれていることへの謙虚な感謝がないところに，「人間尊重の精神と生命に対する畏敬の念」が生まれるとは思えない。

第5章
道徳教育において愛国心をどう考えるか

本章のポイント

教育基本法第１条は，「平和で民主的な国家及び社会の形成者」を育成することを教育の目的として，同法第２条は「伝統と文化を尊重し，それらをはぐくんできた我が国と郷土を愛する」ことを目標に掲げている。しかし，戦後日本の社会では，愛国心が十分に議論されたとは言えない。本章では，戦後の愛国心をめぐる論議の展開を歴史的に辿りながら，道徳教育において愛国心を考える視点について検討する。

1　戦後日本と愛国心

日本の敗戦と愛国心

愛国心が何を意味するかは論じる人の立場によって多様であり，明確な定義を導き出すことは困難である。辞書的には，「国民がその所属する国家と自己の運命とを同一視して，国家を愛し，その発展を願い，これに奉仕しようとする感情や態度をいう」（『現代教育用語辞典』第一法規），「近代国家の国民が，自己の利害とその所属する国家の利害とを相即としてとらえ，国家の利益のために行動しようとする意識のこと」（『教育学小事典』協同出版），「自然発生的な郷土愛が人為的に媒介され個人の国家への忠誠と犠牲（戦時には）を正当化してなったもの」（『現代政治学事典』ブレーン出版）などと捉えられている。

こうした定義を要約すれば，愛国心とは，「人々がその属する国家に自分を同一視することから，これに愛着の心情を抱き，その発展を願って忠誠を尽し，奉仕しようとする意識や感情，態度などの複合体」であるということができる（市川昭午『愛国心』）。

戦後日本において，愛国心は一貫して争点であり続けてきた。太平洋戦争

（大東亜戦争）の敗戦とそれに伴う占領，東西の「冷戦」や東アジアでの軍事的な緊張の激化を背景としたアメリカへの軍事的従属。そして東アジア諸国の反日感情の高まりと近年のグローバリズムの進展といった状況は，日本の国家像（アイデンティティ）をどう描くかという課題を改めて喚起している。

ところが，戦後日本において愛国心は，十分に論じてこられたわけではない。ここには，国民に極端な愛国心を要求して戦ったという「戦争の記憶」が，国家に対する心理的な警戒感を喚起したことが大きな背景となっている。さらにここには，敗戦による占領によって，政治，経済，教育などのあらゆる分野のシステムの改革を迫られ，軍事的にもアメリカに従属することになった戦後日本が，結果的にはそれによって経済的な「繁栄」を手に入れたことへの屈折した感情が加わる。こうした状況は，戦後日本が国家と正面から向き合うことを困難としていった。大熊信行は，戦後日本が国家と正面から向き合うことができなかったのは，「戦後の日本国民に大きな精神的空白が生まれ，その空白は埋められていない」からであると述べ，国民に「精神の空白」をもたらした要因を次のように指摘している（大熊『日本の虚妄』）。

①大東亜戦争についての日本人の反省の仕方が性急であったために，戦争の責任を天皇制に押し付けることが主となり，「天皇制を実際にささえている国家または国家機構そのものにたいしては，追及または分析がほとんどおよばなかった」こと。
②戦後の戦争責任論においては，敗戦や軍事占領という状況が加味されず，個人の責任を追及するという思考方法は，「戦争と個人を無限定に結び，その中間項としての国家の存在を，つねに問題領域から落としてしまう」結果を招いたこと。
③「日本の非軍事化を目的としたアメリカの占領政策には，『民主主義』はいかにあるべきかの教育はあったが，『民主主義国家』はいかにあるべきかという教育は，最初から皆無だった」こと。
④「日本国憲法が第九条で交戦権を放棄し，戦力を保持しないと規定したことは，およそ近代の国家主権中の最も生命的な部分の放棄」であり，これは義務兵役制も含めて国家への忠誠義務の放棄を意味していること。

大熊のいう「精神の空白」とは，結局は「国家意識の喪失」ということである。この国家意識とは，「国家の存在と自己の存在との緊張関係」を意味しているが，大熊によれば，「革命主義も，平和主義も，ナショナリズムも，そして市民主義も，戦後思想は共通の母斑《ぼはん》をおびている。共通性とは，それらの思想が精神の空白と裏あわせになっている」ということになる（大熊『日本の虚妄』）。

大熊の主張の基調となるのは，「もし国家を悪としこれを否定しようとするならば，ただ情緒的な反国家主義や市民主義ではダメで，徹底して国家意識を対象化し，愛国心という課題を引き受けなければならない」という理解である（佐伯啓思『国家についての考察』）。そしてそれは，国家を個人の向こう側に対峙させ，外在化させてしまうのではなく，国家を「あくまでも個人の内的精神とかかわった主題として論じる」ことの必要性を説いたものであった。

高度経済成長以降の愛国心

戦後日本が国家と正面から向き合うことができなかった状況は，1960年代以降の高度経済成長を経ることでより顕著となっていった。高度経済成長による社会変化は急速であり，1955（昭和30）年から1960（昭和35）年まで8.7％だった実質平均成長率は，1960年から1965（昭和40）年では9.7％，その後の1970（昭和45）年までの５年間には11.6％まで伸張した。

高度経済成長によって，多くの青年が首都圏，中京圏，近畿圏の三大都市圏の大学に進学し，大部分は卒業後もそこで就職していった。たとえば，三大都市圏では1955年から1970年までの15年間に1500万人に及ぶ人口増加を記録し，日本の総人口の約75％が都市部に住むという状況となった。また，農村漁村から都市部への大量の人口流出は，地方に都市的な生活構造や生活感覚を浸透させ，都市型生活への憧れを刺激していった。そしてこのことが，都市圏への人口流出をさらに加速する要因ともなった。

高度経済成長による国民の所得水準の向上も顕著であり，1955年を100とすると，1970年の名目賃金は412.5，消費者物価指数は193.3，実質賃金は212.3と激増した。テレビ，洗濯機，冷蔵庫，掃除機などが急速に普及し，日本は1970年の時点でアメリカに次ぐ最も「豊かな国」となった。国民の所得格差と階層格差が縮まることで，高度に均質化した社会を形成していった。

1973（昭和48）年まで継続した急激な経済成長は，国民の意識にも変化をもたらしていった。1970年に刊行された『図説　戦後世論史』（日本放送出版協会）

は，この変化を「社会より個人を重視し，現在を楽しみ，核家族化を志向し，私生活安定を支える基盤として高学歴化を目指す意識の傾向が含まれる。これらはいずれも戦後変化してきた傾向であり，しかもその変化はほぼ〈私生活優先〉の考え方を拡大・“強化”するものであったと考えられる」と分析した。

また日高六郎は，こうした日本人の意識の質的な変化は，政治的なイデオロギーの論争よりも深いところで生じたものであり，「高度経済成長がつくりだした現在の生活様式を維持拡大したいということが，ほとんどの日本人の願望となった」と述べた。そして，こうした変化を戦前・戦中の「滅私奉公」といった価値観から「滅公奉私」というべき価値観へと転換したと評した（日高『戦後思想を考える』）。

高度経済成長を経験した国民は，ナショナリズムに関する意識も変化させた。たとえば，1952（昭和27）年頃には憲法改正や再軍備問題に賛成する者が多かったが，1960年代後半から1970年代にかけて，憲法改正と再軍備に反対する者が多くなっていった。

小熊英二は，1955年前後までを「第一の戦後」，1960年以降を「第二の戦後」と区分している。「第二の戦後」では，高度経済成長と歩調を合わせて「私」を優先する考え方が徐々に広まり，1970年代には国民の間に広く浸透したと分析している（小熊『〈民主〉と〈愛国〉』）。この過程では，個の確立が私生活優先にすり替わり，「私」の優先こそが民主主義であるという認識が急速に一般化していった。また，対米追従と従属化が可視化できなくなっていったが，それを加速させたのが，戦後思想の担い手の「世代交代」であり，戦争体験者の減少による「戦争の記憶」の風化であった。

ただし，「第二の戦後」は，「第一の戦後」と同じく国家と正面から向き合っていないという点では共通していた。それは，高度経済成長を経験したことで，国民の中には，意図的に国家（公）と向き合わなくても私的な「豊かさ」を獲得できるという価値観が浸透していったことを意味していた。

戦後日本の愛国心論の類型

戦後日本の愛国心論は，愛国心を「自己の属する国家に対する愛情及び奉仕の精神である」とし，隣人愛，郷土愛は人間の持つ本来の感情であり，「その延長としての国家への愛も当然人々に内在するものである」と定義することではおおむね一致していた（林健太郎「愛国心の理論と実践」）。しかし，愛国心の中身については，大きく２つの立場に分かれていたといえる。

１つ目は，現在の自己の属している国家を愛の対象とし，国家をなんらかの意味において運命共同体的なものと見る立場である。この立場の特徴は，国家を民族や文化の共同体性を現実化したものであると捉え，その形成には生きている人間ばかりでなく，我々の祖先もこれに寄与しており，子孫に対して責任を持つものであるという理解が前提とされていることである。

これに対してもう１つの立場は，あるべき国家の理想を現在の国家以外のところに求めるものである。これは，ロックやルソー流の社会契約説を継承したものであり，今日の国家が真に尊重するべき国家ではないならば，それを否定するところにこそ愛国主義が成り立つとするものである。

２つの立場は，必ずしも対立するものではなく，それぞれが学問的には十分な理論を基礎としていたものであった。しかし，実際の論議では，両者の立場はその内実が深められることなく政治的な対立に回収され，互いに交わることなく推移していった。

2　戦後教育における愛国心

天野貞祐の愛国心論と国家

愛国心をめぐる２つの立場は，教育においても引き継がれた。特に1950年代以降の教育は，「文部省対日教組」という対立構図の中で愛国心をめぐる２つの立場の対立がより鮮明となった。

戦後教育における愛国心について重要な位置にあるのは，1953（昭和28）年に天野貞祐が刊行した「国民実践要領」と1966（昭和41）年の中央教育審議会答申別記「期待される人間像」である。「国民実践要領」はまず国家を次のように定義している。

> われわれはわれわれの国家のゆるぎなき存続を保ち，その犯すべからざる独立を護り，その清き繁栄と高き文化の確立に寄与しなければならない。人間は国家生活において，同一の土地に生れ，同一のことばを語り，同一の血のつながりを形成し，同一の歴史と文化の伝統のうちに生きているものである。国家

はわれわれの存在の母胎であり，倫理的，文化的な生活共同体である。それゆえ，もし国家の自由と独立が犯されれば，われわれの自由と独立も失なわれ，われわれの文化もその基盤を失なうこととならざるをえない。

「国家はわれわれの存在の母胎であり，倫理的，文化的な生活共同体である」というのが天野の国家論の基本である。そして天野は国家と個人の関係について「国家生活は個人が国家のためにつくし国が個人のためにつくすところに成りたつ。ゆえに国家は個人の人格や幸福を軽んずべきではなく，個人は国家を愛する心を失なってはならない」とした。そして，「国家は個人が利益のために寄り集まってできた組織ではない。国家は個人のための手段とみなされてはならない。しかし国家は個人を没却した全体でもない。個人は国家のための手段とみなされてはならない。そこに国家と個人の倫理がある」と説明した。

天野によれば，国家の健全なる発展は，国民の「強靱な精神的結合」を基盤としなければならず，それは「国の歴史と文化の伝統」の上に立脚しなければならない。また，国民の生命力が創造的であるためには，広く世界に向かって目を開き，常に他の長所を取り入れねばならない。なぜなら，伝統にとらわれ独善に陥れば，「闊達《かったつ》なる進取の気象をはばみ」，自らを忘れて他の模倣追随に専念すれば，「自主独立の精神を弱め」ることになり，いずれも国家に害を及ぼすことになるからである。

天野にとって国家は「固有なる民族文化」の発展を通じて，独自の価値と個性を発揮しなければならないが，その個性は排他的で狭いものであってはならず，その民族文化は，排他的で狭いものではなく，「世界文化の一貫たるにふさわしいものでなければならない」ということになる。そして天野は，愛国心を次のように定義した。

国家の盛衰興亡は国民における愛国心の有無にかかる。われわれは祖先から国を伝え受け，子孫へそれを手渡して行くものとして国を危からしめない責任をもつ。国を愛する者は，その責任を満たして，国を盛んならしめ，且つ世界人類に貢献するところ多き国家たらしめるものである。真の愛国心は人類愛と一致する。

また天野は，「自己を国家の一契機として，国家を自己の言わば母胎として，自己において国家活動の一契機を認め，国家活動において自己を見るという静かな落ちついた心情と認識」こそが愛国心であるとも表現している（天野『今日に生きる倫理』）。

「期待される人間像」における愛国心と国家

⑴高坂正顕による愛国心の類型

中央教育審議会は，1966年10月31日に中央教育審議会答申別記「期待される人間像」を発表した。「期待される人間像」はまず，「当面する日本人の課題」として，⑴産業技術の発達は人間性の向上を伴わなければならないとして「人間性の向上と人間能力の開発」を目指すべきであること，⑵日本人は世界に通用する日本人，日本の使命を自覚した世界人であることが大切であり，真によき日本人であるとは，「真の世界人となること」であること，⑶日本人は，民族共同体的な意識は強かったが，個人の自由と責任，個人の尊厳に対する自覚が乏しかったため，確固たる個人の自覚を樹立し，かつ日本民族としての共同の責任を担うことが重要であること，の３つを指摘し，愛国心を次のように定義した。

> 今日世界において，国家を構成せず国家に所属しないいかなる個人もなく，民族もない。国家は世界において最も有機的であり，強力な集団である。個人の幸福も安全も国家によるところがきわめて大きい。世界人類の発展に寄与する道も国家を通じて開かれているのが普通である。国家を正しく愛することが国家に対する忠誠である。正しい愛国心は人類愛に通ずる。真の愛国心とは，自国の価値をいっそう高めようとする心がけであり，その努力である。

「期待される人間像」の草案は，高坂正顕《こうさかまさあき》によって執筆されており，ここには高坂の愛国心についての理解が強く反映されている。高坂は，愛国心を自然的愛国心，対抗的愛国心，そして向上的愛国心の３つに分類して説明している。このうち，自然的愛国心と対抗的愛国心は，自然に起こってくるものであり，特に奨励する必要はなく，排他的な行き過ぎに注意すれば十分であるとする。高坂が最も重視したのが，「日本を愛するに値する国にする」という向上的愛国心であり，これこそが「期待される人間像」の目指すべき愛国心であると説明して，次のように述べた。

> 教育愛とは，（中略）現在は価値が乏しいかもしれないが，それにもかかわらず，その価値を高めようとする愛である。つまり，「にもかかわらず」Trotzdem の愛である。価値がないにもかかわらず，それを高めようとする愛である。このような，にもかかわらずの愛が，私の言う向上的な愛国心であり，そして，にもかかわらずの愛であるがゆえに，それは努力を要する愛であり，そのような意味の愛は，国に対する愛を正しい形のものにする意味において，教えられてよいし，奨励されてよいと思うのである。

また高坂は，今日の世界の不幸は，国家が最大の権力と権威を持っていることであり，この絶対主権の考え方が世界を不安定にしていることにある。そのため，国家は自己の絶対主権を制限することが必要であり，世界人類を愛し，世界平和を実現するためにも誤った国粋主義を排した向上的愛国心が正しく教えられるべきであると指摘した。

(2)天皇論と人類愛の関係

「期待される人間像」で示された愛国心の説明には2つの特徴がある。一つは，愛国心の対象となる国家を天皇に結び付けて説明していることである。「期待される人間像」は，天皇が日本国および日本国民統合の象徴であることは日本国憲法に規定されているとした上で，以下のように述べている。

> もともと象徴とは，象徴されるものが実体としてあってはじめて象徴としての意味をもつ。そしてこの際，象徴としての天皇の実体をなすものは，日本国および日本国民統合の象徴ということである。しかも象徴するものは象徴されるものを表現する。もしそうであるならば，日本国を愛するものが，日本国の象徴を愛するというのは，論理上当然である。天皇への敬愛の念をつきつめていけば，それは日本国への敬愛の念に通ずる。けだし日本国の象徴たる天皇を敬愛することは，その実体たる日本国を敬愛することに通ずるからである。

もう一つは，愛国心の延長線上に人類愛を位置づけたことである。この点は「国民実践要領」が，「真の愛国心は人類愛と共通する」と述べたことと一致するものであった。

3　教育基本法・学習指導要領と愛国心

教育基本法改正と愛国心

1984（昭和59）年８月に設置された臨時教育審議会（以下，臨教審と略）は，1986（昭和61）年４月の第二次答申において，「個々人は，一人で存在するものではないのであって，教育基本法の教育の目的にいう『平和的な国家及び社会の形成者』としての責任を果たす自覚をもつことが求められる。このため，公共のために尽す心，他者への思いやり，社会奉仕の心，郷土・地域，そして国を愛する心，社会的規範や法秩序を尊重する精神の涵養が必要」であると提言した。また，1986（昭和61）年８月の臨教審の最終答申は，「日本人として国を愛する心をもつ」必要があることに関連して，学校教育では国旗・国歌の適切な取扱いがなされるべきであるとした。

これを受けて1989（平成元）年改訂の「平成元年版学習指導要領」は，国際化の進展を踏まえ，これからの国際社会に生きる児童生徒に対して国旗・国歌についての正しい認識を持たせ，それを尊重する態度をしっかりと身に付けさせることが大切であるとの観点から，入学式や卒業式における国旗・国歌の取扱いを明確にした。また，1999（平成11）年８月には，「国旗及び国歌に関する法律」が制定された。

2006（平成18）年12月に改正された教育基本法第２条第５号は「伝統と文化を尊重し，それらをはぐくんできた我が国と郷土を愛するとともに，他国を尊重し，国際社会の平和と発展に寄与する態度を養うこと」として愛国心の規定を明記した。また，学校教育法第21条第３号では，「我が国と郷土の現状と歴史について，正しい理解に導き，伝統と文化を尊重し，それらをはぐくんできた我が国と郷土を愛する態度を養うとともに，進んで外国の文化の理解を通じて，他国を尊重し，国際社会の平和と発展に寄与する態度を養うこと」と規定している。

学習指導要領と愛国心

教育基本法第１条と第２条の規定を受けて，2008（平成20）年改訂の「平成20年版学習指導要領」では，第１章総則に「伝統と文化を尊重し」「公共の精神を尊び」とともに，「我が国と郷土を愛し」という表現が新たに加えられた。また，道徳の内容に「地域社会の一員としての自覚をもって郷土を愛し，社会に尽くした先人や高齢者に尊敬と感謝の念を深め，郷土の発展に努める」「日本人としての自覚をもって国を愛し，国家の発展に努めるとともに，優れた伝統の継承と新しい文化の創造に貢献する」「世界の中の日本人としての自覚をもち，国際的視野に立って，世界の平和と人類の幸福に貢献する」（いずれも中学校）と明記された。

これを受けて，たとえば2008（平成20）年の『中学校学習指導要領解説　道徳編』では，「国を愛することは，偏狭で排他的な自国賛美ではなく，国際社会の一員としての自覚と責任をもって，国際社会に貢献しようとすることにつながっている点に留意する必要がある」と述べ，国際理解（人類愛）との関係に配慮した指導が大切であるとされた。また，「国際的視野に立って，世界の平和と人類の幸福に貢献する」ことを実現するとは，「国によってものの感じ方や考え方，生活習慣が違っても，どの国の人々も同じ人間として尊重し合い，差別や偏見を持たずに公正，公平に接するということであり，それが真の国際人として求められる生き方でもある」と説明した。

教育基本法と学習指導要領における基本的な理解は，「真の愛国心は人類愛と一致する」（「国民実践要領」），「正しい愛国心は人類愛に通ずる」（「期待される人間像」）という理解を踏まえたものといえる。同時にそれは，「国家は個人の人格や幸福を軽んずべきではなく，個人は国家を愛する心を失ってはならない」（「国民実践要領」），「個人の幸福も安全も国家によるところがきわめて大きい。世界人類の発展に寄与する道も国家を通じて開かれているのが普通である」（「期待される人間像」）という理解の延長線上にあるものである。

そのことは，国家を自らの存在の外側に置くことなく，自分の生き方の問題として国家と向き合い，国家を自らに内在化させて考えるというものであり，戦後日本において政府や教育行政が進めてきた愛国心に関する理解と重なるものであった。

「特別の教科 道徳」と愛国心

「特別の教科 道徳」をめぐる議論の過程では，「国を愛する態度」での「国」には「統治機構は含まれるのか」という点が議論された。これに対して文部科学省は，教育基本法や学習指導要領の趣旨に基づいて，「優れた伝統の継承と新しい文化の創造に貢献するとともに，日本人としての自覚をもって国を愛し，国家及び社会の形成者として，その発展に努めること」等が道徳科の指導内容として規定しているところであり，現行の小学校学習指導要領及び中学校学習指導要領においても，同様の趣旨を盛り込んでいると説明している。

また，ここにいう「国」とは政府や内閣などの統治機構を意味するものではなく，歴史的に形成されてきた国民，国土，伝統，文化などからなる歴史的・文化的な共同体としての国を意味するものであるとしている。この点は，たとえば，『中学校学習指導要領解説（平成29年告示）特別の教科 道徳編』において以下のように詳しく記述された。

> 「国を愛し」とは，歴史的・文化的な共同体としての我が国を愛し，国家及び社会の形成者として，その発展を願い，それに寄与しようとすることであり，そのような態度は心と一体として養われるものであるという趣旨である。我が国の伝統と文化に対する関心や理解を深め，それを尊重し，継承・発展させる態度を育成するとともに，それらを育んできた我が国への親しみや愛着の情を深め，そこにしっかりと根を下ろし，他国と日本との関わりについて考え，日本人としての自覚をもって，新しい文化の創造と社会の発展に貢献しうる能力や態度が養われる必要がある。国家の発展に努めることは，国民全体の幸福と国としてのよりよい在り方を願ってその増進に向けて努力することにほかならない。なお，内容項目に規定している「国」や「国家」とは，政府や内閣などの統治機構を意味するものではなく，歴史的に形成されてきた国民，国土，伝統，文化などからなる，歴史的・文化的な共同体としての国を意味しているものである。

また，『中学校学習指導要領解説（平成29年告示）特別の教科 道徳編』では，「国を愛することは，偏狭で排他的な自国賛美ではなく，国際社会と向き合うことが求められている我が国の一員としての自覚と責任をもって，国際社会に貢献しようとすることにつながっている点に留意する必要がある」と明記された。ここでの国家及び愛国心の理解もまた，基本的には「国民実践要領」や「期待される人間像」で示された理解を踏襲したものであったといえる。

4　グローバル時代の愛国心

国民教育は，本来的に国民統合と経済発展のための人材育成という目的をもち，教育体制の中で国が定めたカリキュラムによっていかに国民を育成するかが中心的な課題となる。しかし，グローバル化が進み，他国の国籍を取得する人や難民，移民として国籍が変わらないまま他国で暮らす人々は世界的な規模で増加している。

こうした中で注目されているのが，国民であるか否かを問題とせず，コミュニティー（共同体）で生活する人の多様性を尊重し，安全・安心な暮らしを守るという「グローバル・シチズンシップ」の考え方である。「グローバル・シチズンシップ」は，2015（平成27）年に国連サミットで採択された「持続可能な開発目標（SDGs）」においても提起された。しかし，市川昭午は，国内外の政治的・経済的状況が流動し，「国家の揺らぎ」があるとしても，それは愛国心の前提となる国民国家が消滅するわけではないとした上で，次のように述べている（市川『愛国心』）。

> ネーション・ステイトに代る政治単位が存在せず，大多数の人々にとってナショナリズムに優るアイデンティティの対象が見出せない以上，国民国家とナショナリズムが消滅することはありえない。その結果，愛国心及び愛国心教育の問題は全く解決の目途が立たないままに今後も存在し続け，さほど実質的な進展もないままに多くの人々によって論じられ続けて行くであろう。

「国家の揺らぎ」が明らかになりつつあるとしても，これがただちに国家の消滅につながるわけではない。むしろ，ヨーロッパの移民をめぐる混乱やイギリスの EU 離脱，アメリカや中国などの経済・外交政策は，国家の再構築の方向を強めているようにも思える。そうした中で，学習指導要領の解説が国家と愛国心に関して，これまで以上に踏み込んだ表現で説明したことは評価できる。もっとも，「国民実践要領」や「期待される人間像」に示された，いわば古典的ともいえる国家論と愛国心論の理解が，現実社会においていかなる意味を持ち得るかについては評価が分かれる。

しかし，「グローバル・シチズンシップ」が新しい理念として掲げられたとしても，国民国家が消滅していない以上，国民国家を前提として愛国心問題を考える以外に方法が見出せないということも事実である。したがって，私たちに問われている切実な問題は，こうした流動的な地点から時代と社会の現状と将来への見通しを冷静に分析し，あるべき国家と愛国心のあり方を考え続けることである。そのためには，歴史を踏まえた上で，将来の方向性を多面的・多角的な観点から展望できる判断力を育成することが不可欠である。

いうまでもなく，国家が本来的に権力を持つものであり，愛国心にもある種の危険性が伴うことは否定できない。そのため，愛国心の危険性を認識することは必要であるが，その危険性のみを強調し，愛国心のあり方を考えない態度は望ましくない。なぜなら，こうした態度は，愛国心に対する理論的検討を欠き，かえって愛国心を感情的に暴走させ，深刻な結果を招きかねないからである。愛国心を感情的に否定することこそが危険であることを自覚することが必要である。教育基本法が掲げた「平和的な国家及び社会の形成者」を育成するという教育目的を実現し，よりよい社会を実現するためにも国家と愛国心の問題に目を背けることなく，愛国心の本質とよりよい国家と個人との関係を考え続ける姿勢が求められる。

参考文献

天野貞祐『今日に生きる倫理（天野貞祐全集４）』（栗田出版会，1970年）。

市川昭午『教育基本法改正論史――教育はどうなる』（教育開発研究所，2009年）。

市川昭午『愛国心――国家・国民・教育をめぐって』（学術出版会，2011年）。

市川昭午監修『資料で読む　戦後日本と愛国心　第三巻――停滞と閉塞の時代一九八六～二〇〇六』（日本図書センター，2009年）。

大内裕和監修『愛国心と教育（リーディングス　日本の教育と社会５）』（日本図書センター，2007年）。

大熊信行『日本の虚妄――戦後民主主義批判』（潮出版社，1970年）。

小熊英二『〈民主〉と〈愛国〉――戦後日本のナショナリズムと公共性』（新曜社，2002年）。

貝塚茂樹『戦後日本と道徳教育――教科化・教育勅語・愛国心』（ミネルヴァ書房，2020年）。

佐伯啓思『国家についての考察』（飛鳥新社，2001年）。

将基面貴巳『愛国の構造』（岩波書店，2019年）。

林健太郎「愛国心の理論と実践」(『自由』第4巻第10号，1962年10月)。
日高六郎『戦後思想を考える』(岩波書店，1980年)。
古川雄嗣『大人の道徳――西洋近代を問い直す』(東洋経済新報社，2018年)。

第6章
現代的な課題とどう向き合うのか

本章のポイント

学習指導要領は，道徳の授業において，情報モラルに関する指導，科学技術の発展と生命倫理との関係や社会の持続可能な発展などの現代的な課題を取り上げることを求めている。具体的なテーマとしては，生命や人権，国際理解教育，法教育，伝統文化教育などが例示されており，身近な社会問題を自分との関係において考え，その解決に向けて取り組もうとする意欲や態度を育てることが期待されている。本章では，情報モラル，生命倫理，国際理解教育などに焦点をあて，道徳教育として実践する際の視点と課題について考える。

1 「特別の教科 道徳」と現代的な課題

現代的な課題とは何か

教育において現代的な課題が注目されたのは，1992（平成４）年の生涯学習審議会答申「今後の社会の動向に対応した生涯学習の振興方策について」においてである。答申は，現代的な課題を「社会の急激な変化に対応し，人間性豊かな生活を営むために，人々が学習する必要のある課題」と位置づけながら，「これに関心を持って適切に対応していくことにより，自己の確立を図るとともに，活力ある社会を築いていく」ことを提言した。

また，1998（平成10）年改訂の「平成10年版学習指導要領」では「総合的な学習の時間」の導入にあたって，国際理解，情報，環境，福祉・健康などの学習課題が提示された。これらは，「正解や答えが一つに定まっているものではなく，従来の各教科等や枠組みでは必ずしも適切に扱うことができない」課題とされ，そのアプローチとして問題解決的な学習や探求的な学習を取り入れた実践が求められた。

2017（平成29）年改訂の「平成29年版中学校学習指導要領」は，「第３章　特

別の教科 道徳」の「第３　指導計画の作成と内容の取扱い」２の（6）において，現代的な課題の扱いを次のように明記している。

> 科学技術の発展と生命倫理との関係や社会の持続可能な発展などの現代的な課題の取扱いにも留意し，身近な社会的課題を自分との関係において考え，その解決に向けて取り組もうとする意欲や態度を育てるように努めること。

現代的な課題の定義は必ずしも明確ではないが，小中学校の学習指導要領解説では，食育，健康教育，消費者教育，防災教育，福祉に関する教育，法教育，社会参画に関する教育，伝統文化教育，国際理解教育，キャリア教育などを例示している。一般的に言えば，私たちが現代社会で生きていく上で直面する解決が困難なものが現代的な課題であるといえる。

現代的な課題の多くは，「特別の教科 道徳」（以下，道徳科と略）が内容として取り上げる「相互理解，寛容」「公正，公平，社会正義」「国際理解，国際貢献」「生命の尊さ」「自然愛護」などの道徳的価値と直接に関わり，そのほとんどは，答えが１つではなく，多様な見方や考え方ができるものである。

道徳科において現代的な課題を扱う場合には，問題解決的な学習や話し合いを深めるなどの指導方法を工夫すると同時に，各教科，総合的な学習の時間や特別活動などの学習と関連づけながら，人としてよりよく生きる上で大切なものは何か，自分はどのように生きていくべきかなどの道徳的視点から考え続ける姿勢を育成することが求められる。

「多面的・多角的」な指導

中学校道徳科の目標は，「道徳的諸価値についての理解を基に，自己を見つめ，物事を広い視野から多面的・多角的に考え，人間としての生き方についての考えを深める」と規定されている。次代を生きる子供たちには，異なる言語や文化や価値観をもつ他者と関わり，議論を重ねる経験を通して，よりよい社会を築いていくことが求められる。そのためには，「多面的・多角的」に考えることのできる資質・能力を育成することが不可欠である。

現代的な課題に対しては多様な見方や考え方があり，一面的な理解では解決できないことに気付かせ，多様な価値観の人々と協働して問題を解決していこうとする意欲を育む必要がある。『中学校学習指導要領（平成29年告示）解説

特別の教科 道徳』は，この点を次のように説明している。

> 現代的な課題の学習では，多様な見方や考え方があることを理解させ，答えが定まっていない問題を多面的・多角的視点から考え続ける姿勢を育てることが大切である。安易に結論を出させたり，特定の見方や考え方に偏った指導を行ったりすることのないよう留意し，生徒が自分と異なる考えや立場についても理解を深められるよう配慮しなければならない。

「多面的・多角的」な指導とは，様々な価値観の多様性を認めることのみを意味するわけではない。それぞれの思考の差異や価値観の多様性を認めた上で，差異や多様性に通底する道徳的価値を追究する努力を続ける必要がある。道徳科の学習は，他者と協働した議論によって「納得解」を得ることを目的とするものではないが，「納得解」に到達しようとする探求的な姿勢は求められる。また，たとえ「納得解」が得られたとしても，それで完結するものではなく，「納得解」の先に新たな問いを見出し，より高次の「納得解」を求めて「多面的・多角的」に考え続けるという循環的な学習を目指すことが重要である。

2　情報モラルと道徳教育

AI 時代に求められる資質・能力

AI（人工知能）の飛躍的な進展によって，私たちは未来社会に対する具体的なイメージを描くことがより困難となっている。AI は，将来の情報ネットワークの進展に多大な貢献と可能性が期待できる一方，「AI の進化によって，人間が担うべき職業はなくなる」「いま学校で教えていることは，将来は無意味となるのではないか」といった疑問や不安を喚起している。

しかし，AI は膨大なデータの蓄積をもとに確率の高い答えを出すことはできるが，データが蓄積されていない状況において正確な答えを導き出すことは基本的にできないと考えられている。それに対して人間は，必ずしもデータが十分ではない状況でも，情報の意味を考え，他者と協働して「納得解」を得ようとする特質を持っている。

たとえばそれは，正確に読み取る力や歴史的事象を因果関係で捉えることで比較，探究する力であり，対話や協働を通じ新しい解や「納得解」を生み出そうとする力である。こうした資質・能力の育成は，道徳科の目標とも重なると同時に，情報モラルを取り上げる際にも留意される必要がある。

情報モラルをめぐる授業の展開と課題

小中学校の学習指導要領解説は，情報モラルを「情報社会で適正な活動を行うための基になる考え方と態度」と定義し，道徳科における指導の充実を特に求めている。

現在，私たちはこれまでの情報の一方的な受け手から，SNS などの急速で広範囲な普及によって，誰もが発信者になり得る状況の中にいる。しかし，情報ネットワークの拡大は，誰もが参加できる豊かな社会を実現する可能性を持つ反面，新たなコミュニケーションのツールが互いの不信と憎しみを増幅する危険を伴うものとなっている。

なかでも「ネットいじめ」などの広がりから，情報モラル教育への関心は世界的にも高くなっている。2019年にユニセフ（国連児童基金）が発表した報告書では，世界の若者の約36％が「ネットいじめ」を経験し，そのうち約19％が学校を休んだ経験があると発表している。

日本で2013（平成25）年に成立した「いじめ防止対策推進法」は，いじめの定義に「インターネットを通じて行われるもの」を加えている。また，2010年にアメリカのマサチューセッツ州は，深刻化する「ネットいじめ」を「教育課程と学校の秩序ある運営を著しく妨害する行為」と定義づけ，学校教育全体で取り組むべき課題として位置づけている。

情報モラルの内容としては，情報社会の倫理，法の理解と遵守，安全への知恵，情報セキュリティ，公共的なネットワークなどの構築が挙げられるが，道徳科では，特に情報社会の倫理，法の理解と遵守に関わる内容が中心となる。たとえば，インターネットの利用や不適切な書き込みについては，著作権などの法や遵法精神，公徳心と関連させることや，思いやりや感謝・礼儀に関わる指導の際に取り上げることが考えられる。

従来の道徳授業では，情報社会のルールやマナーを知識として理解させ，情報機器の使い方やインターネットの操作，危機管理の方法とその際の行動の具体的な練習を行うなどが多かった。しかし，道徳科は道徳的価値をもとに自己を見つめる時間であり，単にインターネットの操作や危機管理の方法を練習するだけでは不十分である。道徳科の授業では，ルールやマナーなどの知的理解の獲得のみに終始するのではなく，他者への共感や思いやり，法やきまりの本質的な意味について子供たちが主体的に考えを深めることが必要である。

具体的に言えば，子供たちに「夜遅い時間にスマートフォンを利用してはいけない」「友達の悪口をインターネットに書き込んではいけない」というルールやマナーを単に知識として教えるだけでは十分ではない。道徳科の授業では，ルールやマナーを守ることでどのような恩恵があり，守らないことでいかなる不利益が生じるのか。また，よりよい社会を築くために，なぜルールやマナーが必要となるのかといった道徳的な課題を他者とともに考え，議論することを通して自らの考えを深めるプロセスが重要である（酒井郷平ほか「道徳教育の史的変遷と現代的課題」）。

3　現代的な課題としての生命倫理

生命倫理をめぐる主な課題

『中学校学習指導要領（平成29年告示）解説　総則編』の「第３章　教育課程の編成及び実施　第６節　道徳教育推進上の配慮事項」２の（２）「生命を尊重する心や自分の弱さを克服して気高く生きようとする心を育てること」においては，「生命倫理に関わる問題を取り上げ話し合ったりすること」が例示されている。

また，中学校の道徳科の内容項目では「19　生命の尊さ」において，「生命倫理に関わる現代的な課題を取り上げ，話し合い，多様な考えを交流することにより，生命とは何か，その尊さを守るためにはどのように考えていったらよいかなど，生命尊重への学びをより深めることもできる」と明記されている（文部科学省『中学校学習指導要領（平成29年告示）解説　特別の教科 道徳』）。

もともと生命倫理という言葉は，「バイオエシックス（Bioethics）」の訳語であり，人口問題，食糧問題，環境汚染問題などを解決する指針として用いられてきた。しかし，その後，医療における生命の倫理を含み持つ概念として広まり，日本でも1980年代以降に定着していった。

これまでも道徳の授業では，生命の尊さを基軸とした誕生，性，死という生命の諸相に関わる授業が実践されてきたが，特に中学校の道徳科では，安楽死・尊厳死，出生前診断，脳死，臓器移植，死刑制度などの，答えが１つではなく，解決が困難な課題を取り上げることが考えられる。

生命倫理に関する課題の学習は範囲が広く，専門的な知識が求められることも多いために，道徳科のみで完結することはできない。実際，各教科においてもすでに，脳死，臓器移植，インフォームド・コンセント，クローン技術，再生医学，遺伝子技術などが取り上げられている。したがって，道徳科での学びでは，理科や体育科（保健体育科），技術・家庭科などの各教科の学習と連携しながら進めることが効果的である。

小学校では，「個々の生命が互いを尊重し，つながりの中にあるすばらしさを考え，生命のかけがえのなさについて理解を深める」ことに重点が置かれている。ただし，生命倫理という用語は，小学校では使用されておらず，中学校の課題とされている。中学校では，小学校の学びを基盤として，答えが１つではなく，道徳的価値の葛藤が避けられない課題について「多面的・多角的」に考える授業が期待されている。

安楽死・尊厳死をどう指導するか

一般的に安楽死は，次の４つに分類される。

⑴積極的な安楽死（医師が致死薬を患者に投与し，患者を死に至らせる行為）

⑵自殺ほう助〈医師ほう助自殺〉（医師から与えられた致死薬で，患者自身が命を絶つ行為）

⑶消極的安楽死（延命治療〈措置〉を手控え，または中止する行為）

⑷セデーション〈終末期鎮静〉（終末期の患者に投与した緩和ケアの薬物が，結果的に生命を短縮する行為）

安楽死・尊厳死には明確な定義はなく，各国の尊厳死協会などが使用する「Death with dignity（尊厳死）」の解釈には違いがある。たとえば，スイスやオランダでは⑴と⑵によって死に至らせることが「患者にとっての尊厳死」という認識がある一方，アメリカなどは，安楽死と尊厳死を同一視することを嫌う傾向があるとされる。また，日本で言われる尊厳死は，⑶に近いといわれる。

安楽死・尊厳死を扱った道徳科の授業では，たとえば以下の「カレン事件」が取り上げられている。

> 1975年，アメリカ人のカレン・クラインは友人のパーティに参加していた。カレンはパーティでお酒を飲んだ後に，精神安定剤を服用した。その後，カレンは眠ったまま呼吸不全を起こし，脳に深刻な損傷を受ける。搬送された病院の医師には回復はほとんど不可能であると診断され，両親は苦渋の末に生命維持装置を取り外すことを望む。しかしながら，病院は両親の希望を受け入れなかった。両親は「医療を拒否する権利」を訴えて裁判が行われ，両親の訴えが認められる結果となった。

「カレン事件」は，安楽死・尊厳死を望む患者家族の判断と生命維持を義務とする病院の判断が対立した事例である。一般にアメリカでは，患者家族の自律原則が優先される傾向があるが，その判断は国や地域の宗教観や価値観の違いによって影響を受ける傾向がある。現在の日本では，安楽死・尊厳死はともに認められておらず，上記の(1)と(2)のケースでは，殺人罪（刑法第199条）及び自殺ほう助罪（刑法第202条）で罪に問われることになる。

安楽死・尊厳死をめぐっては，はたして人間は自分の死を自分で決めることができるのかという「死の自己決定権」についても，当事者個人の価値判断だけではなく，社会に共有された価値判断に影響される可能性が高くなると指摘される。たとえば，社会の中に，「死なせてあげても構わない，むしろその方がその人のためだ」という価値判断が共有されていれば，それでも「生きたい」と思う人の判断に対して圧力となり，自己決定を妨げる結果になるからである（安藤泰至『安楽死・尊厳死を語る前に知っておきたいこと』）。

出生前診断をめぐる問題

日本では，2013（平成25）年4月から「新型出生前診断」の検査が導入された。胎児の染色体異常を検査する出生前診断は，生まれてくる新生児が先天的な病気や異常をもっているかを調べる検査である。本来の目的は出生前に胎児の状態や疾患を調べることによって，最適な分娩方法や療育環境を検討することにある。しかし，現実には，赤ちゃんを出産するかどうかを決めるために出生前診断を受けることが多いと指摘されている。

日本の法律では，胎児の先天性疾患（障害）を理由とした人工妊娠中絶は認められておらず，「経済的事由」や「母体の健康への害」を理由に人工妊娠中絶が行われている。そのため，出生前診断を受けた後，人工妊娠中絶に応じない医療機関も多くあり，出生前診断を受けた医療機関とは違う医療機関で人工妊娠中絶を行うといった事例も指摘されている。

出生前診断に関わる問題は，人間の生命観や人間存在の意味といった哲学的，倫理学的な課題である。なかでも議論となるのは，出生前診断がダウン症候群などの染色体異常を明らかにすることによる倫理的問題である。それは，「胎児が先天的な障害をもっていると判明した場合に，それを理由に中絶することは許されるか」という選択的妊娠中絶の問題とも関連する。出生前診断によって，ダウン症等の障害をもった胎児の中絶が容認されることは，障害をもつ人への差別と偏見を助長しかねないという懸念も指摘されている。

他方，女性あるいは個人の選択を重視する立場からすると，子供を産むにあたって早めに胎児の障害の有無がわかることは，その後の生き方を決定する上で重視されるべきであり，子供を産むか中絶するかは女性の側の問題であるとする主張もある。

道徳科における現代的な課題の学習では，「多様な見方や考え方があることを理解させ，答えが定まっていない問題を多面的・多角的な視点から考え続ける姿勢を育てること」が重要となる。したがって，出生前診断について，安易に「賛成か，反対か」のみを問うことは望ましくない。教師は，出生前診断に関する主張や意見を「多面的・多角的」な観点から提示することで，児童生徒に「考え，議論する」ことを促すことが求められる。その際，出生前診断によっての陽性（胎児の染色体に異常がある）とされた人の約９割が人工中絶をしたという調査結果や資料を提示するなどとともに，児童生徒が身近な問題として受け止め，自分にとっても解決すべき課題として考えることができるような工夫が必要である。

宗教と道徳教育の課題

生命倫理の問題は，学習指導要領の内容では「D　主として生命や自然，崇高なものとの関わりに関すること」と密接に関わる。ここでは，「自分が今ここにいることの不思議（偶然性）」「生命にいつか終わりがあること，その消滅は不可逆的で取り返しがつかないこと（有限性）」「生命はずっとつながっているとともに関わり合っていること（連続性）」の３つの観点から，自他の生命を尊重する態度を身に付けさせることが大切であるとしている。

一方，学習指導要領の解説は，生命を「連続性や有限性を有する生物的・身体的生命に限ることではなく，その関係性や精神性においての社会的・文化的生命，さらには人間の力を超えた畏敬されるべき生命」と明記している。「人間の力を超えた畏敬されるべき生命」は，小中学校の学習指導要領では，「生命に対する畏敬の念」と表現されるが，これは教育基本法第15条に定められた宗教教育と連続するものである。

ところが，本書第4章で述べたように，これまで道徳教育では，「生命に対する畏敬の念」を直接に宗教に結び付けた内容と指導は，ほとんど検討されてこなかった。その要因としては，戦前のいわゆる国家神道と教育の結び付きをめぐる警戒感と拒否感が根強く存在していたこと，また教育基本法がいう「特定の宗教のための宗教教育」をめぐる解釈が錯綜したことがある（貝塚「『宗教を考える教育』における『宗教的情操』」）。

特に，後者は「宗教的情操」の解釈と範囲をめぐる問題として具体化されたが，「宗教的情操」の定義は明確にはされなかった。それは，1966（昭和41）年の中央教育審議会答申別記「期待される人間像」が，「宗教的情操」を「生命の根源すなわち聖なるものに対する畏敬の念」と定義して以降も同様であり，道徳教育における宗教の意味と役割が検討されたとはいえない。宗教的な中立性を担保した上で，中学校学習指導要領の内容項目の「人間の力を超えたものに対する畏敬の念を深めること」をどう実践するかは今後の重要な課題である。

4　現代的な課題としての国際理解教育

グローバル社会と国際理解教育

情報通信技術や産業構造の高度化によって，国家間や地域間では相互に影響を与え合う状況が急速に加速している。従来の国民国家の枠組みを超えて，地球規模の広がりを持つグローバル社会では，自国の文化とは異なる文化と接する機会はさらに増加していくことになる。総務省によれば，日本の在留外国人は，総人口の約2％にあたる約263万人となり，約8万人の児童生徒が国公私立学校に在籍している（2019年7月現在）。

しかし，グローバル社会は，異なる倫理観や価値観の摩擦と葛藤の増大をもたらすことも否定できない。そのため，異なる文化や価値観を理解し，尊重することで，お互いの多様性を認め合うことのできる資質を育成することは，国際理解教育の課題であると同時に道徳科の役割でもある。

日本で国際理解教育を明確に定義づけたのは，1996（平成8）年7月の中央教育審議会答申「21世紀を展望した我が国の教育の在り方について」である。同答申では，(1)異文化の理解と異なる文化をもった人々と生きる能力，(2)日本人としてのアイデンティティーの確立，(3)外国語によるコミュニケーション能力の育成を求めると同時に，「異質なものへの寛容」と「他者との共生」という観点から，グローバル社会において新しい価値を創出することの必要性にも言及した。

国際理解と「世界の中の日本人としての自覚」

中学校道徳科の内容項目では，「世界の中の日本人としての自覚をもち，他国を尊重し，国際的視野に立って，世界の平和と人類の発展に寄与すること」（国際理解，国際貢献）とされている。また，「優れた伝統の継承と新しい文化の創造に貢献するとともに，日本人としての自覚をもって国を愛し，国家及び社会の形成者として，その発展に努めること」（我が国の伝統と文化の尊重，国を愛する態度）が同時に求められている。

『中学校学習指導要領（平成29年告示）解説　特別の教科　道徳編』は，グローバル化が進展する中で，様々な文化や価値観を背景とする人々と相互に尊重しながら生きることや，科学技術の発展や社会・経済の変化の中で，「人間の幸福と社会の発展の調和的な実現を図ることが一層重要な課題となっている」とした上で，「日本のことだけを考えるのではなく，国際的視野に立ち，すなわち，広く世界の諸情勢に目を向けつつ，日本人としての自覚をしっかりもって国際理解に努めることが必要である」としている。

「世界の中の日本人としての自覚」という表現には，愛国心と国際理解を相互に関連するものとして捉え，他国の人々や文化を尊重し，国際的視野に立って世界の平和と人類の発展に貢献し，世界から信頼される人間を育成するという意味が込められている。

一方で，在留外国人の増加などのグローバル化の進展は，「日本人」という概念それ自体の解釈を多様なものとしている。グローバル社会の中で「日本人」としてのアイデンティティーをどう捉えるのか，その上で新しい価値の創造を考えることは，社会全体が直面している課題であると同時に，道徳科が取り組むべき重要な現代的な課題である。

参考文献

荒木寿久・藤井基貴編著『道徳教育』（ミネルヴァ書房，2019年）。

安藤泰至『安楽死・尊厳死を語る前に知っておきたいこと（岩波ブックレット No. 1006)』（岩波書店，2019年）。

貝塚茂樹「『宗教を考える教育』における『宗教的情操』」（宗教教育研究会編『宗教を考える教育』教文館，2019年）。

合田哲雄『学習指導要領の読み方・活かし方——学習指導要領を「使いこなす」ための８章』（教育開発研究所，2019年）。

酒井郷平ほか「道徳教育の史的変遷と現代的課題——道徳科における情報モラル教育の可能性」（『静岡大学教育学部研究報告（人文・社会・自然科学篇）』第67号，2016年）。

文部科学省『小学校学習指導要領（平成29年告示）解説　特別の教科 道徳編』（廣済堂あかつき，2018年）。

文部科学省『中学校学習指導要領（平成29年告示）解説　特別の教科 道徳編』（教育出版，2019年）。

渡邊満・押谷由夫・渡邊隆信・小川哲哉編『「特別の教科 道徳」が担うグローバル化時代の道徳教育』（北大路書房，2016年）。

第Ⅱ部

道徳教育の歴史

第7章
教育勅語と修身科の歴史をどう見るか

本章のポイント

近代日本の学校教育において，道徳教育の理念の中核となったのが教育勅語（教育ニ関スル勅語）であり，理念を実現するための役割を果たした教科が修身科であった。本章は，教育勅語と修身科の歴史的展開について整理しながら，その役割と課題について検討する。また，教育勅語と修身科に関する問題が戦後の道徳教育における議論の基底となったことの背景についても考察する。

1　日本の「近代化」と道徳教育

「近代化」と教育の課題

日本の「近代化」を切り拓いた原動力は，欧米先進国の圧力と脅威に対する国家的規模の危機意識であった。日本が独立を維持し，近代国家としての発展を遂げるためには，「富国強兵」が国家建設の目標として掲げられる必要があった。

しかし，欧米の科学技術の水準と日本の国力との差は圧倒的であり，「富国強兵」を達成するためには，欧米先進国の知識と文化の摂取が優先されなければならなかった。そのため日本にとっての「近代化」とは，「欧化」「西洋化」するという意味合いが強かったのである。

「富国強兵」を達成するために教育に求められた課題は，(1)近代国家を建設するために各分野で活躍する有能な人材を育成すること，(2)近代国家を支える国民としての自覚と使命感を育成することの２点に集約される。一般に近世の幕藩体制のもとでは，統一的な単位としての近代国家の意識は希薄であった。近代国家としての「富国強兵」を実現するためには，藩を超えた国家意識の形成と「日本人」という国民としての自覚を育成することが求められた。

近代国家に対する国家意識の形成と国民としての「日本人」の自覚の育成は，道徳教育の問題と直接関わる重要な課題であった。ところが，明治初期には，道徳教育の基準をどこに置くべきかが明確ではなく，その方向性をめぐっては様々な模索と対立が繰り返された。その社会的背景の１つには，第４章で言及した宗教の問題も大きく関わっている。欧米や中東・アジアの地域は，キリスト教やイスラム教といった確固とした宗教基盤を持っており，宗教がそれぞれの社会における道徳的規準として強力に機能している傾向が強い。それに比べて日本は，伝統的な神道や仏教は大きな影響力を持っているものの，これらがいわゆる「国教」として位置づいているわけではなかった。したがって，日本では，宗教に拠ることのない道徳教育の理念と方法を設定する必要があったが，その規準をどこに設定するのかを明確にすることは困難であった。

「学制」と翻訳修身教科書

1872（明治５）年８月，文部省は日本最初の近代学校制度を規定した「学制」を頒布した。「近代化」を達成するために国民皆学を求めた「学制」は，同時に立身出世主義的な教育観と実学主義的な学問観を強調した。それは，近世までの儒教思想に基づく伝統的な道徳観から，知識重視の教育への転換を意味するものであった。

しかし，「学制」において修身科は，必ずしも主要な教科として規定されたわけではなかった。同年９月に出された「小学教則」では，修身は尋常小学校下等第八級（第１学年）から第五級（第２学年）に修身口授《ぎょうぎのさとし》として位置づけられ，文部省が指定した修身教科書を用いながら，教師が口授によって教えるものとされていた。

文部省が指定した修身教科書としては，『民家童蒙解』，『童蒙教草《わらべもうおしえくさ》』など５種類があったが，全てが欧米の著書を日本人が訳した翻訳教科書であった。国家目標としての「富国強兵」を達成するための欧米の知識技術の受容と欧米先進国文化の摂取を意味する啓蒙思想が重視される中で，修身教科書も啓蒙思想を紹介した翻訳教科書とならざるを得なかったのである。

徳育論争

明治初期の翻訳教科書は，世界的で普遍的な意識と個人意識の昂揚が尊重されたが，民族的で国家的な意識が強調されることは少なく，その内容は日本の現実生活の実態からはかけ離れたものであった。また，欧米の啓蒙思想に対しては，日本の伝統的な儒教道徳に基づいた教育内容を求める動きが徐々に活発となっていった。近代日本の「欧化」と「伝統」の間の葛藤と相克は，道徳教育においても顕著であり，その解決は容易ではなかった。

1879（明治12）年，明治天皇は全国各地の巡幸を行い，併せて小・中学校を巡回して視察し，その感想を侍講《じこう》の元田永孚《もとだながざね》に起草させて下賜《かし》した。これが「教学聖旨」である。**【資料編を参照】**

「教学聖旨」は，「教学大旨」と「小学条目二件」の２つの内容からなっている。「教学大旨」は，日本の教育の根本精神は仁義忠孝を中心とした儒教道徳が基本であり，欧化政策によって様々な弊害が起こっているが，今後は孔子の教えを道徳の模範として，その上で西洋の知識や技術を学ぶべきである，としている。また，「小学条目二件」では，⑴幼少の頃から仁義忠孝の道徳を身に付けることが大切であり，そのために忠臣，義士《ぎし》，孝子，節婦《せつふ》の絵図を用いて忠孝の観念を感覚的に育成すべきである，⑵西洋の知識が書かれた翻訳教科書は，確かに内容は高尚であるが日常生活からかけ離れたものであり，今後は仕事に役立つ学問を教えることが必要である，と説いている。

「教学聖旨」に対して伊藤博文は，同年９月に「教育議」を作成して天皇に上奏した。その骨子は，道徳の頽廃《たいはい》は明治維新という大変革によって生じたものであり，再び儒教道徳に戻るのは誤りであること，また１つの国教（国の道徳的基準）を立てることは望ましくない，というものであった。伊藤の「教育議」に対して元田は，「教育議付議」として意見をまとめ，改めて天皇に上奏した。これは，⑴西洋の倫理は君臣の義が薄く，夫婦の道徳を父子の道徳の上位においたキリスト教を基本としたものであり，日本の伝統的な道徳とは矛盾している，⑵国教は新しいものではなく，皇祖皇宗の遺訓を明らかにすることであり，明治天皇が在位している今こそ国教を明らかにする時期である，というものであった。

伊藤博文と元田永孚に代表される道徳教育のあり方をめぐる論争は，1890（明治23）年10月に「教育ニ関スル勅語」（以下，教育勅語と略）が渙発《かんぱつ》されるまで継続することになる。こうした道徳教育のあり方をめぐって展開された権力内部，あるいは有識者の間で展開された論争を徳育論争という。

徳育論争は，儒教道徳に基づく東洋的な伝統思想に道徳の根本を求めるか，あるいは西洋的な近代市民倫理を重視するかを基本的な争点とするものであった。前者は，元田永孚，杉浦重剛，能勢栄など，後者は伊藤博文，森有礼，井上毅《こわし》，福沢諭吉などが代表的である。また，両者にはそれぞれに一長一短があるとしながら，その選択の基準となるべきものは「天地の真理」であるとする西村茂樹などの折衷的な立場もあった。徳育論争は，近代国家建設の方向性をめぐる「伝統」と「欧化」の思想的な対立と連動したものでもあった。

2　教育勅語と修身教育

教育勅語の成立

明治20年代に入っても徳育論争は収まることなく継続していった。こうした中で，1890（昭和23）年２月に開かれた地方長官会議は，徳育（道徳）問題を議題の１つに取り上げた。同会議では，今後の方策として，(1)わが国固有の倫理の教えに基づいて徳育の主義を確立すること，(2)徳育の主義が確立した後，師範学校から小・中学校に至るまで，倫理修身の教科書を選定してこの教えを全国に拡げ，かつ倫理，修身の時間を増加して徳育を盛んにすること，を確認して内閣に建議した（「徳育涵養ノ義ニ付建議」）。

この建議を契機として，総理大臣の山縣有朋《やまがたありとも》と文部大臣の芳川顕正《よしかわあきまさ》の責任のもとに教育勅語が起草されることになった。教育勅語は，法制局長官の井上毅が起草したものを原案とし，これに枢密《すうみつ》顧問官の元田永孚が協力して何度かの修正を加えて完成した。教育勅語は，(1)政治に左右されないこと，(2)軍政に捉われないこと，(3)哲学的で難解な表現を避けること，(4)宗教的に特定の一宗一派に偏らないこと，などに留意しながら，国民の誰もが心がけ実行しなければならない徳目を掲げることを目的として作成され，天皇から直接国民に下賜されるという形式によって示された。

教育勅語と修身科

1890（明治23）年10月30日に渙発された教育勅語は，本文315文字からなり，その内容は一般に３段に分けられる。第一段は，「教育ノ淵源《えんげん》」としての「国体ノ精華」を説き，第二段は，「父母ニ孝ニ兄弟ニ友ニ」以下，臣民（国民）

表7－1　教育勅語の口語文訳（文部省図書局，1940年）

朕がおもふに，我が御祖先の方々が国をお肇めになつたことは極めて広遠であり，徳をお立てになつたことは極めて深く厚くあらせられ，又，我が臣民はよく忠にはげみよく孝をつくし，国中のすべての者が皆心を一にして代々美風をつくりあげて来た。これは我が国柄の精髄であつて，教育の基づくところもまた実にこゝにある。 汝臣民は，父母に孝行をつくし，兄弟姉妹仲よくし，夫婦互に睦び合ひ，朋友互に信義を以て交り，へりくだつて気随気儘の振舞をせず，人々に対して慈愛を及すやうにし，学問を修め業務を習つて知識才能を養ひ，善良有為の人物となり，進んで公共の利益を広め世のためになる仕事をおこし，常に皇室典範並びに憲法を始め諸々の法令を尊重遵守し，万一危急の大事が起つたならば，大義に基づいて勇気をふるひ一身を捧げて皇室国家の為につくせ。かくして神勅のまに〱天地と共に窮りなき宝祚《ほうそ》の御栄をたすけ奉れ。かやうにすることは，たゞに朕に対して忠良な臣民であるばかりでなく，それがとりもなほさず，汝らの祖先ののこした美風をはつきりあらはすことになる。 こゝに示した道は，実に我が御祖先のおのこしになつた御訓であつて，皇祖皇宗の子孫たる者及び臣民たる者が共々にしたがひ守るべきところである。この道は古今を貫ぬいて永久に間違がなく，又我が国はもとより外国でとり用ひても正しい道である。朕は汝臣民と一緒にこの道を大切に守つて，皆この道を体得実践することを切に望む。

が守り行うべき12の徳目を列挙している。さらに，第三段は，前段で示した道が「皇祖皇宗ノ遺訓」であり，いつの時代においても（古今ニ通シテ），またどの国どの地域においても（中外ニ施シテ）普遍性を持つものであるとした。【資料編を参照】

また，教育勅語の草稿の作成は，徳育論争で激しく議論を闘わせた井上毅と元田永孚が中心となったことからも明らかなように，教育勅語は「国憲ヲ重シ国法ニ遵ヒ」という近代市民倫理と儒教倫理が折衷されたものとなった。表7－1は，教育勅語の口語訳である。

芳川文部大臣は，教育勅語の渙発の翌日に訓令を発し，「聖旨ヲ奉体シテ研《けん》磨薫陶《まくんとう》ノ務」を怠らず，特に学校の式日などには生徒を集めて教育勅語を奉読《ほうどく》した上で，生徒をよく諭して導き，心に留めるようにすべきであると述べ，教育勅語の謄本を全国の学校に配布した。また，東京帝国大学教授であった井上哲次郎に教育勅語の注釈書の執筆を委嘱し，井上は1891（明治24）年9月に『勅語衍義《ちょくごえんぎ》』を出版した。

教育勅語が渙発された後，修身科の授業は，教育勅語の12の徳目を教えることが基本となった。たとえば尋常小学校においては，孝悌，友愛，仁愛，信実，礼敬，義勇，恭倹などの徳目を教え，これらを通じた「尊王愛国ノ士気」と「国家ニ対スル責務ノ大要」を育成することが求められるとともに，特に女子には「貞淑《ていしゅく》ノ美徳」を涵養することが重視された。また，1891年11月の「小学校教則大綱」第２条では，「修身ハ教育ニ関スル勅語ノ旨趣ニ基キ児童ノ良心ヲ啓培シテ其徳性ヲ涵養シ人道実践ノ方法ヲ授クルヲ以テ要旨トス」と規定され，これによって修身の授業時間は，尋常小学校では週27時間のうち３時間，高等小学校では週30時間のうち２時間が充てられることとなった。

教育勅語の渙発は，宗教に関わる問題にも影響を及ぼした。1891（明治24）年の「内村鑑三不敬事件」とそれに続く「教育と宗教の衝突」論争はその象徴的なものであった。こうした中で文部省は，1899（明治32）年に「文部省訓令第12号」（一般ノ教育ヲシテ宗教外ニ特立セシムルノ件）を出し，官公立学校のほか，私立学校や法令で規定されている小学校，中学校，高等女学校では，課外においても宗教教育及び宗教的儀式を行うことを禁止した。ただし，ここでいう宗教には仏教，キリスト教などは含まれたが，神道は「宗教にあらず」として宗教としての取扱いは受けなかった。

3　明治期の修身教科書と国定修身教科書

徳目主義と人物主義

文部省は，1891（明治24）年に小学校修身教科用図書検定基準を定め，修身科での教科書使用を求めた。同検定基準は，修身教科書に掲載する事項が「小学校教則大綱」第２条の趣旨に適合することを条件として，⑴学年ごとに道徳の全体に及ぶ内容を教えること，⑵学年が進むに従って「漸次易ヨリ難ニ」となる内容とすること，⑶例話は，「勧善的」なものであり，なるべく日本人の教材を使用すること，などを示した。小学校修身教科用図書検定基準に基づいて小学校修身教科書が編集され，1892（明治25）年から1894（明治27）年までの間に約80種の教科書が文部省の検定を経て発行された。

教育勅語と「小学校教則大綱」が制定されて以降の修身教科書には，大きく２つの特徴を認めることができる。第１は，たとえば，親愛，恭敬，義勇，公徳，忠君愛国という徳目に基づいて教材を配列し，系統的に道徳を教えようとする徳目主義が中心となったことである。しかし，徳目は抽象的な観念であるために，授業は形式的なものとなりやすい。また実際の生活では徳目が相互に矛盾をきたす場合も生じた。そのため，修身教科書では，二宮金次郎（尊徳）や楠木正成，リンカーンやナイチンゲールなどの人物の伝記や逸話，言行などの「例話」を用いて徳目を具体的に教える方法が採用された。これが人物主義といわれる修身教科書の第2の特徴である。

修身教科書における徳目主義と人物主義という2つの特徴は，当時のヘルバルト教育学派の段階的教授法の影響も受けながら，たとえば修身科においては以下のような授業の形態を取る方法が模索された。

①**予備**―新しく教える徳目や，それを含んだ例話に関係のある事項について，子どもたちの経験を聞いたり，知っていることを答えさせたりする。
②**教授**―例話を示し，これについて説明する。この間に子どもの経験を聞いたり，既知事項をたずねたりする。格言は終わりに示して暗誦させる。
③**整理**―まとめをやって，子どもたちはどう実践するか考えさせる。成績の考査は，他教科のようにはいかないので，日頃の素行などをも考慮に入れて行われた。

国定修身教科書の成立

1903（明治36）年の「小学校令」の改正（第三次小学校令）により，尋常小学校での国定教科書制度が実施された。国定教科書は，1904（明治37）年から使用が開始され，1945（昭和20）年までに4回の改訂を経て，合計五期に及ぶ国定教科書が作成された。

第一期国定修身教科書は，明治初期の翻訳教科書に比べれば国家主義的かつ儒教主義的傾向を持っているが，「個人」や「社会」などの近代的市民倫理の内容も重視された教科書であった。特に『高等小学修身書』には，「公衆」「社会の進歩」「公益」「博愛」「自立自営」「人身の自由」「他人の自由」などを表題とした教材が並び，欧米の近代市民倫理が強く反映された。

たとえば，「他人の自由」においては，「われ等は，また，社会の安寧秩序を妨げざるかぎりにおいて，信教の自由を有す。おのれの信ずるところによりて安心するは，人人の自由なれば，決して，他人の信仰を妨ぐべからず」（『高等小学修身書』巻三）と記述されている。また，欧米人の逸話も数多く取り上げられ，リンカーン，ワシントン，ナイチンゲール，ジェンナーなどが紹介された。

近代的な市民倫理を重んじた第一期国定修身教科書に対しては，「皇国臣民ノ血族連綿タル特種固有ナル祖先ニ対シ家国ニ対シ，君臣親子夫婦兄弟等ノ間ニ於ケル義理ヲ示スノ教課ニ於テ遺憾アルカ如シ」（『文部省著作小学修身書に関する意見書』）という多くの批判も多かった。そのため，第二期国定修身教科書（1910～17年）では，近代市民倫理を重視した内容に代わり，「家」や「祖先」などの家族主義的な要素と「天皇」などの国家主義的な要素を整合的に結び合わせた家族国家観に基づく道徳が強調された。

たとえば，『高等小学修身書』では，「我が国は家族制度を基礎とし国を挙げて一大家族を成すものにして，皇室は我等の宗家なり。我等国民は子の父母に対する家族を成すものにして，皇室は我等国民は子の父母に対する敬愛の情を以て万世一系の皇位を崇敬す。是を以て忠孝は一にして相分れず（中略）忠孝の一致は実に我が国体の特色なり」（巻三）と書かれている。ここには，家族を国家と見立て，家族の情緒的な愛着と家父長に対する伝統的な忠誠の２つの要素を応用して，この２つを天皇に結び付ける家族国家観の特徴がよく示されている。また，第二期国定修身教科書では，忠君と愛国が結び付けられ，「忠君愛国」という項目が新しく登場した。その一方では，欧米人の逸話が削減され，代わって二宮金次郎をはじめとする日本人の逸話を用いた人物主義の傾向が顕著となった。

4　大正新（自由）教育運動と修身教授改革論

修身教授改革論の展開

大正時代は，第一次世界大戦後の世界的な平和主義と協調外交が推進されることで，大正デモクラシーといわれる自由主義的・民主主義的な風潮が顕著となった時代である。こうした風潮は，教育の分野においても反映され，世界的な潮流ともなっていた「児童中心主義」をスローガンとした大正新（自由）教育運動が展開された。

こうした内外の動向を受けて，第三期国定修身教科書（1918～33年）では国際協調，平和主義，民主主義などが重視され，「公民の務」「公益」「衛生」「勤労」などの教材が掲載されている。また，国際社会に関する教材が初めて登場し，『尋常修身教科書』の「国交」では，「世界大戦役の終に平和会議がパリで開かれた時，我が国もこれに参加しました。この会議の結果，出来上がったのが平和条約で，将来世界の平和に大切な国際連盟規約はこの条約の一部です（中略）我等も国交の大切なことを忘れず，つとめて外国の事情を知り，外国人と交際するに当たっては，常に彼我の和親を増すようにこころがけませう」（巻六）と国際協調の意義が記述された。

大正新（自由）教育運動は，1921（大正10）年の「八大教育主張講演会*」を頂点として展開したが，その理念は修身教授改革の機運を高めていった。たとえば片山伸《かたがみのぶる》は，「修身倫理の教課が，その実際において内容空虚であり，無力無生命であって，実質的なき権威を人に強ひるの感じを伴ふのは何故であろうか」としながら，修身教育の問題点を指摘した。

＊1921年8月1日から8日まで大日本学術協会が東京で主催した講演会であり，全国から2000人を超える参加者があったとされる。

> 修身の教課《ママ》が，人生の道徳生活を内面的に統一ある一つの全体として考へないで，外面的な行為の結果から小刻みにして，部分的断片的な標準に求め，複雑な生動して止まない人間生活を，一定の様式を以て律しようとするところから来て居るのである。修身倫理の教へるところに従ふことが，何となく形式的な，窮屈な，融通の利かない，小善は捉われた，こせついて居るやうな感じを与へるのも，そのためである。

また，及川平治（明石女子師範学校附属小学校主事）は，児童の自発性と協同性に基づく児童中心の「為すことによって学ぶ」という方法原理に基づいて教科書中心の画一的な注入授業を強く否定した。及川にとって徳目とは，教師が一方的に解説し教えるものではなく，討議と協同生活を通して体験的に学習されるべきであると理解されていた。及川にとっての修身科の授業は，児童の生活の中で「為すことによって道徳性を学習する」ことを目指した活動であった（及川『分団式各科動的教育法』）。

なかでも修身教授改革論として注目されるのが，澤柳政太郎の主張であった。澤柳は1914（大正3）年9月に雑誌『教育界』に発表した論文「修身教授は尋常四年より始むべきの論」において，「訓育，即ち徳性の涵養に於ける知識的の部分を負担して居るもの」としながらも，児童の発達段階を考慮すれば，尋常小学校４年生になるまでは，「修身の種を蒔く下拵《したごしら》へをする時で必要に応じて断片的の教訓を為し以て纏《まとま》りたる修身教授を為す準備期」とすべきであると主張した。この主張の骨子は，すでに1909（明治42）年に刊行された『実践的教育学』の中に確認することができる。同書において澤柳は，修身科の目的を「道徳上の知識を与へ，この知識を明瞭にし，正確にし，道徳の観念的の系統を作り道徳的情操を養ふこと」であるとした。これは，徳目主義に傾斜しながらも，「各教育階梯において固有な具体的目標と方法が適用されることなしには達成されないと指摘」したものであり，子供の発達段階を重視した澤柳の修身教授改革論の骨子となるものであった。

ただし，澤柳は，尋常小学校の４年生までは修身科の授業を行うべきではないとしたが，これは決して修身科を否定したものではなかった。澤柳の主張の趣旨は，教育課程の中に修身科を積極的に位置づけ，その徹底を図ることに主眼を置いたものであり，修身科の効果的な教授を達成するためには，低学年での修身教授を排除することが子供の発達段階からも望ましいとするものであった。

修身教授改革論と「川井訓導事件」

大正新（自由）教育期に展開された修身教授改革論は，合科学習的な理解を底流としながら，国定修身教科書の内容に関する厳しい批判とともに，教材の自主的な編成を意識した教育方法の改革を特徴とするものであった。

一方で，修身教授改革論では，たとえば野村芳兵衛が「天皇は，国民にとって親しい御親《みおや》である。勅語は温い御親の呼声である。冷たい他律的規範ではない。私は，『朕臣民《なんじしんみん》ト倶《とも》ニ拳々服膺《けんけんふくよう》シテ咸其徳《みなそのとく》ヲ一ニセンコトヲ庶幾《こいねが》フ』とおほせられた明治天皇の御言葉を限りなくありがたく拝読する」（野村芳兵衛『生活訓練と道徳教育』）と述べているように，天皇や教育勅語の権威が否定されることはなかった。しかし，たとえ修身教授改革論が教育方法の改革を主眼とするものであったとしても，その内容が児童の自由や自主性をより重視し，国定修身教科書の内容から逸脱する傾向を持つものだったため，徐々に弾圧の対象となっていった。

その象徴的なものは，1924（大正13）年９月５日の松本女子師範学校附属小学校で起きた，いわゆる「川井訓導事件」である。同校の尋常科４年担任の川井清一郎訓導《くんどう》が修身科の授業において国定修身教科書を用いず，代わりに森鷗外の「護持院ヶ原の敵討《かたきうち》」を教材として使用したことが発端であった。この授業を視察に来ていた東京高等師範学校（現在の筑波大学）教授の樋口長市は国定修身教科書の不使用を根拠に川井を厳しく詰問・叱責し，川井訓導は，同年9月24日に休職を命ぜられ，後に退職した。

「川井訓導事件」の影響は，その後の茨城県や奈良県，さらには千葉師範学校（現在の千葉大学教育学部）附属小学校で展開された「自由教育」に対する「教育弾圧」へと波及し，「児童中心主義」をスローガンとした大正新教育運動は急速に色褪せていった。しかし，修身教授改革の流れは，基本的には戦前昭和期においても底流では受け継がれ，戦時体制との距離感を意識しながら，新たな模索が継続されていった。

5　総力戦体制と修身教育

総力戦体制と第四期国定修身教科書

1931（昭和6）年の満州事変を契機として，日本の教育は戦争の影響を直接に受けるようになり，1937（昭和12）年の日華事変（日中戦争）勃発以降，その傾向は強まっていった。また，1938（昭和13）年の国家総動員法によって，政府が総力戦遂行のための人的・物的資源を統制し運用できるようになると，教育行政も政府の政策に従属していった。とりわけ，国民統合原理としての万世一系の皇室を核とする国体論では，皇国と皇国民の観念が強調されることで，国体に反すると認められる思想や宗教，文化や運動に対する弾圧は厳しくなり，国民生活の広範囲な分野に対して総力戦体制の枠組みが形成されていった。

総力戦体制下での教育を規定した基本的な特徴の1つは，昭和初期の大恐慌を底流とした「思想問題」の沈静化である。具体的にそれは，学問・思想・教育における自由の抑圧（異端の排除）として進められた。特に，1933（昭和8）年に京都帝国大学で起きた「瀧川《たきがわ》事件」は，思想弾圧の対象が，マルクス主義だけでなく自由主義にまで及んだことを意味していた。

「瀧川事件」から2年後の1935年には，東京帝国大学教授であった美濃部達吉《みのべたつきち》の「天皇機関説」に対する弾圧が起こった。美濃部の「天皇機関説」とは，統治権は法人たる国家にあり，天皇はその最高機関として内閣をはじめとする他の機関からの輔弼《ほひつ》を得ながら統治権を行使すると説いた学説であり，20年以上もの間，憲法理論の主流である。ところが，1935年「国体明徴声明」に基づき，各大学の憲法担当教授の著書・講義案・論文などが調査され，「天皇機関説」に基づいた憲法関係図書20点以上と約10種類の法学関係書に対する絶版が勧告された。

1933（昭和８）年から使用が開始された第四期国定修身教科書は，青色表紙のものとなり装丁も一新されたが，その内容も大きく変化した。端的にそれは,「忠君愛国」の精神を重視し，あるべき臣民（国民）の姿を説いた教材が多くなり，神国観念を強調することで軍国主義的で超国家主義的傾向を推進する教材が顕著となった。ここでは，「国体」が強調され，総力戦体制を支える臣民（国民）としての精神的な心構えが説かれた。たとえば，「テンノウヘイカハ，ツネニ，シンミンヲ，子ノヨウニオイツクシミニナッテイラッシャイマス」（『尋常小学修身書』巻二）という記述には，家族国家観に基づいて臣民として天皇の恩に報いること（報恩）が重視されている。

また文部省は，1935（昭和10）年に文部次官通牒「学校ニ於ケル宗教的情操ノ涵養ニ関スル件」を出している。これは，1899（明治32）年の「文部省訓令第12号」の趣旨を踏まえた上で，「人格ノ陶冶ニ資スル為学校教育ヲ通ジテ宗教的情操ノ涵養ヲ図ルハ極メテ必要ナリ但シ学校教育ハモトヨリ教育勅語ヲ中心トシテ行ハルベキモノナルガ故ニ之ト矛盾スルガ如キ内容及方法ヲ以テ宗教的情操ヲ涵養スルガ如キコトアルベカラズ」とする公式見解を発表したものであった。これによって，教育勅語に基づくという条件の下ではあるが，公立学校においても宗教的情操の教育が可能となった。しかし実際には，戦局が緊迫する中で，宗教的情操に関わる教育実践が行われる余裕はなかった。したがって，文部次官通牒の内容は，児童生徒が戦勝祈願のために神社参拝することを矛盾なく正当化する根拠として機能する側面が強かった。

「皇国ノ道」と修身教育

1937（昭和12）年の日中戦争の本格的な開始を契機として，政府は「挙国一致」「尽忠報国《じんちゅうほうこく》」「堅忍持久《けんにんじきゅう》」をスローガンとした国民精神総動員運動を展開し，総力戦体制を整えていった。文部省は，同年に国体の尊厳，君臣の大義を説き，天皇への忠誠こそが教育の根本であるとした『国体の本義』を刊行し，

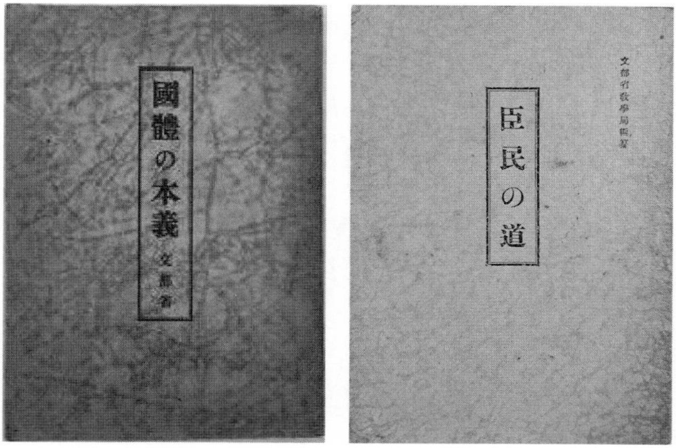

図7-1　『国体の本義』と『臣民の道』

1941（昭和16）年には『臣民の道』を刊行して，「世界新秩序の建設」を達成するための臣民の行動規準を示した（図7-1）。

1941年には，「国民学校令」が公布され，その第1条には，「国民学校ハ皇国ノ道ニ則《のっと》リテ初等普通教育ヲ施シ皇国民ノ基礎的錬成ヲ為スヲ以テ目的トス」と規定された。これによって，1872（明治5）年の「学制」から続いた尋常小学校の名称は国民学校と改称され，皇国民の錬成が初等教育の目的とされた。また，「国民学校令施行規則」は，国民科の教育について，「国体ノ精華ヲ明ニシテ国民精神ヲ涵養シ皇国ノ使命ヲ自覚セシメルヲ以テ要旨トス」（第2条）と規定された。修身科については，「教育ニ関スル勅語ノ旨趣ニ基キテ国民道徳ノ実践ヲ指導シ児童ノ徳性ヲ養ヒ皇国ノ道義的使命ヲ自覚セシムルモノトス」「祭祀ノ意義ヲ明ニシテ敬神ノ念ヲ涵養スルニ力《りき》ムベシ」「国防ノ本義ヲ明ニシテ，遵法，奉公ノ精神ヲ涵養スベシ」（第3条）と明記され，修身は皇国の「道義的使命」を持つ教科として明確に位置づけられたのである。

総力戦体制が進行する中で1941年に改訂された第五期国定修身教科書は，第四期国定修身教科書の「国体」を強調する内容がさらに顕著となった。軍国主義的で超国家主義的傾向が強められることで，戦争協力を促す内容が増加した。第五期国定修身教科書には戦争の挿絵や写真が挿入され，「軍神のおもかげ」といった戦争教材や神国観念を強調した教材が数多く掲載された。たとえば，第2学年用の『ヨイコドモ』下巻の「日本ノ国」は，「日本ヨイ国，キヨイ国。

世界ニ一ツノ神ノ国。日本ヨイ国，強イ国。世界ニカガヤクエライ国」という神国観念に基づく日本の優越性を強調した内容となっている。

このほか，第五期国定修身教科書では，(1)祭祀《さいし》の意義を明らかにして，敬神の念を涵養すること，(2)政治・経済及び国防が国体に淵源することを理解させ，立憲政治の精神，産業と経済との国家的意義ならびに国防の本義を明らかにして，遵法・奉仕の精神を涵養すること，(3)女児に対する婦徳の涵養，(4)礼法及び公衆道徳の指導，(5)家庭と連携した善良な習慣の形成などが特に強調された。

修身科に対する批判

近代教育の課題は，国家意識の形成と国民としての「日本人」の自覚の育成に重点が置かれていた。そのため，この課題を直接的に担う修身科は，国家の政治的な目的と動向を反映した内容となる傾向が強かった。特に，第四期，第五期国定修身教科書の内容は，総力戦体制を強化・推進する傾向を強めていった。総力戦体制下の修身教育は，子供の「人格」の育成よりも「欲しがりません勝つまでは」「進め一億 火の玉だ」といった戦争標語を補強する思想教育に近いものとなっていった。

以上のように，修身教育は総力戦体制に影響されたものであった。しかし，近代以降の修身教育が果たしてきた役割について，特に総力戦体制下における教育のみに限定して評価することには問題がある。図7－2に見られるように，国定修身教科書を全体として見れば，「個人」「家庭」「社会」などに関わる教材も多く配置されていたからである。

しかし，戦時期の修身科がイデオロギー的な側面を色濃くしていたことは確かであるが，その教授内容が実際にはどこまで子供たちに内面化されていたのかについては十分に解明されていない。たとえば，1932（昭和7）年に道徳教育協会を設立し，その会長を務めた嘉納治五郎《かのうじごろう》は，同会の機関誌『道徳教育』の創刊号において「従来の道徳教育は，十分にその効果を挙げたかというに，そうは思われない」と述べている。嘉納によれば，そもそも道徳教育には，「邪悪正邪を明らかにする」知的な側面と，それを基盤とする意志の鍛練の側面があり，今後の道徳教育はこれら二つの側面をいかに統合し，実践するかが課題であると指摘していた。

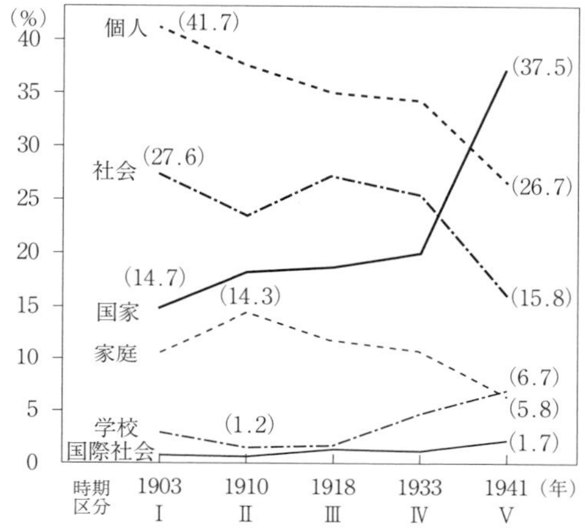

図7－2　国定修身教科書に現れた道徳分類図表

出典：唐澤富太郎『教科書の歴史』。

戦前昭和期の修身教育の中心的な役割を果たした堀ノ内恒夫（広島高等師範学校訓導）は，修身科の授業が簡単であるという教育者は，「二十幾万の教育者中一人としておるまい」とした上で，「修身教育困難の声は殆んど堪え間もなく聞く所である。困難所かそれは更に極論されて修身教育の効果にさえ疑問を挿む者すら少なくない。実際修身教育の効果をあげるということは難事中の難事である」と述べていた（堀之内恒夫『現代修身教育の根本的省察』）。

また，1950（昭和25）年に第三次吉田内閣の文部大臣を務めることになる哲学者の天野貞祐が，戦前において修身科に対する厳しい批判を加えたことは注目される。天野によれば，(1)修身科が道徳的な行為の方式を教えるに過ぎず，「模範的行為にしても多くは特別の場合におけるもので日常性に乏しい」こと，(2)「生徒が修身教科書を通じて様々な徳目，様々な有徳的言行を限りなく学ぶことには，生徒の道徳感覚を鈍らす」危険があること，(3)道徳教育が，修身科を担当する教師だけの役割であり，他の学科の担当者にとって，修身科は自分とは関係のないものであると理解させてしまうこと，が修身科の問題点であるという（天野『道理の感覚』）。

教育勅語や修身科については，第四期・第五期の国定修身教科書の軍国主義や超国家主義的な傾向のみが強調されることで，その内容が全て否定されがちである。しかし，近代以降の道徳教育の歴史を，それらがどのように機能したのかを踏まえながら実証的に評価する必要がある。それによって初めて，近代教育における道徳教育の歴史的な評価と戦後への課題を考察することが可能となる。

参考文献

天野貞祐『道理の感覚』（岩波書店，1937年）。
及川平治『分団式各科動的教育法』（弘学館，1932年）。
貝塚茂樹『戦後日本教育史』（放送大学教育振興会，2018年）。
唐澤富太郎『教科書の歴史――教科書と日本人の形成』（創文社，1955年）。
国立教育研究所編『近代教育百年史　第１巻　教育政策１』（国立教育研究所，1973年）。
野村芳兵衛『生活訓練と道徳教育（野村芳兵衛著作集　第３巻）』（黎明書房，1974年）。
堀之内恒夫『現代修身教育の根本的省察』（賢文館，1934年）。
文部省編『学制百年史（記述編・資料編）』（帝国地方行政学会，1972年）。
山田恵吾編著『日本の教育文化史を学ぶ――時代・生活・学校』（ミネルヴァ書房，2014年）。

第8章
戦後日本の道徳教育論争の展開

本章のポイント

本章は，連合国軍最高司令官総司令部（以下，GHQ と略）による対日占領教育政策の中で，修身科と教育勅語がどのように議論されたのかを検証しながら，1960年代までの道徳教育の展開を論争史として検討する。具体的には，戦後教育改革期の道徳教育論争から1950年代の「修身科」復活論争と「国民実践要領」制定論争と「道徳の時間」設置論争，さらに「期待される人間像」論争を中心に検討し，その歴史的な役割と意味について考察する。

1　敗戦直後の道徳教育問題の展開

占領軍の修身科評価と「三教科停止指令」

敗戦後の道徳教育をめぐる動向の検討は，占領期（日本にとっては被占領期）という状況の中で，GHQ による対日占領教育政策とそれに対する日本側の対応という関係を視野に入れる必要がある。

戦時期のアメリカでは，戦後の日本占領を想定した教育政策の立案のために，1942年から日本で使用されていた国定教科書の分析作業を進めていた。特に国定修身教科書の分析では，1933（昭和８）年改訂の第四期国定修身教科書の内容に「軍国主義，超国家主義，国家神道主義の繰り返し」が顕著であるとした。ただし，これは教科書の不適切な部分の改訂を求めたもので，修身科の廃止を前提としたものではなかった。

1945（昭和20）年８月の敗戦後，GHQ の民間情報教育局（CIE）も同様の国定修身教科書の分析を行っているが，ここでも修身科の改訂再開の方針が基本的には継承された。その理由は，「修身教科書の詳細な分析は，問題となっている教科書が相対的に無害であることを示しており，全体に及ぶ禁止は適切なものではない」というものであった。GHQ が問題視したのは，戦時期の国定修身教科書に顕著に認められる軍国主義や超国家主義的内容であった。

こうした教科書分析の結果を踏まえて，GHQ は1945年12月31日に「修身，日本歴史及ビ地理停止ニ関スル件」（以下，「三教科停止指令」と略）を指令した。この指令の目的は，(1)三教科の課程をただちに停止し，GHQ の許可のあるまでこれらを再開しないこと，(2)三教科の教科書及び教師用参考書を回収すること，(3)三教科の教科書の代行案を立てて GHQ に提出すること，などを主な内容とするものであり，その基本的な立場は修身教科書の改訂再開をすることにあった。

「三教科停止指令」による修身科の改訂再開という方針は，1946（昭和21）年３月の『第一次米国教育使節団報告書』の内容にも継承された。同報告書の第一章「日本の教育の目的及び内容」では，もともと日本の修身科は，従順な公民の育成を目的としており「この手段は不正な目的と結びついた」ために現在は授業停止の措置がとられているが，「民主主義的制度も他の制度と同様，その真の精神に適合しかつこれを永続せしむべき一つの倫理を必要とする。そしてその特有の徳目はこれを教えることができ，従ってこれは他におけると同様学校においても教えられるべきである」と述べられた。そして同報告書は，「特別の倫理科を父兄も生徒も期待しているようである。日本人の現在もっているもの即ち礼儀を以って修身科をはじめるなら，それでよかろう」と勧告した。

「公民教育構想」における修身科評価

戦後の新たな道徳教育のあり方を模索する動きは，GHQ だけではなく，文部省でも進められた。一般にこれは「公民教育構想」（以下，「構想」と略）と称される。1945年10月に文部省内に設置された公民教育刷新委員会が同年12月にまとめた答申では，従来の修身科に見られた「徳目ノ教授ヲ通シテ，道義心ノ昂揚《こうよう》ト，社会的知識技能ノ修得並ビニソノ実践トヲ抽象的ニ分離シテ取扱フガ如キ従来ノ傾向ハ是正サレルベキデアル」と指摘した。

また答申は，従来の修身科は道徳教育の手段であるにもかかわらず，いつしか修身科の内容を教えることだけが目的となっていった。また，その内容も現実の社会生活とかけ離れたものであると指摘した上で，「道徳ハ元来社会ニ於ケル個人ノ道徳ナルガ故ニ，『修身』ハ公民的知識ト結合シテハジメテ其ノ具体的内容ヲ得，ソノ徳目モ現実社会ニ於テ実践サルベキモノトナル。従ツテ修身ハ『公民』ト一体タルベキモノデアリ，両者ヲ結合シテ『公民』科ガ確立サルベキデアル」とする方針を示した。

新しい公民科の内容については，「道徳，法律，政治，経済に関する諸問題についての普遍的一般原理に基づく理解の徹底」「共同生活に於ける個人の能動性の自覚」「社会生活に対する客観的具体的認識とそれに基づく行為の養成」「合理的精神の涵養《かんよう》」「科学の振興と国民生活の科学化」「純正なる歴史的認識の重視」などの「根本方向」を提示した。さらに答申は，「社会現象（道徳・法律・政治・経済・文化）の相関関係を，多角的綜合的に理解せしめること。しかも問題を網羅的に並列することなく，重要な若干の事項に重点を置き，これを立体的に理解せしめ綜合的な知識を与えること」「道徳・法律・政治・経済に関する抽象的理論的な問題も，具体的な卑近な事象を通して理解せしめ青少年の興味と関心とを喚起するよう考慮すること」を強調した。答申は，修身科の方法面での欠点を特に指摘した上で，道徳の知識と社会認識の教育との密接な関係を重視した「公民科」という新たな教科の創設を提言したのである。

「公民教育構想」の変容と社会科の成立

新たな「公民科」創設の方針は，修身科の改訂再開を求めた「三教科停止指令」の内容とは相反するものであった。そのため CIE は，「構想」を「占領政策違反」として問題視し，「公民科」創設に懸念を示した。数度にわたる CIE と文部省との折衝《せっしょう》の末，両者は修身教科書の暫定教科書は作成せず，公民科の教師用指導書のみを作成することで一度は合意した。

しかし，CIE は1946年4月以降，日本側に対して「公民科」ではなく，社会科の設置を求めることになる。それは，日本側の作成した教師用指導書の内容が，(1)当時アメリカの一部の州で実施されていた社会科と類似していたこと，(2)CIE の担当官が，アメリカで社会科を推進した経験のある担当官へと交代したことが直接の要因であった。

社会科の設置は，「構想」の大きな変容を意味していた。そもそも「構想」は，修身科に代わり得る教科としての新たな「公民科」の創設を意図していたのであり，歴史，地理を含めた広域総合教科としての社会科とは異質のものであったからである。「公民科」は道徳教育の役割を担う教科としての性格を持っていたが，社会科の実施は，新たな「公民科」と共に，道徳教育を担う明確な教科が教育課程からなくなることを意味していた。

2　教育勅語論争の展開

「日本的民主主義」と教育勅語

戦後教育改革において，修身科と共に大きな論争の対象となったのが教育勅語である。特に GHQ は，教育勅語が日本の天皇制と結び付いていると捉えており，その対応は占領政策全体の根幹に関わるものであった。そのため，GHQ では教育勅語の取扱いに慎重な議論を重ねる中で，様々な可能性が模索された。

これに対して，敗戦直後の日本政府・文部省の教育勅語への対応は明確であった。それは，天皇制の存続を意味する「国体の護持」と民主主義とは決して矛盾しないという立場であり，教育勅語への評価は総じて肯定的であった。たとえば，前田《まえだ》多門《たもん》文部大臣は，教育勅語には普遍的な道徳が示されており，教育の目指すべき理念が明確に示されていると考えていた。しかし，前田によれば，教育勅語の本来の理念は，戦前・戦中の軍国主義と超国家主義とによって著しく歪曲され，誤解されてしまった。そもそも教育勅語の理念が十分に浸透していれば戦争が起こることはなかったのであり，決して教育勅語の理念に誤りがあるわけではない。したがって戦後の新しい教育では，改めて教育勅語の掲げた理念に立ち戻り，その精神を受け継ぐことが必要であると主張した。言い換えれば，教育勅語の精神に還ることが，「日本的民主主義」を実現することであるという主張であった。

また，文部省の田中耕太郎学校教育局長は，1946年２月21日の地方教学課長会議での訓示の中で，「教育勅語は，我が国の醇風美俗と世界人類の道義的な核心に合致するもの」であると発言し，前田文部大臣の後任となった安倍《あべ》能成《よししげ》も「私も亦《また》教育勅語をば依然として国民の日常道徳の規範と仰ぐに変わりない」と発言して田中の訓示を支持した。

一方，1946年３月に来日した第一次米国（アメリカ）教育使節団に協力する目的で設置された「日本側教育家委員会」でも教育勅語問題が議論された。同委員会がまとめた「報告書」では「一，教育勅語に関する意見」において，従来の教育勅語は天地の公道を示したものとして誤りではないが，時勢《じせい》の推移につれて国民の精神生活に適さないものがあるので，改めて平和主義による新日本建設の根幹となるべき国民教育の精神生活の真方向を明示する詔書の公布を希望するとした上で，教育勅語とは別に新たな教育勅語を渙発することを求めた。一般的にこれは「新教育勅語渙発論」と称せられ，その実現可能性は教育基本法の制定が決定されるまで GHQ と日本側双方で模索された。

教育刷新委員会における教育勅語論争

教育勅語をめぐる様々な方向性が錯綜する中で，1946年3月にマッカーサーに提出された『第一次米国教育使節団報告書』では，教育勅語の取扱いについては直接には言及されなかった。教育勅語をめぐる論争が積極的に行われたのは，同年8月に設置された教育刷新委員会の論議においてである。

教育刷新委員会は，「教育に関する重要事項の調査審議を行う」ことを目的として，1946年8月10日に内閣総理大臣の所管の審議会として設置された。教育勅語問題と教育基本法に関する問題は，主に教育刷新委員会の第一特別委員会で議論された。第一特別委員会の議論は，基本的に「日本国民の象徴であり，日本国民統合の象徴という（天皇の）地位は，精神的な力を天皇がもって居られることを認めている。その範囲に於て勅語を賜るということは憲法の精神に反していない」（芦田均《あしだひとし》）という見解と，従来の教育勅語は新憲法下では奉読してはならないとしてよいのではないか，新憲法にふさわしい内容を将来天皇の「詔勅《しょうちょく》」で決定すべきではなく，法律として国会が決定すべきである（森戸辰男《もりとたつお》）という対立する見解を中心に展開した。

教育刷新委員会は，同年9月25日の第2回総会において，(1)教育勅語に類する新勅語の奏請《そうせい》は行わないこと，(2)新憲法発布の際に賜るべき勅語の中に，今後の教育の根本方針は新憲法の精神に則《のっと》るべきことを確認した。これに基づいて策定された，同年10月8日の文部次官通牒「勅語及詔書等の取扱について」は，(1)教育勅語をもってわが国唯一の淵源となる従来の考え方を排除すること，(2)式日等の奉読を禁止すること，(3)教育勅語を神格化する取扱いを止めること，の3点を基本方針として示した。これは教育勅語の廃止を求めたものではなく，教育勅語を絶対の理念とすることを否定した上で，特に学校教育での神格化した取扱いを禁止することを求めたものであった。

このことは，1947（昭和22）年３月20日の貴族院において高橋誠一郎文部大臣が，「日本国憲法の施行と同時に之と抵触《ていしょく》する部分に付きましては其の効力を失ひ，又教育基本法の施行と同時に，之と抵触する部分に付きましては其の効力を失ひまするが，その他の部分は両立する（中略）詰《つま》り政治的な若くは法律的な効力を教育勅語は失ふのでありまして，孔孟《こうもう》の教へとかモーゼの戒律とか云ふようなものと同様なものとなって存在する」と述べたことにも明らかであった。ここでいう「抵触する部分」とは，勅語という形式で教育理念を国民に示すことであり，「抵触しない部分」とは，「父母ニ孝ニ」以下の12の徳目を意味していた。それは，文部大臣となった田中耕太郎が，教育基本法の制定にあたって，教育勅語の徳目が古今東西を通じて変わらない人類普遍の道徳原理であり，それらは民主憲法の精神とは決して矛盾しないと述べたことにも表現されていた。

また田中は，1946年９月の教育刷新委員会の総会において，「詰《つま》り教育勅語を今までの神懸《かみがか》り的のもの，詰り神様の言葉として取扱うような態度であってはならない，それは倫理教育の一つの貴重なる資料であるというような態度で臨まなければならぬ」とも明確に述べていた。

1946年10月８日文部次官通牒「勅語及詔書等の取扱について」に基づき，文部省は教育基本法の制定へと着手することになるが，この時点の文部省の解釈は，教育基本法と教育勅語とは基本的に矛盾するものではないというものであった。そしてこの見解は，CIE も容認していた。

「国会決議」と教育勅語問題

1947（昭和22）年３月31日に教育基本法が公布・施行された。教育基本法の制定によって教育勅語問題は一応決着し，戦後の教育理念が確定された。ところが，1948年６月19日に衆参両議院で「教育勅語排除・失効確認決議」（以下，「国会決議」と略）が行われたことで教育基本法と教育勅語の関係は再び不安定なものとなった。これまでの研究において，「国会決議」が GHQ の民政局（GS）の強い働きかけによって行われたことが明らかとなっているが，「国会決議」によって，従来の文部省の立場は修正を余儀なくされることになった。特に衆議院の「国会決議」が，教育勅語を日本国憲法に違反する「違憲詔勅」と位置づけ，教育勅語が過去の文書としても権威を失うことを明確に示したことは，1946年10月８日の文部次官通牒「勅語及詔書等の取扱について」の内容との相違を印象づける結果となった。またそれは，教育勅語と教育基本法とは矛盾しないという政府・文部省の立場にも影響を及ぼすものであった。

「国会決議」は，その後の教育勅語の評価を流動化させ，教育基本法との関係においても多様な解釈の余地を広げた。たとえばそれは，1950（昭和25）年に文部省がまとめた文書において，「国会決議」に基づく教育勅語の返還措置によって，教育勅語問題は「完全に終結」したとする一方で，教育勅語の内容は「今日においてもあまねく人類に普遍的な，美しい道徳的思想の光をはなっている」という記述にも確認できる（文部省『日本における教育改革の進展』）。

一方で，占領下において GHQ 主導で行われた「国会決議」の意味や法的拘束力を持たない「国会決議」の有効性への疑問が提示されるなど，教育勅語をめぐる論争は，次第に政治的な課題となっていった。今日においても教育勅語に対する評価が多様であり，教育基本法と教育勅語の関係が争点とされるのは，以上のような歴史的経緯が背景となっている。

3　天野貞祐の問題提起と道徳教育論争

天野発言と『第二次米国教育使節団報告書』

戦後教育改革期における道徳教育論争は，教育勅語と修身科に関わる問題が重要な課題となって展開した。これらは，⑴道徳教育基準を設定することの是非，⑵道徳教育を担う教科を設置することの是非，という２つの課題として集約された。

1950年代に入ると，この２つの課題は，第三次吉田内閣で文部大臣となった天野貞祐の発言に端を発した，1950（昭和25）年の「修身科」復活論争と1951（昭和26）年の「国民実践要領」制定論争として活発に議論された。

1950年11月７日，天野文部大臣が全国都道府県教育長協議会で発言したのは，「わたしはもとの修身といったような教科は不必要だと考えていたが，最近各学校の実情をみると，これが必要ではないかと考えるようになった。（中略）そこで，教育の基礎として口先でとなえるものではなく，みんなが心から守れる修身を，教育要綱といったかたちでつくりたい」というものであった。

また，天野は同年11月26日の『朝日新聞』に「私はこう考える――教育勅語に代るもの」を掲載し，発言の趣旨を説明した。ここで天野は，従来の教育勅語に掲げられた徳目が勅語という形式において道徳的規準とされることは妥当ではないが，「何か他の形式において教育勅語の果たしていた役割を持つものを考える必要」があると述べた。また，社会科は修身科よりは広い展望を持っているが十分に成果を上げていないと指摘した上で，従来の修身科に復帰するというものではなく，「これまでの修身科と社会科とを契機」とした新しい教科の設置が必要であると説明した。

天野発言を契機として，道徳教育をめぐる活発な論争が新聞，雑誌を中心に展開した。もっとも，天野発言を促した要因としては，1950年８月に来日した第二次米国（アメリカ）教育使節団による『第二次米国教育使節団報告書』での記述が重要な役割を果たしていた。同報告書は，「われわれは日本に来てから，新しい日本における新教育は，国民に対して，その円満な発達に肝要な道徳的および精神的支柱を与えることができなかったということをたびたび聞かされた」と述べ，「道徳教育は，ただ社会科だけからくるものだと考えるのはまったく無意味である。道徳教育は，全教育課程を通じて，力説されなければならない」と勧告した。

この勧告は，修身科が廃止されて以降，文部省を中心に模索されてきた，「社会科による道徳教育」「社会科を中心とした道徳教育」という方向性に修正を迫るものであったと同時に，戦後道徳教育のあり方を問い直すための根拠を提供したといえる。しかし，結果として天野による問題提起は実現しなかった。

天野発言をめぐる論争の展開

戦後教育史研究において，天野の「修身科」復活と「国民実践要領」の制定という意図は，世論が「四面楚歌のような反撃」を受けたためであるとされることが一般的であった（船山謙次『戦後道徳教育論史』）。しかし，実際の論争の推移を辿っていくと，「世論」は必ずしも天野発言に否定的ではなかった。

たとえば「修身科」復活をめぐって，毎日，読売，東京，日本経済の新聞各紙が社説でこの問題を取り上げた。その中で，天野発言に明確な反対の論調を掲載したのは読売新聞の社説のみであり，他の新聞社説は，発表の形式には疑問を呈したものの，天野発言の趣旨には理解と賛意を示すものであった。また，天野発言には批判的であった読売新聞の「修身科復活是か否か」と題する紙上討論形式の世論調査（1950年12月8日）においても「修身科」復活には約64%が賛成と回答していた。

このことは，「国民実践要領」論争においても同様であった。1951年11月26日の参議院文部委員会は，「国民実践要領」に関する公聴会を開催した。先行研究では，公聴会に出席した9人の参考人が，「国民実践要領」に対して総じて批判的であり，その「反対」によって「国民実践要領」制定が実現しなかったと評価している（船山『戦後道徳教育論史』）。たしかに，参考人のほとんどが，「国民実践要領」の発表形式について問題点を指摘したことは事実である。ところが，その一方で，天野の「国民実践要領」制定の趣旨に対しては，9人の参考人のうち4人が賛意を示していた。つまり，天野による問題提起に対する「世論」の反応は，少なくとも先行研究が指摘する「四面楚歌」といった状況ではなかったのである（貝塚『戦後教育改革と道徳教育問題』）。

天野発言の意義と問題点

「修身科」復活が実現しなかった直接の要因は，教育課程審議会が，1951年1月4日に出した「道徳教育振興に関する答申」にあった。答申は，「道徳振興の方策として，道徳教育を主体とする教科あるいは科目を設けることは望ましくない」としていた。また，「国民実践要領」が実現しなかった直接の要因は，天野自身がその制定を撤回したためであった。しかし，こうした政策的動向や批判に加えて，天野が「国民実践要領」の制定を断念した背景には，天野発言そのものに内在していた3つの問題点を指摘できる。

第1は，天野発言が具体性を欠き，内容それ自体が脆弱性を持っていたことである。たとえば天野は，「国民実践要領」の性格を，国民の「道徳的基準」，「国民の道しるべ」，「教育基本法，学校教育法の解説，注釈」などと位置づけた。しかし，「国民実践要領」制定論争の過程では，天野から具体的な内容が示されることはなかった。そのため天野発言は，道徳教育の課題の克服ではなく，当時の大きな政治的課題であった再軍備問題に連動するものとして理解され，そのイデオロギーとして準備されたものと位置づけられた。

第2には，天野が「国民実践要領」を「文部大臣たる天野個人」として発表しようとした認識に関わる問題である。たとえば，この点について勝田守一《かつだもりかず》は，天野の心情がどうであれ，大臣という立場は「自由人」でないために，すでにリベラルではありえないと述べながら，「文相はよく，自分の意見が誤解されたと新聞で語っておられるが，実はそれは誤解ではなくて，そういうふうにしか，個人の意見というものは，政治の機構の中では，働いていかないものなのである」（『日教組教育新聞』1952年7月25日）と批判した。第1の問題点と同じく，天野には自らの発言を政治との関わりの中で認識する視点が弱かったと言える。

第3は，「修身科」復活論争における社会科批判に関わるものである。この点について梅根《うめね》悟《さとる》は，社会科が道徳教育において十分な成果を得られていないという判断は，「どれだけの的確な根拠，客観性を持ったものであるか」（『カリキュラム』1951年1月号）と批判した。たしかに，社会科設置から3年程度しか経過していない時点において社会科の成果を問うことには，ある種の無理があったとはいえる。

ただし，以上のような問題点もありながら，道徳教育の課題に対して，「修身科」復活，「国民実践要領」制定の是非に関する問題提起をしたことは重要であった。なぜなら，天野の問題提起には戦後の道徳教育の課題と論点が集約されていたともいえるからである。その意味で，天野の問題提起が改めてそれらの課題を検討する契機となったことは事実である。しかし，「文部省対日教組」と表現される対立が顕著なものとなり，道徳教育が政治的なイデオロギー論の中で論じられる傾向を強める中で，天野が提起した本来の趣旨は，道徳教育の本質的な問題として検討されたわけではなかった。

4 「道徳の時間」設置論争の展開

講和独立後の道徳教育問題と社会科

講和独立後の道徳教育問題は，社会科と道徳教育との関係をめぐる議論を中心として展開していった。1953（昭和28）年8月7日の教育課程審議会答申「社会科の改善，特に地理・歴史・道徳教育について」は，道徳教育の指導が，「ある特定の時間にまとめてなされることは，効果が少ない」として，新たな教科の設置には否定的な見解を示した。しかし，「答申」は一方で，「道徳教育は社会科だけが行うもののように考えることは誤りであって，これは学校教育全体の責任である。しかし，社会科が道徳教育に対して，責任を持つべき主要な面を明確に考え，道徳教育に確実に寄与するように，その指導計画および指導法に改善を加えることは重要なことである」と述べて，社会科の中での道徳教育の役割を強調した。

この「答申」に基づき，文部省は同年８月22日，「社会科の改善についての方策」を出して，社会科改訂の方向へと進めていった。この改訂の趣旨は，民主主義の育成に重要な役割を担う社会科の目標は堅持しつつ，指導計画や指導法の欠陥を是正し，道徳教育，地理，歴史の指導の充実を求めたものであり，基本的に『第二次米国教育使節団報告書』や天野の問題提起の延長線上にあったといえる。

「道徳の時間」設置をめぐる動向

清瀬一郎文部大臣は，1956（昭和31）年３月15日，教育課程審議会（会長は日高第四郎）に対して，「小学校中学校教育課程ならびに高等学校通信教育の改善について」を諮問した。これに基づき教育課程審議会は，初等中等教育課程分科審議会と中等教育課程分科審議会に分かれて論議を開始した。さらに，1957（昭和32）年８月５日，松永東《まつながとう》文部大臣は，「地理・歴史を社会科の中におりこみ，修身や倫理というものを独立させる方がよい。父母の多くは，倫理を教育すべきだといっており，このさいはっきりした指針を与える必要からも道徳教育を独立教科にしなければならない」と述べた。

これを受けて教育課程審議会は，翌1958年３月15日に「小学校・中学校教育課程の改善について」を答申した。ここでは，道徳教育が，社会科をはじめ各教科その他教育活動の全体を通じて行われているが，「その実情は必ずしも所期の効果をあげているとはいえない」と分析した上で，今後も学校教育活動の全体を通じて行うという従来の方針は変更しないが，「現状を反省し，その欠陥を是正し，すすんでその徹底強化をはかるために，新たに道徳教育のための時間を特設する」こと，その道徳の時間は，「毎学年，毎週一時間以上とし，従来の意味における教科としては取り扱わないこと」を提言した。

この答申を受けた文部省は，同年３月18日に「小学校・中学校における『道徳』の実施要領について」を通達した。この通達において「道徳の時間」設置の趣旨は，「児童生徒が道徳教育の目標である道徳性を自覚できるように，計画性のある指導の機会を与えようとするもの」であるとされた。そして「他の教育活動における道徳指導と密接な関連を保ちながら，これを補充し，深化し，または統合して，児童生徒に望ましい道徳的習慣・心情・判断力を養い，社会における個人のあり方についての自覚を主体的に深め，道徳的実践力の向上をはかる」ものであると説明された。

1958（昭和33）年８月28日に学校教育法施行規則が一部改正され，「道徳の時間」は小中学校において，教科ではないが，各教科，特別教育活動，学校行事と並ぶ１つの領域として教育課程の中に位置づけられ，同年９月からの授業が義務づけられた。

「道徳の時間」設置論争の論点

「道徳の時間」設置をめぐっても激しい論争が展開された。1950年代以降，「文部省対日教組」といった対立構図が固定化される中で，日本教育職員組合（以下，日教組と略）はこれに強く反対し，その実施に抵抗した。たとえば，文部省が行った関東甲信越ブロックの「道徳教育指導者講習会」では約2000人の組合員が妨害したために，開催場所が急遽変更されるといった混乱も生じた。

また，日本教育学会教育政策特別委員会が，1957年11月４日に「道徳教育に関する問題点（草案）」を発表する一方，日教組も1958年８月に「時間特設・独立教科による『道徳』教育について」を発表して，「道徳の時間」設置への反対を主張した。特に後者では，「道徳の時間」の立場を「一部特権階級のための教育――支配者の要求する服従の道徳教育である。彼らの利権を守るための手段としての道徳教育である。この道徳は平和，人権，真実，自主性の人間形成の教育の道徳教育の基本的問題と対決しこれを否定しようとする道徳教育である」と位置づけた。

こうした表現に見られるように，「道徳の時間」設置への反対論の多くは，政治的なイデオロギー論の立場を色濃くした批判であったといえる。「道徳の時間」設置論争の争点は大きく次の３点に整理できる。

第１は，国家（公権力）が，国民の良心に関わる道徳教育にどこまで関与できるかという問題である。この点について日本教育学会の「道徳教育に関する問題点（草案）」は，「近代民主主義政治のもとで，個人の自由と良心の問題である道徳とその教育について，公権力が一定の方向づけやわくづけをすることが，はたして妥当であるか」と疑問を投げかけ，「政府の作業は，国民の間から新しい道徳が生み出されるような条件をつくること」であると批判した。これに対して文部省は，「道徳の時間」は，戦前の修身科のように国家的徳目（忠君愛国）を一方的に教えるものではなく，現実に直面する問題に対して，より高い人間のあり方を追究しつつ，いかに生きるかを教師も生徒とともに考え，悩み語らう契機であると説明した。

第2は，「道徳の時間」の目標に関わるものである。端的には道徳教育を学校の教育活動全体を通して行うのか，あるいは特定の教科目を設けて行うのかというものであり，具体的な論争では，「全面主義か特設主義か」を争点とするものであった。しかし，「昭和33年版学習指導要領」においては「道徳の時間」の目標は，「学校の教育活動全体を通じて行うことを基本とする」とし，他の教育活動における道徳指導と密接な関連を保ちながら，補充し，深化，統合した組織的で発展的なものとされていた。この点からすれば，そもそも「全面主義か特設主義か」という二者択一的な議論としては本来は成立しないものであった。

第3の論点は，特に生活指導と道徳教育との関係についてである。これについて日本教育学会の「道徳教育に関する問題点（草案）」は，生活指導は単に善悪の問題のみに止まらず，生活を見つめる確かな目を育てる仕事や美しいものに感ずる心や愛情を育てる仕事など科学教育や芸術教育への礎地を培う幅広い営みであり，このような幅広い営みによって真の道徳教育も可能になるのではないか，と指摘した。

こうした指摘に対して，たとえば，「道徳の時間」設置に役割を果たした勝《かつ》部《べ》真《み》長《たけ》は，生活指導はそのつど起こった偶発的な事件を扱うために，事件として起こらなければ解決できないという欠点を持つ。そのため，この偶発性を補うためには，道徳の基礎的知識を与える「直接的」方法が必要であると反論した。勝部は，道徳教育を「道徳の時間」としての「道徳指導」と「生活指導または生徒指導」を統合したものと位置づけており，生活指導が目指すのは習慣化であるとする。そして，この習慣化が成立するためには，魂の目覚めに目標をおいた内面化の過程が不可欠であり，その役割を果たすのが「道徳の時間」であると説明した（勝部『特設「道徳」の考え方』）。

「道徳の時間」設置論争の課題

「道徳の時間」設置への反対論の多くは，修身科への不信感と批判を基底としながら，生活指導による社会認識能力の育成を重視した主張であった。これは敗戦直後の「構想」でも課題とされてきた点であり，「道徳の時間」設置論争は，これまでの歴史的過程で積み残されてきた課題を再検討し，それを解決する契機でもあった。ところが，「道徳の時間」設置論争は，政治的なイデオロギー論の立場からの批判が中心となり，歴史的検証を踏まえた冷静な論議の場は形成されなかった。つまり，「道徳の時間」設置論争は，「道徳の時間」の設置を「賛成か，反対か」の二項対立の単純な論理に押し込めてしまう結果を招いていったのである。

そのため，「道徳の時間」は，その後も教育現場に十分に浸透したとは言えず，また効果的な実践が積み重ねられてきたわけでもない。たとえばこのことは，1963（昭和38）年７月11日の教育課程審議会答申「学校における道徳教育の充実方策について」において確認することができる。答申は，「教師のうちには，一般社会における倫理的秩序の動揺に関連して価値観の相違がみられ，また道徳教育についての指導理念を明確に把握しない者がみられる。それで，いわゆる生活指導のみをもって足れりとするなどの道徳教育の本質を理解していない意見もあり，道徳の指導について熱意に乏しく自信と勇気を欠いている者も認められる。また，一部ではあるが，道徳の時間を設けていない学校すら残存している」ことが，「道徳教育の充実に大きな障害となっている」と指摘した。

以上のように，戦後の道徳教育論争は，特に1950年代以降においては政治的なイデオロギー論に左右される傾向を強くする一方で，道徳教育の根本的な課題を克服しようとする視点は希薄なものとなっていった。つまり，戦後の道徳教育論争は，政治的なイデオロギー対立に強く影響されながら，敗戦直後から連続する課題を内在化させたまま，新たな歴史の変化に向き合い続けることになったのである。

5 「期待される人間像」論争の展開

「期待される人間像」の成立

1963（昭和38）年６月，荒木萬壽夫《あらきますお》文部大臣は，中央教育審議会に対して，「後期中等教育の拡充整備について」を諮問した。諮問は，「科学技術の革新を基軸とする経済の高度成長とこれに伴う社会の複雑高度化および国民生活の向上は，各種の人材に対する国家社会の需要を生み，また国民の質量と能力の向上を求めてやまない」と述べた上で，特に後期中等教育の「青少年の能力をあまねく開発して国家社会の人材需要にこたえ，国民の資質と能力の向上を図るために適切な教育を行うことは，当面の切実な課題となっている」とした。

そして諮問は，「後期中等教育のあり方について」と，「すべての青少年を対象として後期中等教育の拡充整備を図るにあたっては，その理念を明らかにする必要があり，そのためには今後の国家社会における人間像はいかにあるべきかという課題を検討する必要がある」とする「期待される人間像について」の２つの課題を中教審での「検討すべき問題点」として提示した。

「期待される人間像」は，高坂正顕（当時は東京学芸大学学長）を主査とする中央教育審議会第十九特別委員会で審議された。同委員会は，1965（昭和40）年に「中間草案」を発表し，さらに審議を加えた上で，翌1966年10月31日に中央教育審議会答申別記「期待される人間像」を公表した。

「期待される人間像」は「日本人としての自覚をもった国民であること，職業の尊さを知り，勤労の徳を身につけた社会人であること，強い意志をもった自主自立の人間であること」を人間像の目標として掲げた。そして，第一部「当面する日本人の課題」では，「今後の国家社会における人間像はいかにあるべきか」という課題に応えるために，(1)現代社会が技術革新の時代であり，それは人間性を歪める危険を内包する。そのため，今後の日本人は人間性の向上と人間能力の開発が要請されること，(2)今日の世界は，文化的にも政治的にも一種の危機状態にある。そこでは，日本の使命を自覚し，世界に開かれた日本人であることが要請されること，(3)日本の民主主義の概念には混乱があり，十分に日本の精神風土に定着していない。民主主義を確立するためには，一個の確立した人間としての自我を自覚し，社会的知性を開発し，少数意見を尊重する姿勢が求められること，の３点からの考察が必要であるとしている。

さらに，第二部「日本人にとくに期待されるもの」は，「個人として」「家庭人として」「社会人として」「国民として」の４章から構成され，それぞれ道徳的な内容が提示された。たとえば，第４章の「国民として」では，(1)正しい愛国心を持つこと，(2)象徴に畏敬の念を持つこと，(3)すぐれた国民性を伸ばすことが掲げられた。

「期待される人間像」論争の論点

一般に「期待される人間像」は，「教育勅語の現代的変形」「国民実践要領の蒸し返し」「教育基本法への挑戦」と評価されてきた。ここで「期待される人間像」は，「防衛力増強と国防意識の高揚のために，祖国愛と天皇敬愛を喚起し，さらに，戦後教育改革の再改革における人間形成の目標となる役割を負わされるもの」として否定的に評価されることが一般的であった（久保義三『昭和教育史　下』）。具体的には「天皇」「愛国心」「宗教的情操」をめぐる論争が中心となった。文部省の調査は，「愛国心と天皇を敬愛することは別であり，天皇への敬愛を規範化すべきではない」とする否定的な意見が，賛成意見の二倍を超えたと報告している（文部省調査局企画課『期待される人間像（中間草案）についての事項別意見』1965年）。

「天皇」「愛国心」は，「期待される人間像」の，第二部第４章の中で言及された。ここでは，国家を「世界において最も有機的であり，強力な集団である」と位置づけた上で，「国家を正しく愛することが国家に対する忠誠である。正しい愛国心は人類愛に通ずる」とされた。また，象徴としての天皇については，次のように述べられた。

> 象徴としての実体をなすものは，日本国および日本国民の統合ということである。しかも象徴するものは象徴されるものを表現する。もしそうであるならば，日本国を愛するものが，日本国の象徴を愛するということは，論理上当然である。天皇への敬愛の念をつきつめていけば，それは日本国への敬愛の念に通ずる。けだし日本国の象徴たる天皇を敬愛することは，その実体たる日本国を敬愛することに通じるからである。このような天皇を日本の象徴として頂いているところに，日本国の独自の姿がある。

また,「宗教的情操」については, 第二部第１章の「畏敬の念を持つこと」において定義された。それは「すべての宗教的情操は, 生命の根源に対する畏敬の念に由来する。われわれはみずから自己の生命をうんだのではない。われわれの生命の根源には父母の生命があり, 民族の生命があり, 人類の生命がある。ここにいう生命とは, もとより単に肉体的な生命だけをさすのではない。われわれには精神的な生命がある。このような生命の根源すなわち聖なるものに対する畏敬の念が真の宗教的情操であり, 人間の尊厳と愛もそれに基づき, 深い感謝の念もそこからわき, 真の幸福もそれに基づく」というものであった。

「期待される人間像」をめぐる論議は, 全体的に見れば, 賛成と反対とが拮抗したものであった。しかし, 議論の多くは, 政治的なイデオロギー論を色濃くしたものであり, その内容についての学術的な検討の深化は見られなかった。そのため,「期待される人間像」は, 実質的にはほとんど教育界に浸透することはなかったと評価されることが一般的であった（『現代学校教育大事典２』)。ところが実際には,「期待される人間像」で提示された内容は, その後の学習指導要領や臨時教育審議会の答申, さらには1998（平成10）年の中教審答申「新しい時代を拓く心を育てるために」などに反映された部分も少なくなかった。

参考文献

勝部真長『特設「道徳」の考え方』(大阪教育図書, 1958年)。
貝塚茂樹『戦後教育改革と道徳教育問題』(日本図書センター, 2001年)。
貝塚茂樹『天野貞祐——道理を信じ, 道理に生きる』(ミネルヴァ書房, 2017年)。
貝塚茂樹『戦後日本教育史』(放送大学教育振興会, 2018年)。
久保義三『占領と神話教育』(青木書店, 1988年)。
久保義三『昭和教育史　下』(三省堂, 1994年)。
西野真由美編『新訂　道徳教育の理念と実践』(放送大学教育振興会, 2020年)。
船山謙次『戦後道徳教育論史』(青木書店, 1981年)。
文部省『日本における教育改革の進展』(『文部時報』第880号, 1950年12月)。
文部省調査局企画課『期待される人間像（中間草案）についての事項別意見』(1965年)。
安本忠彦ほか編『現代学校教育大事典２』(ぎょうせい, 1993年)。

第9章
「特別の教科 道徳」設置の意義

本章のポイント

本章は，1980年代以降の道徳教育の展開を辿りながら，2017（平成25）年の「特別の教科 道徳」設置までの動向を整理する。具体的には，臨時教育審議会の答申と2006（平成18）年の教育基本法の改正を視野に入れながら，教育改革国民会議での道徳の教科化の提言以降の議論について検討し，「特別の教科 道徳」設置の意義について考察する。

1 1980年代以降の道徳教育の展開

臨時教育審議会と「道徳の時間」

1980年代前半の「教育荒廃」が深刻となる中で，1984（昭和59）年９月に内閣直属の諮問機関として臨時教育審議会（以下，臨教審と略）が「戦後教育の総決算」をスローガンとして設置された。臨教審は1987（昭和62）年までに４つの答申を提出するが，道徳教育との関わりでは，1986（昭和61）年４月の第二次答申が，「徳育の充実」を掲げた。第二次答申は具体的に，(1)初等教育においては，基本的な生活習慣のしつけ，自己抑制力，日常の社会規範を守る態度などの育成を重視すること。また，中等教育においては，自己探求，人間としての「生き方」の教育を重視すること，(2)児童生徒の発達段階に応じ，自然の中での体験学習，集団生活，ボランティア活動・社会奉仕活動への参加を促進すること，などを提言した。

臨教審の答申を受けて，1989（平成元）年に改訂された「平成元年版学習指導要領」は，自ら学ぶ意欲と社会の変化に対応できる人間の育成を強調し，「自ら考え主体的に判断し行動する力を育てる教育の質的転換」を目指すものとなった。具体的には，学習指導要領の道徳の目標に人間尊重の一層の深化を図るために「生命に対する畏敬の念」が加えられるとともに，「主体性のある日本人」の育成が強調された。特に「生命に対する畏敬の念」は，「生命のかけがえのなさや大切さに気付き，生命あるものを慈しみ，畏れ，敬い，尊ぶことを意味する」とされた。この理解は基本的に「期待される人間像」における「宗教的情操」の解釈を踏まえたものである。

道徳教育の内容については，小中学校ともに4つの視点，すなわち，「主として自分自身に関すること」，「主として他の人とのかかわりに関すること」，「主として自然や崇高なものとのかかわりに関すること」，「主として集団や社会とのかかわりに関すること」に分類され，内容の重点化が図られた。またその内容は，小学校低学年14項目，中学年18項目，高学年22項目，中学校22項目となった。

「生きる力」と「心の教育」答申

1996（平成8）年7月の中央教育審議会（以下，中教審と略）の答申「21世紀を展望した我が国の教育の在り方について」（第一次答申）は，これからの学校教育のあり方として，「ゆとり」の中で「生きる力」を育成することを掲げた。同答申は「生きる力」の内容について，「いかに社会が変化しようと，自分で課題を見つけ，自ら学び，自ら考え，主体的に判断し，行動し，よりよく問題を解決する資質や能力」，「自ら律しつつ，他人とともに協調し，他人を思いやる心や感動する心など，豊かな人間性」，「たくましく生きるための健康や体力」を重要な要素とした。

中教審答申を踏まえて，1998（平成10）年12月に改訂された「平成10年版学習指導要領」は，「生きる力」の育成を図るために，豊かな心と未来を拓く実践力の育成が強調された。また，学校の教育活動全体で取り組むべき道徳教育のかなめとしての「道徳の時間」の役割が重視され，(1)校長や教頭の参加と他の教師との協力的な指導を取り入れること，(2)ボランティア活動や自然体験活動などの体験活動を生かす，などの多様な指導の工夫が求められた。

学習指導要領が改訂される前の1998年6月30日，中教審は「新しい時代を拓く心を育てるために――次世代を育てる心を失う危機」（以下，「心の教育」答申と略）を答申した。「心の教育」答申では，次代を担う子供たちが，未来への夢や目標を抱き，創造的で活力に満ちた豊かな国と社会をつくる営みや地球規模の課題に積極果敢に取り組み，世界の中で信頼される日本人として育っていくよう，社会全体で「生きる力」を身に付ける取組みを進めることが大切であるとした。

「心の教育」答申は，「生きる力」の核となる「豊かな人間性」について，(1)美しいものや自然に感動する心などの柔らかな感性，(2)正義感や公正さを重んじるこころ，(3)生命を大切にし，人権を尊重する心などの基本的な倫理観，(4)他人をおもいやる心や社会貢献の精神，(5)自立心，自己抑制力，責任感，(6)他者との共生や異質なものへの寛容などの感性や心であると定義した。「心の教育」答申は，学校の教育活動全体で行う道徳教育の「かなめ」としての「道徳の時間」の役割とその活性化を提言するとともに，ボランティア活動，自然体験活動，郷土の文化・伝統に親しむ活動といった体験的な道徳教育の必要性を提言した。

「心のノート」と道徳教育

文部科学省は，2001（平成13）年１月12日に「21世紀教育新生プラン――レインボープラン〈７つの重点戦略〉」を発表し，「心のノート」の作成・配布と「心のせんせい」の配置などが道徳教育充実策の具体的な内容として掲げられた。「心のノート」の作成には，河合《かわい》隼雄《はやお》（京都大学名誉教授）を座長とする作成協力者会議を中心に，100名あまりの学識経験者や小中学校教員が協力した。「心のノート」は，小学校１・２年用，同３・４年用，同５・６年用，中学校用の４種類があり，その内容は，小中学校の学習指導要領に基づいて構成された。それぞれのページには，児童生徒が道徳的価値に気づいたり，自らを振り返ったりするイラストや写真，詩や文章，自らの思いを記入する欄などがあった。

また，「心のノート」には，道徳で学習する事柄（内容項目）を児童生徒が俯《ふ》瞰《かん》することができるページ，心に響いた言葉などを自由に書き込めるページ，生命やコミュニケーションについて考える特設ページ（中学校用）などが設けられた。

「心のノート」の趣旨は，「児童生徒が身に付ける道徳の内容を，児童生徒にとってわかりやすく書き表し，道徳的価値について自ら考えるきっかけになるものであり，学校における教育活動全体において活用され，さらには学校と家庭等が連携して児童生徒の道徳性の育成に取り組めるものとして活用されることを通して，道徳教育のより一層の充実を図ろうとするものである」（「『心のノート』の活用に当たって」）と説明された。

「心のノート」は，(1)児童生徒一人一人が自ら学習するための冊子，(2)児童生徒の心の記録となる冊子，(3)学校と家庭との「心の架け橋」となる冊子，という３つの性格を併せ持つものと位置づけられた。また，「心のノート」は教科書でも副読本でもないとされ，「道徳の時間」に「心のノート」のみで授業するのは好ましくなく，指導過程の中で，補助的に活用したり，「授業の事前・事後に関連付けて活用したりすることによって，ねらいとする道徳的価値や中心的な資料としての副読本などの内容を助ける」（同上）役割を持つものとされた。

「心のノート」に対しては，これが国家による「心」の統制を助長するものであるという批判とともに，あらゆる問題の解決を個人の「心」の問題に還元しようとする「心理主義的」な傾向への批判もあった。

2 教育改革国民会議と教育基本法の改正

教育改革国民会議の提言

2000（平成12）年12月22日，総理大臣の私的諮問機関として設置された教育改革国民会議は，「新しい時代にふさわしい教育基本法」の検討を盛り込んだ報告書「教育を変える17の提案」を発表した。ここでは，「教育の原点は家庭であることを自覚する」「奉仕活動を全員が行うようにする」といった提言が行われた。

また報告書は，「学校は道徳を教えることをためらわない」としながら，「学校は，子どもの社会的自立を促す場であり，社会性の育成を重視し自由と規律のバランスの回復を図ることが重要である。また，善悪をわきまえる感覚が，常に知育に優先して存在することを忘れてはならない」と指摘した。その上で報告書は，教育基本法の改正を提言すると同時に，特に「小学校に『道徳』，中学校に『人間科』，高校に『人生科』などの教科を設け，専門の教師や人生経験豊かな社会人が教えられるようにする。そこでは，死とは何か，生とは何かを含め，人間として生きていく上での基本の型を教え，自らの人生を切り拓く高い精神と志を持たせる」と提言した。これは，その後に続く道徳の教科化論議の起点となった。

教育基本法の改正と道徳教育

教育改革国民会議の提言を受けて，文部科学大臣は，2001（平成13）年11月26日に中教審に対して「新しい時代にふさわしい教育基本法の在り方について」を諮問し，中教審は2003（平成15）年３月20日に教育基本法の改正を求める答申を提出した。

2006（平成18）年12月22日に改正・公布された教育基本法は，1947（昭和22）年に制定された教育基本法（以下，旧法と略）を改正し，教育の目的及び理念並びに教育の実施に関する基本を定め，国及び地方公共団体の責務を明らかにしたものであった。基本的には旧法が掲げてきた普遍的な理念を継承しつつ，教育の目標として特に重要と考えられる事項が新たに追加された。

具体的に教育基本法の教育の目的及び目標は，旧法に規定されていた「人格の完成」に「公共の精神」や「伝統と文化の尊重」などが加えられ，生涯学習社会の実現と教育の機会均等が規定された（第１条から第４条まで）。道徳教育に直接に関わるものは，教育の目標を定めた第２条であることは第３章でも述べた通りである。

教育基本法の改正に伴い，2008（平成20）年３月に改訂された小中学校の学習指導要領は，「道徳の時間」を要《かなめ》として全教育活動を通して児童生徒の人格形成を図ることを求めた。また，道徳教育の推進を主に担当する「道徳教育推進教師」を設け，どの学校においても確実に道徳教育が効果を上げていくことができるような指導体制の充実を明記した。

さらに，同年４月18日の中教審答申「教育振興基本計画――教育立国の実現に向けて」は，「学習指導要領の趣旨を踏まえた適切な教材が教科書に準じたものとして十分に活用されるよう，国庫補助制度を早期に創設する」ことを求めた。具体的には，「心のノート」を発展・充実させるとともに，偉人伝や自然，伝統文化，スポーツなどを題材とした「感動を覚えるような魅力的な教材」での指導を求めた。

3 「道徳教育の充実に関する懇談会」の「報告」

道徳の教科化が成立する直接の契機は，2013（平成25）年1月に設置された教育再生実行会議の提言である。教育再生実行会議が，同年2月26日に発表した「いじめ問題等への対応について（第一次提言）」は，「学校は，未熟な存在として生まれる人間が，師に学び，友と交わることを通じて，自ら正しく判断する能力を養い，命の尊さ，自己や他者の理解，規範意識，思いやり，自主性や責任感などの人間性を構築する場です」と述べた上で，次のように道徳の教科化を提言した。

> 現在行われている道徳教育は，指導内容や指導方法に関し，学校や教員によって充実度に差があり，所期の目的が十分に果たされていない状況にあります。このため，道徳教育の重要性を改めて認識し，その抜本的な充実を図るとともに，新たな枠組みによって教科化し，人間の強さ・弱さを見つめながら，理性によって自らをコントロールし，より良く生きるための基盤となる力を育てることが求められます。（中略）道徳の教材を抜本的に充実するとともに，道徳の特性を踏まえた新たな枠組みにより教科化し，指導内容を充実し，効果的な指導方法を明確化する。その際，現行の道徳教育の成果や課題を検証するとともに，諸外国における取組も参考にして，丁寧に議論を重ねていくことを期待する。

教育再生会議の「第一次提言」を受けて，2013年3月に文部科学省に設置された「道徳教育の充実に関する懇談会」（以下，懇談会と略）は，合計10回の審議を行い，同年12月に「今後の道徳教育の改善・充実方策について（報告）――新しい時代を，人としてより良く生きる力を育てるために」（以下，「報告」と略）をまとめた。

「報告」はまず，道徳教育には，体系的な指導によって道徳的な価値に関わる知識・技能を学び教養を身に付けるという従来の「教科」に共通する側面と同時に，自ら考え，道徳的行為を行うことができるようになるという人格全体に関わる力を育成するという側面を持っていると整理した。その上で「報告」は，その2つの側面からより総合的な充実を図ることが今後の課題であるとしながら，道徳教育の一層の充実を図るために，「道徳の時間」を道徳科として設置することを提言した。学校教育法施行規則や学習指導要領において道徳を教科として位置づけることによって，その目標・内容をより構造的で明確なものとするとともに，学校の教育活動全体を通じて行う道徳教育の要としての性格を強化し，各教科等における指導との役割分担や連携のあり方等を改善することが期待できる，というのが「報告」の結論であった。

また「報告」は，道徳教育は自立した一人の人間として人生を他者とともによりよく生きる人格の形成を目指すものであるとした上で，教育の根本に道徳教育が据えられるべきであるとした。しかし，現在の学校は，道徳教育の理念の共有や教師の指導力など多くの面で課題が存在している現状にあり，本来の道徳教育の「期待される姿には遠い状況にある」としながら，社会の中に道徳教育に対する「アレルギーともいうべき不信感や先入観が存在しており，そのことが道徳教育軽視の根源にある」と指摘した。

具体的には，「道徳教育の目指す理念が関係者に共有されていない」「教員の指導力が十分でなく，道徳の時間に何を学んだかが印象に残るものになっていない」「他教科に比べて軽んじられ，実際には他の教科に振り替えられていることもある」などの懇談会での意見も盛り込まれた。

そして，今後の社会においては，道徳教育は人間教育の普遍的で中核的な構成要素であるとともに，その充実は今後の時代を生き抜く力を一人一人に育成する上での緊急な課題である。こうした道徳教育の現状を改善し，現行の「道徳の時間」が学校の教育活動全体で行う道徳教育の「要」としての役割を果たすためには，教科化による制度的な変革が必要となるというのが「報告」の説明であった。ここには，グローバル化や情報通信技術の進展などの状況に対応するためにも，「一人一人が自らの価値観を形成し，人生を充実させるとともに，国家・社会の持続可能な発展を実現していくこと」が必要であり，「絶え間なく生じる新たな課題に向き合い，自分の頭でしっかりと考え，また他者と協働しながら，より良い解決策を生み出していく力」を育成することが不可欠であるという理解が前提となっている。

つまり「報告」は，これまでの道徳教育に対する「アレルギー」を払拭し，人間としてのあり方に関する根源的な理解を深めながら，社会性や規範意識，善悪を判断する力，思いやりや弱者へのいたわりなどの基盤となる「人間として踏まえるべき倫理観や道徳性」を育成することを強く求めたのである。

さらに「報告」は,「特別の教科 道徳」においても引き続き学級担任が授業を行うことを原則としてはいるが,道徳教育に優れた指導力を有する教員を「道徳教育推進リーダー教師」(仮称)として加配配置し,地域単位で道徳教育を充実させることも求めた。同時に,管理職・教員の意識改革や資質・能力の向上を図るための研究や,教育担当者や道徳教育推進教師等に対する研究を充実させること,授業改善のための校内研修を充実させることのほか,検定教科書,指導法,学校における指導体制,学校と家庭や地域との連携などについて具体的な提言を行った。

4 「特別の教科 道徳」の成立と「平成29年版学習指導要領」

中教審答申「道徳に係る教育課程の改善等について」

教育再生実行会議や懇談会の報告を踏まえ,中教審は2014(平成26)年3月4日に教育課程部会に道徳教育専門部会を設置して具体的な審議を進め,同年10月21日の答申「道徳に係る教育課程の改善等について」(以下,「答申」と略)を公表した。

「答申」は,道徳教育の充実を図るためには,「道徳の時間」を「特別の教科 道徳」として新たに位置づけ,「その目標,内容,教材や評価,指導体制の在り方等を見直すとともに,『特別の教科 道徳』(仮称)を要として道徳教育の趣旨を踏まえた効果的な指導を学校の教育活動全体を通じてより確実に展開することができるよう,教育課程を改善することが必要と考える」とした。

また「答申」は,「特別の教科 道徳」が,「道徳性の育成」を目標として,「道徳的価値」の理解を基軸としながら,自己を見つめ,物事を多面的・多角的に考えることで,自己の生き方や人間としての生き方についての考えを深める学習の必要性を指摘するとともに,検定教科書の導入や,問題解決的な学習や体験的な学習を取り入れた多様で効果的な指導法の改善を提言した。

「特別の教科 道徳」の評価については,児童生徒一人一人のよさを認め伸ばし,道徳性に係る成長を促す評価となるように配慮する必要があるとした。そして,児童生徒の「道徳性」を多面的,継続的に把握し,総合的に評価することで,その成長を見守ると同時に,努力を認め励まし,児童生徒が意欲的に取り組めるような評価となることが望ましいと提言した。

中教審答申「『特別の教科 道徳』の指導方法・評価等について」

中教審は，「答申」の内容をさらに具体的に検討するために，「道徳教育に係る評価等の在り方に関する専門家会議」（以下，専門家会議と略）を設置して検討を進め，2016（平成28）年７月22日に「『特別の教科 道徳』の指導方法・評価等について（報告）」（以下，「報告」と略）を公表した。

「報告」は，「道徳科における質の高い３つの指導方法」として，(1)読み物教材の登場人物への自我関与が中心の学習，(2)問題解決的な学習，(3)道徳的行為に関する体験的な学習，の３つを示した。第12章でも詳しく述べるように，３つの指導方法は，それぞれが独立した「型」を示しているわけではなく，様々な展開が考えられるとした。そして，指導にあたっては，「学習指導要領の趣旨をしっかりと把握し，指導する教師一人一人が，学校の実態や児童生徒の実態を踏まえて，授業の主題やねらいに応じた適切な工夫改良を加えながら適切な指導方法を選択することが求められる」と明記した。【巻末の資料編を参照】

また第13章で言及するように，評価については，児童生徒のよい点を褒めたり，さらなる改善が望まれる点を指摘するなど，児童生徒の発達の段階に応じ励ましていく「個人内評価」を記述式で行うとされた。「特別の教科 道徳」で行われる評価は，「学習状況や道徳性に係る成長の様子」であり，その際には，(1)他者の考え方や議論に触れ，自律的に思考する中で，一面的な見方から多面的・多角的な見方へと発展しているか，(2)多面的・多角的な思考の中で，道徳的価値の理解を自分自身との関わりの中で深めているか，が重要であるとしている。

「平成29年版学習指導要領」と「特別の教科 道徳」

2016（平成28）年12月21日の中教審答申「幼稚園，小学校，中学校，高等学校及び特別支援学校の学習指導要領の改善及び必要な方策等について」（以下，「答申」と略）は，「これからの時代においては，社会を構成する主体である一人一人が，高い倫理観をもち，人間としての生き方や社会の在り方について，多様な価値観の存在を認識しつつ，自ら考え，他者と対話し協働しながら，よりよい方向を模索し続けるために必要な資質・能力を備えることが求められている。子供たちのこうした資質・能力を育成するためには，道徳教育はますます重要になっている」とした。

その上で「答申」は，道徳科設置の目的について「多様な価値観の，時には対立のある場合を含めて，誠実にそれらの価値に向き合い，道徳としての問題を考え続ける姿勢こそ道徳教育で養うべき基本的資質であるという認識に立ち，発達の段階に応じ，答えが一つでない道徳的な課題を一人一人の児童生徒が自分自身の問題と捉え，向き合う『考え，議論する道徳』へと転換を図るものである」と明記した。

また，第10章でも言及するように，「平成29年版学習指導要領」は社会で働く知識や力を育むために，児童生徒が「何を学ぶか」という視点に加えて，「どのように学ぶか」という学びの過程に着目してその質を高めることを求めている。ここでいう「どのように学ぶか」の鍵となるのが，児童生徒の「主体的・対話的で深い学び」をいかに実現するかという学習指導改善の視点である。

各教科・領域においては，それぞれの教育活動や教育課程全体で育成しようとする資質・能力とは何かという点を視野に入れた取り組みが求められるが，それは道徳科においても同様である。道徳科においては，他者と共によりよく生きるための基盤となる道徳性を育むために，答えが１つではない道徳的な課題を一人一人の児童生徒が自分自身の問題として捉え，向き合う「考え，議論する道徳」を実現することが，「主体的・対話的で深い学び」を実現することであるとしている。

5 「特別の教科 道徳」設置の歴史的意義

「特別の教科 道徳」の設置は，道徳授業の「形骸化」を克服するという制度的な役割と同時に，道徳教育を政治的なイデオロギー対立から解き放ち，いわゆる「道徳教育アレルギー」を払拭したことに意義があったといえる。

本書で繰り返し述べてきたように，戦後日本の教育では，戦前・戦中の教育に対する拒否感のみが強調され，道徳教育は政治的なイデオロギー対立の争点とされることが常態化してきた。それは，1958（昭和33）年の「道徳の時間」設置論争，1966（昭和41）年の「期待される人間像」や「心のノート」をめぐる論争の中に認められる。

いうまでもなく，道徳教育は人間教育の普遍的で中核的な構成要素であるとともに，その充実は今後の時代を生き抜く力を一人一人に育成するための喫緊の課題である。しかし，こうした戦後日本の道徳教育の歴史は，学校が，児童生徒に対する道徳教育の責任と役割を十分に果たしていないばかりでなく，「人格の完成」を目指す教育基本法の目的や学習指導要領の趣旨からも逸脱していたといえる。

戦後日本において，道徳教育はともすれば「政治問題」の中に押し込められ，教育論として議論されることは少なかった。道徳教育の内容や方法をめぐる議論は基本的に成立せず，道徳教育それ自体が「賛成か，反対か」の二項対立図式の中に解消されて論じられる傾向があったことは否定できない。こうした状況は，諸外国の道徳教育と比較しても異質であった。

歴史的な観点から言えば，道徳の教科化は，道徳教育を「政治問題」から解放し，教育論として論じるための基盤を形成するために必要な制度的な措置であったといえる。「特別の教科 道徳」の設置によって，学校・教師ばかりでなく，家庭や地域も児童生徒の道徳性の育成という課題に正面から向き合うことが求められる。結果的にこのことは，従来のように道徳教育の議論に政治的なイデオロギーが入り込む余地を確実に減少させる役割を果たした。少なくとも，「特別の教科 道徳」の設置によって，政治的なイデオロギー対立を背景とした「賛成か，反対か」の二項対立の議論は明らかに後退し，教科書，指導法，評価のあり方といった本質的で具体的な議論に関心が向けられ始めたといえる。

「特別の教科 道徳」は，将来の日本の社会変化を見据え，その変化に対応できる児童生徒の資質・能力を育成するための基盤を整えたといえる。しかし，「特別の教科 道徳」が成立すれば道徳教育が改善すると考えることは短絡的である。「特別の教科 道徳」の設置は，将来の社会を担う児童生徒の道徳教育のあり方を議論するための「はじめの一歩」を踏み出したに過ぎない。「特別の教科 道徳」をいかに実効性あるものとするかを考え，議論し続けることが，今後の道徳教育に求められる切実な課題である。

参考文献

貝塚茂樹『道徳の教科化——「戦後七〇年」の対立を超えて』（文化書房博文社，2015年）。

貝塚茂樹『戦後日本と道徳教育――教科化・教育勅語・愛国心』（ミネルヴァ書房，2020年）。
西野真由美・鈴木明雄・貝塚茂樹編『「考え，議論する道徳」の指導法と評価』（教育出版，2017年）。

第Ⅲ部

学校教育と道徳教育

第10章
「特別の教科　道徳」は何を育てるのか

本章のポイント

「特別の教科　道徳」は子供たちのどのような資質・能力を育てようとするのか。「特別の教科　道徳」において「主体的・対話的で深い学び」を実現するとはどういうことなのか。本章では，「考え，議論する道徳」の意味を「主体的・対話的で深い学び」やカリキュラム・マネジメントの観点から整理することで「特別の教科　道徳」の役割について検討する。

1 「考え，議論する道徳」への「質的転換」

「考え，議論する道徳」とは何か

2015（平成27）年３月27日，学校教育法施行規則の一部を改正する省令及び学習指導要領の一部改正が告示され，従来の「道徳の時間」は「特別の教科である道徳」（以下，道徳科と略）として設置された。小学校は2018（平成30）年度，中学校では2019（平成31）年度から道徳科が設置され，検定教科書を使用しての授業が行われている。

2014（平成26）年10月の中教審答申「道徳に係る教育課程の改善等について」は，これからの時代を生きる児童生徒には，様々な価値観や言語，文化を背景とする人々と相互に尊重し合いながら生きていくことがこれまで以上に求められる。その際に必要となるのは，将来の社会を構成する主体となる児童生徒が高い倫理観を持ちながら，「人としての生き方や社会の在り方について，多様な価値観の存在を認識しつつ，自ら感じ，考え，他者と対話し協働しながら，よりよい方向を目指す資質・能力を備えること」であるとした。

特に道徳教育については，「特定の価値観を押し付けたり，主体性をもたず言われるままに行動するよう指導したりすることは，道徳教育が目指す方向の対極にある」と指摘しながら，「多様な価値観の，時に対立がある場合を含めて，誠実にそれらの価値に向き合い，道徳としての問題を考え続ける姿勢こそ道徳教育で養うべき基本的資質である」とした。

こうした資質・能力を育成するためには，一人ひとりの児童生徒に自分ならどのように行動・実践するかを考えさせ，自分とは異なる意見と向かい合い議論する中で，道徳的価値について多面的・多角的に学び，実践へと結び付ける指導が必要となる。

道徳科の設置にあたっては，答えが１つではない課題に対して，児童生徒が道徳的に向き合う「考え，議論する道徳」へと「質的転換」することが求められた。「考え，議論する道徳」は，従来のように読み物（副読本等）の登場人物の心情を読み取ることのみに重点が置かれた授業や児童生徒にわかりきったことを言わせたり書かせたりする授業からの脱却を明確に求めるものであった。

道徳科で育成する資質・能力

2016（平成28）年12月21日の中教審答申「幼稚園，小学校，中学校，高等学校及び特別支援学校の学習指導要領の改善及び必要な方策等について」（以下，「答申」と略）は，全ての教科等について，(1)何を理解しているか，何ができるか（生きて働く「知識・技能」の習得），(2)理解していること，できることをどう使うか（未知の状況にも対応できる「思考・判断力・表現力等」の育成），(3)どのように社会・世界と関わり，よりよい人生を送るか（学びを人生や社会に生かそうとする「学びに向かう力・人間性等」の涵養）の「資質・能力の三つの柱」に基づいて育成すべき資質・能力を明確にし，そのために必要な指導方法の工夫・改善を図っていくことを求めた（図10－1）。

道徳教育を通じて育む資質・能力とは，「自己の生き方を考え，主体的な判断の下に行動し，自立した人間として他者と共によりよく生きるための基盤となる道徳性」（学習指導要領第１章総則），道徳性を構成する諸様相である「道徳的な判断力，心情，実践意欲と態度」（学習指導要領第３章「特別の教科 道徳」）であるといえる。

道徳性は，「資質・能力の三つの柱」すべてに関わるが，特に(3)どのように社会・世界と関わり，よりよい人生を送るかに深く関わるものである。私たちが人生の中で様々な課題に直面した時，これらにどのように向き合い，いかな

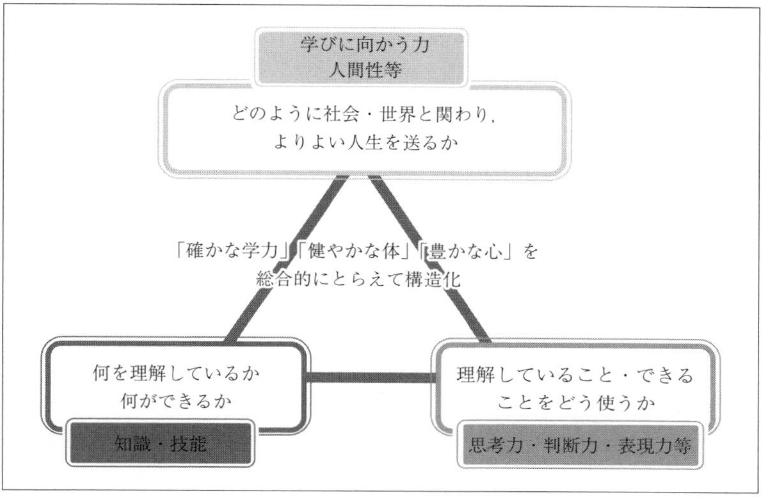

図 10－1 育成すべき資質・能力の三つの柱

る価値を大切にしながら判断し，解決していくのかという資質・能力を道徳性と位置づけることができる。こうした資質・能力を育成するための指導方法の工夫・改善を図ることが「主体的・対話的で深い学び」の視点であり，それを道徳科において具体化したものが「考え，議論する道徳」である。

「答申」は，「これからの時代においては，社会を構成する主体である一人一人が，高い倫理観をもち，人間としての生き方や社会の在り方について，多様な価値観の存在を認識しつつ，自ら考え，他者と対話し協働しながら，よりよい方向を模索し続けるために必要な資質・能力を備えることが求められている。子供たちのこうした資質・能力を育成するためには，道徳教育はますます重要になっている」とした。

その上で「答申」は，道徳科設置の意味について「多様な価値観の，時には対立のある場合を含めて，誠実にそれらの価値に向き合い，道徳としての問題を考え続ける姿勢こそ道徳教育で養うべき基本的資質であるという認識に立ち，発達の段階に応じ，答えが一つでない道徳的な課題を一人一人の児童生徒が自分自身の問題と捉え，向き合う『考え，議論する道徳』へと転換を図るものである」と明記した。

「平成29年版学習指導要領」では，社会で働く知識や力を育むために，子供たちが「何を学ぶか」という視点に加えて，「どのように学ぶか」という学びの過程に着目してその質を高めることが求められる。「どのように学ぶか」の鍵となるのが児童生徒の「主体的・対話的で深い学び」である。道徳科においては，他者と共によりよく生きるための基盤となる道徳性を育むために，「考え，議論する道徳」へと転換することが，「主体的・対話的で深い学び」を実現することを意味する。これからの社会が，「多様性を基盤とした社会」の実現を目指す以上，自分とは異なる他者の意見と向かい合い，議論する中で，道徳的価値について多面的・多角的に学び，実践へと結び付けるという「考え，議論する道徳」を実現することが求められる。

2　道徳科における「主体的・対話的で深い学び」の視点

「主体的な学び」と道徳科

「平成29年版学習指導要領」は，各教科の学びの体系性を回復するとともに，言語活動を充実させることにより，習得・活用・探求の学習サイクルの確立を目指すとして，特に次の点が重視された。

①教科等を「知識及び技能」「思考力，判断力，表現力等」「学びに向かう力，人間性等」の３つの柱で再構成したこと。
②「主体的・対話的で深い学び」の観点から，これまでの教育実践の蓄積を踏まえて授業を見直し，改善したこと。
③学校全体として教育内容や時間の適切な配分，必要な人的・物的体制の確保，実施状況に基づく改善といったカリキュラムマネジメントの確立を求めたこと。

2016年12月の中教審答申において，「主体的な学び」とは，「学ぶことに興味や関心を持ち，自己のキャリア形成の方向性と関連付けながら，見通しを持って粘り強く取組み，自らの学習活動を振り返って次につなげる」学びのことである。

「主体的な学び」を道徳科との関連で捉えれば，(1)児童生徒が問題意識を持ち，(2)自己を見つめ，道徳的価値を自分自身とのかかわりで捉え，自己の生き方について考える学習とすることや，(3)各教科で学んだこと，体験したことから道徳的価値に関して考えたことや感じたことを統合させ，(4)自ら道徳性を養う中で，自らを振り返って成長を実感したり，これからの課題や目標を見つけたりすることが重要である。

道徳科において，「主体的な学び」を実現するためには，道徳で学んだことを自分との関わりで捉えながら道徳的価値に向き合い，いかに生きるべきかを考え続けることで，よりよい人生を切り拓いていくことの大切さを気付かせる指導の工夫が求められる。

「対話的な学び」と道徳科

「対話的な学び」とは，「子供同士の協働，教師や地域の人との対話，先哲の考え方を手掛かりに考えることを通じ，自らの考えを広げ深める」学びのことである。「対話的な学び」を道徳科との関連で捉えれば，(1)児童生徒同士の協働，(2)教員や地域の人との対話，(3)先哲の考え方を手掛かりに考えたり，(4)自分と異なる意見と向き合い議論すること，(5)道徳的価値の葛藤や衝突が生じる場面を多面的・多角的に議論することなどを通じて，自分自身の道徳的価値の理解を深めたり，広げたりすること，などが重要である。

特に，道徳科の授業において，児童生徒同士の「対話的な学び」を効果的に行うためには，教師と児童生徒や児童生徒同士の信頼関係が基盤となる。また，逆に「対話的な学び」を成立させることが，よりよい学級経営につながることにもなる。道徳科での学びとともに，児童生徒が自分の考え方や感じ方を表現できる学級の雰囲気を醸成していくことが大切である。

「深い学び」と道徳科

「深い学び」とは，「習得・活用・探求という学びの過程の中で，各教科等の特質に応じた見方・考え方を働かせながら，知識を相互に関連付けてより深く理解したり，情報を精査して考えを形成したり，問題を見いだして解決策を考えたり，思いや考えを基に創造したりすることに向かう」学びのことである。

「深い学び」を道徳科との関連で捉えれば，(1)道徳的諸価値の理解を基に，自己を見つめ，物事を多面的・多角的に考え，自己の生き方について考える学習を通じて，(2)様々な場面，状況において，道徳的価値を実現するための問題状況を把握し，適切な行為を主体的に選択し，(3)実践できるような資質・能力を育てることが重要である。

道徳科における「見方・考え方」とは，様々な事象を道徳的諸価値の理解をもとに，自己との関わりの中で広い視野から多面的・多角的に捉え，自己の人間としての生き方について考えることである。こうした「見方・考え方」を踏まえて「深い学び」を実現するためには，日常生活の問題を道徳的な問題として把握したり，自己の生き方に関する課題に積極的に向きあって考え判断したりするという，問題解決的な学習などの多様な指導法を工夫する必要がある。

3　道徳教育とカリキュラム・マネジメント

各教科等をつなぐカリキュラム・マネジメント

2016年12月の中教審答申は，これからの教育課程において各教科等を学ぶ意義を大切にしつつ，教科の枠を超えた視点を持ち，教育課程全体で児童生徒にどのような資質・能力を育成するかを明確に共有することを求めた。また，教科横断的な視点で教育内容を組み立て，地域等の資源も活用しながら実施・改善していくカリキュラム・マネジメントの視点の重要性を指摘した。

カリキュラム・マネジメントは道徳教育においても重要である。道徳教育が効果的に機能するためには，その基本方針や指導内容を共有しながら教育内容を組み立て，地域等と連携しながら実施・改善していくことが求められる。道徳教育の全体計画に基づきながら，学校教育全体で道徳教育を展開していくためには，「要」としての道徳科を各教科，総合的な学習の時間，特別活動等での学びとをつなぐ役割を果たすことが必要不可欠である。道徳科での学びが充実することで，各教科等における道徳教育の基盤が形成され，各教科等で育成された道徳性がさらに道徳科の学びによって相互補完的に強化されるという構造的な循環の構築が求められる。

なかでも，道徳教育との関係において重要な役割を果たすのが特別活動である。『中学校学習指導要領（平成29年告示）解説　総則編』では，特別活動における学級や学校生活における集団活動や体験的な活動は，「日常生活における道徳的な実践の指導を行う重要な機会の場であり，特別活動が道徳教育に果たす役割は大きい」とされている。

特別活動の目標には，「集団活動に自主的，実践的に取り組み」「互いのよさや可能性を発揮」「集団や自己の生活上の課題を解決」など，道徳教育がねらいとする内容と共通している面が多く含まれている。また，特別活動の目指す資質・能力についても「多様な他者との協働」「人間関係」「人間としての生き方」「自己実現」など，道徳教育がねらいとする内容と共通する部分が多く，特別活動が道徳教育において果たすべき役割は大きい。

たとえば，自他の個性や立場を尊重しようとする態度，義務を果たそうとする態度，よりよい人間関係を深めようとする態度，社会に貢献しようとする態度，自分たちで約束をつくって守ろうとする態度，よりよい高い目標を設定して諸問題を解決しようとする態度などは，集団活動において実践的に学ぶ道徳性である。また，児童会・生徒会や学校行事においては，異年齢集団による交流や体験的な活動を通して，よりよい人間関係の形成，自律的態度，心身の健康，協力，責任，公徳心，勤労，社会奉仕などに関わる道徳性の育成を図ることが期待できる。

児童生徒の特別活動における経験を改めて道徳科で取り上げることで，その道徳的な意義を学級全体で考え，議論することが大切である。児童生徒の道徳性を育成するためには，それぞれの特質を生かした連携が必要であるが，道徳科の指導が特別活動の具体的な場面で生かされることによって，道徳的実践力と道徳的実践との有機的で効果的な指導が可能となる。

カリキュラム・マネジメントと「深い学び」

道徳科は従来の「道徳の時間」と同じく週1単位時間である。したがって，道徳科での学びを深めるためには，どうしてもカリキュラム・マネジメントの視点が不可欠である。

「主体的・対話的で深い学び」においては，「主体的な学び」と「対話的な学び」に関しては理解しやすいが，「深い学び」は何を意味するのかがイメージしにくいという指摘もある。「深い学び」について中教審答申は，「習得・活用・探求という学びの過程の中で，各教科等の特質に応じた見方・考え方を働かせながら，知識を相互に関連付けてより深く理解したり，情報を精査して考えを形成したり，問題を見いだして解決策を考えたり，思いや考えを基に創造したりすることに向かう」学びであると説明している。

たとえば，中学生の道徳教材「六千人の命のビザ」は，第二次世界大戦中にユダヤ人にビザを発行して数多くの命を救った外交官である杉原千畝《ちうね》の話である。この教材については，ビザを発行した杉原の心情に迫るだけでなく，「あなたが杉原の立場だったら，ビザにサインをしますか？」「あなたならどう考え，行動しますか？」という発問が考えられる。

たしかに，こうした発問は，道徳的課題を自分事として考えるという問題解決的な問いである。しかし，生徒にとって「深い学び」となるためには，⑴当時の国際状況，⑵なぜ，ユダヤ人がビザの発行を求めて日本領事館に来たのか，⑶国家公務員である外交官が，外務省の訓令に反してビザを発行することはどのような意味を持っているのか，などの歴史的かつ社会的な観点からの学びが必要となる。こうした学びが基盤となることで，杉原千畝の行動の意味が重層的となり，生徒はより広い視野から多面的・多角的に考え，自分の問題として道徳的な判断をすることが可能となる。言い換えれば，道徳科の学びと各教科，特別活動，総合的な学習等での学びが有機的に結び付き，相互補完的に構造化されなければ，「深い学び」が達成されることは難しいのである。

4「考え，議論する道徳」と学力

知育の道徳性

一般に「考え，議論する道徳」は，主に道徳授業の指導法改善の視点としてのみ捉えられがちである。しかし，「考え，議論する道徳」の授業が成立するためには，豊かな学校づくりと学級経営の視点が基盤となることは言うまでもない。なぜなら，児童生徒にとって自らの発言を教師や仲間が受け止めてくれるという信頼と安心感がなければ，「考え，議論する道徳」が成立するとは考えられないからである。

また，道徳教育は学力の問題とも決して無関係ではない。明治の近代教育以降，道徳教育は教科としての修身科で行われてきたという歴史的経緯もあり，日本では道徳教育と各教科での学びを性格の違う別々のものとして捉える傾向が強い。しかし，児童生徒の各教科の学びと道徳教育は不可分であることは忘れられるべきではない。たとえば，道徳の内容項目には，「自分でやろうと決めた目標に向かって，強い意志をもち，粘り強くやり抜くこと」「友達と互いに理解し，信頼し，助け合うこと」(小学校)，「自分の考えや意見を相手に伝えるとともに，それぞれの個性や立場を尊重し，いろいろなものの見方や考え方があることを理解し，寛容の心をもって謙虚に他に学び，自らを高めていくこと」（中学校）などが掲げられている。道徳科において，たとえば「節度・節制」「向上心」「克己と強い意志」「友情・信頼」などの道徳的価値の学びが各教科等における学びの基盤となれば，学力の向上に資することができる。それは，カリキュラム・マネジメントとも関係する視点である。

一方，各教科で学ぶ知識については，知識それ自体の道徳性を考えることも重要である。天野貞祐は，知識（知育）と道徳性について次のように述べている（天野『道理の感覚』）。

> 知識の修得が重大な役目を演ずることを私は力説したいと思う。生徒が例えば幾何学を学ぶならば，そこに絶対的真理を見出す。如何なる懐疑の刃もこの真理性の前には無力とならざるをえない。理論にしても，とにかく絶対的なものを認めるということは人の生涯にとって重大な意味をもつことである。（中略）平面幾何学の一問題もごまかしでは解けない，ごまかしをば絶対に許容しない。われわれは絶対的なるものと絶対服従とを許容する。（中略）知識の修得は道徳的信念を培い育成する。知育はこの関係においても徳育性を具有する。知育偏重を排して徳育尊重を主張するというが如きは知育をも徳育をも理会せざる妄説といわざるをえない。徳の構造が知育の徳育性を証明すると同時に，知識の修得は直接に道徳性の心髄を涵養する。知育は偽善を伴う危険な徳育なのである。それゆえに知育は単なる知育ではない。知育をまって始めて徳育が完成される。

知識の修得それ自体が，徳育性（道徳性）を持つという天野は，「知育か徳育か」という二項対立的な捉え方を否定し，「知育偏重」と言われるものが，実は知識を重んじ，徳育を軽視することではなく，「真の知育の不振」を意味すると指摘している。

「つながり」格差と道徳教育

道徳教育と学力との関連性については，全国学力・学習状況調査における平均点の高い地域を調査した志村宏吉の研究が注目される。これまで，児童生徒の学力研究では，経済的資本（親の年収等）や文化的資本（親の学力等）を指標とするものが多かった。

表 10－1　「つながり」格差の概念図

都道府県別に見た場合の…		
「離婚率」の低さ	＝	家庭（家族）と子どもとのつながりの豊かさ
「持ち家率」の高さ	＝	地域（近隣社会）と子どもとのつながりの豊かさ
「不登校率」の低さ	＝	学校（教師）と子どもとのつながりの豊かさ
⇒つながりが豊かなところの子どもたちほど平均学力が高い！		

出典：志村宏吉『「つながり格差」が学力格差を生む』。

しかし志村は，全国学力・学習状況調査において，経済的・文化的な諸要因と学力との間に一定程度の相関関係が認められるとしつつも，社会関係（つながり）資本の指標となる「離婚率」「持ち家率」「不登校率」と学力に高い相関関係があることを指摘した。つまり，「離婚率」が低く，「持ち家率」が高く，「不登校率」の低い地域の児童生徒の学力は，相対的に高いことを明らかとしたのである（志水『「つながり格差」が学力格差を生む』）。

表 10－1 で示したように，「離婚率」は児童生徒と家庭のつながり，「持ち家率」は地域社会とのつながり，そして「不登校率」は学校とのつながりの豊かさの指標と考えることができる。

高度経済成長以降の都市化の進展に伴う伝統的な地縁・血縁関係の弱体化と共同体の喪失が，人々と共同体の関係性さらには人々の相互の関係性（つながり）の消失あるいは変質をもたらしていったことは本書でも指摘した。また，家族のつながりの希薄化も顕著となりつつある中で，「離婚率」「持ち家率」「不登校率」の指標から見えてくる人間関係のつながりが学力に大きな影響を及ぼすという指摘は，他者とのつながりを重視する道徳教育の問題としても重要な視点である。

参考文献

天野貞祐『道理の感覚』（岩波書店，1937年）。
貝塚茂樹・関根明伸編著『道徳教育を学ぶための重要項目100』（教育出版，2017年）。
貝塚茂樹『戦後日本教育史』（放送大学教育振興会，2018年）。
志村宏吉『「つながり格差」が学力格差を生む』（亜紀書房，2014年）。
吉富芳正編『次代を創る「資質・能力」を育む学校づくり 2　「深く学ぶ」子供を育てる学級づくり・授業づくり』（ぎょうせい，2017年）。

第11章 学校における道徳教育の目標と内容

本章のポイント

本章は，「特別の教科 道徳」（道徳科）の目標と内容について整理するとともに，道徳教育の全体計画と「特別の教科 道徳」（道徳科）の年間指導計画及び道徳教育推進教師の役割などについて検討する。

1 道徳教育と「特別の教科 道徳」の目標

学校の教育活動全体で行う道徳教育

2017（平成29）年に改訂された「平成29年版小学校学習指導要領」は，「第1章 総則」第1の2の（2）において，道徳教育の目標を次のように記述している。

> 学校における道徳教育は，特別の教科である道徳（以下，「道徳科」という。）を要として学校の教育活動全体を通じて行うものであり，道徳科はもとより，各教科，外国語活動，総合的な学習の時間及び特別活動のそれぞれの特質に応じて，児童の発達の段階を考慮して，適切な指導を行うこと。
>
> 道徳教育は，教育基本法及び学校教育法に定められた教育の根本精神に基づき，自己の生き方を考え，主体的な判断の下に行動し，自立した人間として他者と共によりよく生きるための基盤となる道徳性を養うことを目標とすること。

学校における道徳教育は，「特別の教科 道徳」（以下，道徳科と略）だけではなく，各教科，特別活動，総合的な学習の時間等を含めた学校の教育活動全体で行う。そして，その「要」となるのが道徳科である。こうした学校の道徳教育の構造は，「道徳の時間」が設置された1958（昭和33）年から変わっていない。

各教科等での道徳性の指導においては，児童生徒への教師の接し方，授業への熱意や態度とともに，(1)道徳教育と各教科等の目標，内容及び教材との関わり，(2)学習活動や学習態度への配慮に対する視点が必要である。特に，「考え，議論する道徳」を実現するためには，各教科等での学習において，児童生徒が学習に興味・関心を持ち，積極的に取り組めるような工夫をすることや，相互に学び合う思いやりのある共感的な雰囲気と人間関係が基盤となる。このことは，各教科等への学びの効果を高めると同時に，望ましい道徳性を養うことにつながる。

各教科等での道徳教育は，学習指導要領の第３章「特別の教科 道徳」の「第３　指導計画の作成と内容の取扱い」において，道徳科の内容についてそれぞれの教科等の特質に応じて適切に指導することとされている。たとえば小学校の国語科で道徳教育を行う際には，「国語で正確に理解したり適切に表現したりする資質・能力を育成する上で，日常生活における人との関わりの中で伝え合う力を高めることは，学校の教育活動全体で道徳教育を進めていくための基盤となるものである。また，思考力や想像力を養うこと及び言語感覚を豊かにすることは，道徳的心情や道徳的判断力を養う基本となる」とされている。さらに，我が国の言語文化に関わり，国語を尊重してその能力の向上を図る態度を養うことは，伝統と文化を尊重し，それらを育んできた我が国と郷土を愛することなどにつながるものである（『小学校学習指導要領（平成29年告示）解説　総則編』）。

また，中学校の社会科では，「多面的・多角的な考察や深い理解を通して涵養される我が国の国土や歴史に対する愛情は，伝統と文化を尊重し，それらを育んできた我が国と郷土を愛することなどにつながるものである」（『中学校学習指導要領（平成29年告示）解説　総則編』）とされている。

道徳教育の「要」としての道徳科

道徳科が学校の教育活動全体を通じて行う道徳教育の「要」としての役割を果たすためには，計画的・発展的な指導を行うことが必要である。しかし，各教科，特別活動，総合的な学習の時間等は，それぞれに固有の目標と内容を持っており，道徳的な価値に関わる指導としてすべてを焦点化できるわけではない。そのため道徳科は，各教科，特別活動，総合的な学習の時間等では取り扱う機会が十分ではない道徳的価値に関わる指導を補い，学校の実態等を踏まえて指導をより一層深めることができる。

道徳科は各教科，特別活動，総合的な学習の時間等における道徳教育と密接な関係を図りながら，計画的・発展的な指導によってこれを補ったり，深めたり，相互の関連を考えて発展させ，統合させたりすることで，道徳教育の目標を実現する役割を果たす。つまり，道徳科における道徳的諸価値における学びは，各教科・領域での学びを補い深め，相互の関連を発展させ，統合する役割を果たすのであり，学校における道徳教育の文字通り「扇の要」としての役割を担うことが期待されている。

学校でのすべての教科・領域の学びは，道徳教育という観点から相互に関わり合いを持つが，それらが道徳科の学びと密接に結び付いた学びとなることで，児童生徒の道徳性は豊かなものとなる。

小学校道徳科の目標は，学習指導要領「第３章　特別の教科 道徳」第１において次のように規定されている。

> 第１章総則の第１の２の（２）に示す道徳教育の目標に基づき，よりよく生きるための基盤となる道徳性を養うため，道徳的諸価値についての理解を基に，自己を見つめ，物事を多面的・多角的に考え，自己の生き方についての考えを深める学習を通して，道徳的な判断力，心情，実践意欲と態度を育てる。

「自己の生き方を考え，主体的な判断の下に行動し，自立した人間として他者と共によりよく生きるための基盤となる道徳性を養う」という道徳教育の目標を実現するために，道徳科は，(1)道徳的諸価値について理解する，(2)自己を見つめる，(3)物事を多面的・多角的に考える，(4)自己の生き方についての考えを深める，ことを目指すことになる。

道徳性の諸様相

道徳教育が育成すべき道徳性をどのように理解するかは，決して簡単な問題ではない。道徳性の定義は，学問的な立場によっても違いがある。学校の道徳教育が目的とする道徳性とは何かという問題は，道徳教育研究の中心的な課題であり，さらなる議論の深化が必要である。ただし学習指導要領の解説では，道徳性を「人間としてよりよく生きようとする人格的特性」と定義し，道徳性を構成する諸様相を道徳的判断力，道徳的心情，道徳的実践意欲と態度の４つとしている。

道徳性の諸様相についても様々な捉え方があるが，小学校学習指導要領解説は，道徳的判断力を「それぞれの場面において善悪を判断する能力」「人間として生きるために道徳的価値が大切なことを理解し，様々な状況下においてどのように対処することが望まれるかを判断する力」とし，道徳的心情を「道徳的価値の大切さを感じ取り，善を行うことを喜び，悪を憎む感情」「人間としてのよりよい生き方や善を志向する感情」と説明している。

また，道徳的実践意欲と態度は，「道徳的判断力や道徳的心情によって価値があるとされた行動をとろうとする傾向性」であるとし，特に道徳的実践意欲は，「道徳的判断力や道徳的心情を基盤とし道徳的価値を実現しようとする意志の働き」，道徳的態度はこうした意志の働きに裏付けられた「具体的な道徳行為への身構え」であると説明している（文部科学省『小学校学習指導要領（平成29年告示）解説　特別の教科 道徳』）。

2　学校における道徳教育の指導体制

全体計画と道徳教育推進教師

各学校は，教育基本法や学校教育法，学習指導要領等の法規に基づき，地域や学校の実態，児童生徒の実態を考慮しながら教育課程を編成する。中学校学習指導要領「第１章　総則」第６の１「道徳教育に関する配慮事項」は，この点を次のように明記している。

> 各学校においては，第１の２の（２）に示す道徳教育の目標を踏まえ，道徳教育の全体計画を作成し，校長の方針の下に，道徳教育の推進を主に担当する教師（以下「道徳教育推進教師」という。）を中心に，全教師が協力して道徳教育を展開すること。なお，道徳教育の全体計画の作成に当たっては，生徒や学校，地域の実態を考慮して，学校の道徳教育の重点目標を設定するとともに，道徳科の指導方針，第３章特別の教科道徳の第２に示す内容との関連を踏まえた各教科，総合的な学習の時間及び特別活動における指導の内容及び時期並びに家庭や地域社会との連携の方法を示すこと。

道徳教育の全体計画は，学校における道徳教育の基本的な方針を示すとともに，学校の教育活動全体を通して，道徳教育の目標を達成するための方策を総合的に示した教育計画である。各学校においては，校長の方針の下に，道徳教育推進教師（道徳教育の推進を主に担当する教師）を中心として，全教師が協力して道徳教育の発展に努めることが求められる。

全体計画は，学校の設定する基本方針を具現化し，学校としての道徳教育を達成するために，どのようなことを重点的に推進するか，各教育活動との役割分担と関連をいかに図るのか，家庭や地域社会との連携をどのように進めていくのかについて総合的に示すことが重要である。

道徳教育の全体計画の作成に際しては，(1)人格の形成及び国家，社会の形成者として必要な資質の育成を図る場として学校の特色や実態及び課題に即した道徳教育が展開できること，(2)学校における道徳教育の重点目標を明確に推進できること，(3)道徳教育の要として行う道徳科の位置づけや役割が明確になること，(4)全教師による一貫性のある道徳教育が組織的に展開できること，(5)家庭や地域社会との連携を深め，保護者や地域の人々の積極的な参加や協力を可能にすること，などにおいて意義を持つことになる。道徳教育の理念を明記するだけに終始するのではなく，具体的な指導に活用できるように創意工夫をすることが必要である。そのためには，以下の点に留意することが求められる。

①校長の明確な方針の下に道徳教育推進教師を中心として全教師の協力・指導体制を整える。
②道徳教育や道徳科の特質を理解し，教師の意識の高揚を図る。
③各学校の特色を生かして重点的な道徳教育が展開できるようにする。
④学校の教育活動全体を通じた道徳教育の相互の関連性を明確にする。
⑤家庭地域社会，学校間交流，関係諸機関等との連携に努める。
⑥計画の実施及び評価・改善のための体制を確立する。

なお，各学校で作成した全体計画は，家庭や地域の人々との積極的な理解と協力を得ると同時に，その趣旨と概要を学校通信や学校のホームページ（HP）等で積極的に公開することが望ましい。

道徳科の年間指導計画の作成

年間指導計画は，道徳教育の全体計画に基づいて，道徳科の指導が児童生徒の発達段階に即して計画的・発展的に行われるように組織された全学年にわたる年間の指導計画である。

小学校学習指導要領の「第３章　特別の教科 道徳」第３「指導計画の作成と内容の取扱い」の１では，「各学校においては，道徳教育の全体計画に基づき，各教科，外国語活動，総合的な学習の時間及び特別活動との関連を考慮しながら，道徳科の年間指導計画を作成するものとする」と明記されている。年間指導計画は，道徳科で指導する内容について，児童生徒の実態や多様な指導方法等を考慮しながら学年段階に応じた主題を構成し，この主題を年間にわたって適切に配列し，学習指導過程等を示すことで，円滑な授業を可能とするものである。

たとえば，小学校において年間指導計画を作成する意義としては，「６学年間を見通した計画的，発展的な指導を可能にする」「個々の学級において道徳科の学習指導案を立案するよりどころとなる」「学級相互，学年相互の教師間の研修などの手掛かりとなる」などを挙げることができる（文部科学省『小学校学習指導要領（平成29年告示）解説　特別の教科 道徳』）。

道徳教育推進教師を中心とした協力体制の整備

学校が１つの組織体として道徳教育に取り組むためには，校長の明確な方針の下で，道徳教育推進教師を中心とした全教師の協力体制を整備する必要がある。特に，道徳教育を学校全体で推進するための組織や家庭や地域社会との連携などを進めるための組織づくり，また各学年段階や校務分掌ごとに推進するための体制を整備するなどの機能的な協力体制を形成することが不可欠である。

なかでも道徳教育推進教師は，学校の教育活動全体で行う道徳教育の中心として，全教師の参画・分担・協力が機能的に充実するように働きかけていく役割を果たす。道徳教育推進教師の役割は，主に次のようなものである。

①道徳教育の指導計画の作成に関すること。
②全教育活動における道徳教育の推進と充実に関すること。
③道徳科の充実と指導体制に関すること。

④道徳用教材の整備・充実・活用に関すること。
⑤道徳教育の情報提供や情報交換に関すること。
⑥道徳科の授業公開など家庭や地域社会との連携に関すること。
⑦道徳教育の研修に関すること。
⑧道徳教育の評価に関すること。

道徳教育推進教師は，研修や近隣の学校の道徳教育推進教師との連携等も積極的に進めることで，道徳教育の充実を務める必要がある。また，校長は学校の実態等に応じて道徳教育推進教師の人数を増やすなどの工夫をすることも必要である。

3　道徳の内容と４つの視点

道徳の内容

学習指導要領「第３章　特別の教科 道徳」の「第２　内容」では，道徳科で授業する内容が示されている。内容項目は，「自由を大切に，自律的に判断し，責任ある行動をすること」のように，人間として他者とよりよく生きていく上で学ぶことが必要とされる道徳的価値を含む内容を短い文章で表現したものである。内容項目には，「善悪の判断，自律，自由と責任」のように，内容項目ごとにそれを表現するキーワードが示されており，年間指導計画は，各学年ごとにすべての内容項目を取り上げるように作成するものとされている。

内容項目は，小中学校ともに，以下の４つの視点で構成されている。

A　主として自分自身に関すること
B　主として人との関わりに関すること
C　主として集団や社会との関わりに関すること
D　主として生命や自然，崇高なものとの関わりに関すること

「A　主として自分自身に関すること」は，自己のあり方を自分自身との関わりで捉え，望ましい自己の形成を図ることに関するものである。「B　主として人との関わりに関すること」は，自己を人との関わりにおいて捉え，望ましい人間関係の構築を図ることに関するものである。

表11－1　「特別の教科 道徳」の内容項目

小学校キーワード	低学年	中学年	高学年	中学校キーワード	中学生
A　主として自分自身に関すること					
善悪の判断，自律，自由と責任	1	1	1	自主，自律，自由と責任	1
正直，誠実	2	2	2		
節度，節制	3	3	3	節度，節制	2
個性の伸長	4	4	4	向上心，個性の伸長	3
希望と勇気，努力と強い意志	5	5	5	希望と勇気，克己と強い意志	4
真理の探究			6	真理の探究，創造	5
B　主として人との関わりに関すること					
親切，思いやり	6	6	7	思いやり，感謝	6
感謝	7	7	8		
礼儀	8	8	9	礼儀	7
友情，信頼	9	9	10	友情，信頼	8
相互理解，寛容		10	11	相互理解，寛容	9
C　主として集団や社会との関わりに関すること					
規則の尊重	10	11	12	遵法精神，公徳心	10
公正，公平，社会正義	11	12	13	公正，公平，社会正義	11
勤労，公共の精神	12	13	14	社会参画，公共の精神	12
				勤労	13
家族愛，家庭生活の充実	13	14	15	家族愛，家庭生活の充実	14
よりよい学校生活，集団生活の充実	14	15	16	よりよい学校生活，集団生活の充実	15
伝統と文化の尊重，国や郷土を愛する態度	15	16	17	郷土の伝統と文化の尊重，郷土を愛する態度	16
				我が国の伝統と文化の尊重，国を愛する態度	17
国際理解，国際親善	16	17	18	国際理解，国際貢献	18
D　主として生命や自然，崇高なものとの関わりに関すること					
生命の尊さ	17	18	19	生命の尊さ	19
自然愛護	18	19	20	自然愛護	20
感動，畏敬の念	19	20	21	感動，畏敬の念	21
よりよく生きる喜び			22	よりよく生きる喜び	22
合　計	19	20	22		22

出典：荒木寿友・藤井基貴編著『道徳教育』。

また，「C　主として集団や社会との関わりに関すること」は，自己を様々な社会集団や郷土，国家，国際社会との関わりにおいて捉え，国際社会と向き合うことが求められている我が国に生きる日本人としての自覚に立ち，平和で民主的な国家及び社会の形成者として必要な道徳性を養うことに関するものである。「D　主として生命や自然，崇高なものとの関わりに関すること」は，自己を生命や自然，美しいもの，気高いもの，崇高なものとの関わりにおいて捉え，人間としての自覚を深めることに関するものである。

表 11－1 に示すように，内容項目は，小学校第１学年及び第２学年が19項目，第３学年及び第４学年が20項目，第５学年及び第６学年が22項目，中学校が22項目である（詳細は，資料編の「内容項目一覧」を参照のこと）。

指導内容の重点化

道徳科の内容項目は，児童生徒や学校の実態に応じ，２年間（小学校），ないしは３年間（中学校）を見通した重点的な指導や内容項目間の関連を重視した指導と１つの内容を複数の時間で扱う指導を取り入れることとされている。

道徳教育を進めるにあたっては，児童生徒の発達の段階や特性を踏まえるとともに，学校・地域社会等の実態や課題に応じて，学校としての指導の重点化を図る必要がある。各学校は，それぞれの実情と児童生徒の実態を踏まえながら，どの内容項目を重点的に指導するかを決定することになるが，その際には社会的な要請や今日的課題についても考慮することが不可欠である。

たとえば，中学校学習指導要領「第１章　総則」第１の６では，小学校における道徳教育の指導内容をさらに発展させることを踏まえ，中学校の各学年を通じて指導する内容として以下の５点に留意することを求めている。

①自立心や自律性を高め，規律ある生活をすること。
②生命を尊重する心や自らの弱さを克服して気高く生きようとする心を育てること。
③法やきまりの意義に関する理解を深めること。
④自らの将来の生き方を考え主体的に社会の形成に参画する意欲と態度を養うこと。
⑤伝統と文化を尊重し，それらを育んできた我が国と郷土を愛するとともに，

他国を尊重すること，国際社会に生きる日本人としての自覚を身に付けること。

『中学校学習指導要領（平成29年告示）解説　総則編』において，たとえば④については，具体的に「地域の人々との人間関係を問い直したり，職場体験活動を通して自らの将来の生き方を思い描いたり，地域についての学習を通して将来の社会の在り方を協働して探求したり，ボランティア活動などの体験活動を生かしたりするなどして，社会の形成に主体的に参画しようとする意欲や態度を身に付けていくことが大切である」としている。

また⑤については，知的基盤社会化やグローバル化がますます進展する中で，国際的規模の相互依存関係がより深まっていると指摘した上で，特に，「国際社会の中で独自性をもちながら国際社会の平和と発展，地球環境の保全に貢献できる国家の発展に努める日本人として，主体的に生きようとする態度を身に付ける」ことの意義を強調している。

参考文献

荒木寿友・藤井基貴編著『道徳教育』（ミネルヴァ書房，2019年）。
押谷由夫編『平成29年改訂　小学校教育課程実践講座　特別の教科 道徳』（ぎょうせい，2018年）。
押谷由夫編『平成29年改訂　中学校教育課程実践講座　特別の教科 道徳』（ぎょうせい，2018年）。
松本美奈・貝塚茂樹他編『特別の教科 道徳 Q&A』（ミネルヴァ書房，2016年）。
文部科学省編『小学校学習指導要領（平成29年告示）解説　特別の教科 道徳編』（廣済堂あかつき，2018年）。
文部科学省編『中学校学習指導要領（平成29年告示）解説　特別の教科 道徳編』（教育出版，2018年）。
文部科学省編『小学校学習指導要領（平成29年告示）解説　総則編』（東洋館出版社，2018年）。
文部科学省編『中学校学習指導要領（平成29年告示）解説　総則編』（東山書房，2018年）。

第12章
道徳科の授業はどう構成するのか

本章のポイント

本章は，道徳科の授業の様々な指導法について紹介するとともに，学習指導案の作成の方法と留意すべきポイントについて具体的に解説する。特に，文部科学省の専門家会議が提示した「質の高い3つの指導法」や多様な教材の使用などについて検討する。

1 道徳の授業論の種類

1958（昭和33）年の「道徳の時間」設置以降，道徳の授業では，様々な指導法が開発され，実践されてきた。関根明伸は，近年の代表的な道徳科の指導法の種類を次のように分類している（貝塚茂樹・関根明伸編著『道徳教育を学ぶための重要項目100』）。

①「読み物教材」を用いた授業
②「偉人伝」を用いた授業
③視聴覚教材を用いた授業
④問題解決的方法を用いた授業
⑤構成的グループエンカウンターを用いた授業
⑥モラルジレンマ学習を用いた授業
⑦モラルスキル学習を用いた授業
⑧役割演技(ロールプレイング)を用いた授業
⑨体験活動を用いた授業
⑩「いじめ」を対象とした授業
⑪「いのち」を対象とした授業
⑫情報モラルを対象とした授業
⑬地域教材を用いた授業

従来の道徳授業では，読み物教材の登場人物の気持ちを共感的に理解させることで，道徳的価値の内面化を図る心情主義的な授業が主流であった。これは，他者の心情や行為を共感的に理解させる点では効果的であったが，定型的な徳目主義に陥りやすく，心情理解のための「読み取り学習」になりがちであるとの指摘もされてきた（同上）。

2015（平成27）年８月に中央教育審議会（以下，中教審と略）の教育課程企画特別部会がまとめた「論点整理」は，これまでの道徳の指導が「読み物教材の登場人物の心情理解のみに偏り，『あなたならどのように考え，行動・実践するか』を子供たちに真正面から問うことを避けてきた嫌いがある」と指摘し，「考え，議論する道徳」への「質的転換」の意味を次のように述べた。

> このような言わば「読み物道徳」から脱却し，問題解決型の学習や体験的な学習などを通じて，自分ならどのように行動・実践するかを考えさせ，自分とは異なる意見と向かい合い議論する中で，道徳的価値について多面的・多角的に学び，実践へと結び付け，更に習慣化していく指導へと転換することこそ道徳の特別教科化の大きな目的である。

ここでいう「読み物道徳」は，読み物資料の使用を否定しているわけではなく，いわゆる「読み取り道徳」を意味している。この表現には道徳性としての情意的側面（心情），認知的側面（認識，判断），行動的側面（実践）のバランスを視野に入れた道徳教育の必要性が示されており，とくに，実践と習慣までを道徳教育の範囲としたことは注目できる。

従来の様々な指導法の実践は，相互に交流して批判し合うことも少なく，それぞれの長所と短所を的確に分析した上で，さらに良い指導法・授業論を構築しようとする姿勢にも欠けるところがあった。

道徳の授業を進めるにあたっては，授業のねらいや道徳的価値を明確にし，児童生徒の実態を踏まえた上で，授業方法を１つに固定することなく，より効果的な方法を組み合わせながら構成していくことも必要である。そのために教師は，様々な授業理論を常に研究し研鑽する姿勢が求められる。

2 「特別の教科 道徳」における多様な指導法

主体的に道徳性を育むための指導

中学校学習指導要領「第３章　特別の教科 道徳」の第３「指導計画の作成と内容の取扱い」の２は，指導法の一つとして次のように明記している。

> 生徒が自ら道徳性を養う中で，自らを振り返って成長を実感したり，これからの課題や目標を見付けたりすることができるように工夫すること。その際，道徳性を養うことの意義について，生徒自らが考え，理解し，主体的に学習に取り組むことができるようにすること。また，発達の段階を考慮し，人間としての弱さを認めながら，それを乗り越えてよりよく生きようとすることのよさについて，教師が生徒と共に考える姿勢を大切にすること。

第10章で述べたように，2014（平成26）年10月の中教審答申「道徳に係る教育課程等の改善について」は，「特定の価値観を押し付けたり，主体性をもたず言われるままに行動するよう指導したりすることは，道徳教育が目指す方向の対極にある」と指摘しながら，「多様な価値観の，時に対立がある場合を含めて，誠実にそれらの価値に向き合い，道徳としての問題を考え続ける姿勢こそ道徳教育で養うべき基本的資質である」とした。

道徳の授業では，(1)自らの成長を実感したり，課題や目標を見付けたりする工夫，(2)生徒が自ら考え理解し，主体的に学習に取り組む工夫，(3)人間としての弱さを認め，それを乗り越えてより良く生きようとすることのよさについて，教師が生徒と共に考える姿勢を大切にすること，が必要である。特に，道徳的価値や生徒自身の生活について多様な観点から捉え直し，一人一人が主体的に取り組む表現活動や話合い活動を取り入れることで，自らを見つめ，生活を振り返る活動などが求められる。

道徳科における質の高い３つの指導法

2016年の中教審の専門家会議による「専門家会議報告」及び中教審答申は，「道徳科における質の高い指導法」の例として，(1)読み物教材の登場人物への自我関与が中心の学習，(2)問題解決的な学習，(3)道徳的行為に関する体験的な学習，の３つを例示した。【巻末の資料編を参照】

(1)読み物教材の登場人物への自我関与が中心の学習

「読み物教材の登場人物への自我関与が中心の学習」は，教材の登場人物の判断や心情を自分との関わりの中で多面的・多角的に考えることを通して，道徳的価値の自覚を深めることを目指すものである。

「自我関与」とは，「ある事柄を自分のもの，あるいは自分に関係のあるものとして考えること」（『大辞泉』）と定義されている。道徳科の目標が，道徳的諸価値の理解を基に，「自己を見つめ，物事を（広い視野から）多面的・多角的に考え，自己（人間として）の生き方を深める学習」とされていることを想起するまでもなく，道徳教育においては「自己を見つめる」「自己と向き合う」経験は重要な意味を持っている。具体的な発問のパターンとしては，次のようなものが例示された。

- どうして主人公は○○という行動を取ることができたのだろう（又はできなかったのだろう）。
- 主人公はどういう思いをもって△△という判断をしたのだろう。
- 自分だったら主人公のように考え，行動することができるだろうか。

「読み物教材の登場人物への自我関与が中心の学習」では，授業の振り返りによって，道徳的諸価値を自分との関係で捉えたり，それらを児童生徒間で交流して自分の考えを深めたりすることが期待できる。しかし，「自我関与」の過程で過度に登場人物の気持ちに偏ってしまうことにもなりかねない。そのため教師には明確な授業のねらいの設定とそれに基づく発問の工夫が求められる。

⑵問題解決的な学習

「問題解決的な学習」は，道徳的な問題を多面的・多角的に考え，児童生徒一人一人が生きる上で出会う様々な問題や課題を主体的に解決するために必要な資質・能力を養う学習であり，グループなどでの話し合いなどを通して，道徳的な問題状況の分析や，よりよい解決策を検討するなどの活動が中心となる。教師には，教材や日常の生活の中から児童生徒に道徳的な問題や課題を見つけさせ，これまでの道徳的諸価値の捉え方を振り返らせながら道徳的諸価値の本当の意味や意義への問いにつなげる指導が求められる。

問題解決的な学習では，道徳的な問題についてグループなどで話し合い，なぜそれが問題となっているのか，その問題をよりよく解決するためにはどのような行動を取ればよいのかを多面的・多角的に考えて議論を深めるために，次のような発問が考えられる。

- ここでは，何が問題となっていますか。
- 何と何で迷っていますか。

- なぜ，○○（道徳的価値）は重要なのでしょう。
- どうすれば，○○（道徳的価値）が実現できるのでしょうか。
- 同じ場面に出会ったら自分ならどう行動するでしょう。
- よりよい解決方法にはどのようなものが考えられるでしょうか。

問題解決的な学習の発問は，たとえば，「思いやりとは何か」「〜とどう違うのか」という道徳的価値の本質を問うようなもの（原理），「なぜ思いやりは大切なのだろう」（根拠），「どうすれば思いやりを表現できるか」（適用），「この場合はどう考えたらよいのだろう」（特殊性）を問うようなものがある。

授業の振り返り（探求のまとめ）では，⑴問題を解決する上で大切にしたい道徳的価値について，なぜそれを大切にしたいかなどについての話し合いを通じて考えを深める，⑵問題場面に対する自分なりの解決策を選択・決定する中で，実現したい道徳的価値の意義や意味への理解を深める，⑶考えた解決策を身近な問題に適用し，自分の考えを再考する，⑷問題の探求を振り返って，新たな問いや自分の課題を導き出す，などによって道徳的価値を実現するための資質・能力を育成することが期待される。

その際，問題解決的な学習では，議論する場面を設定することやペアやグループでの学習を取り入れることが目的化することがないよう，授業のねらいを明確にすることが重要である。

⑶道徳的行為に関する体験的な学習

「道徳的行為に関する体験的な学習」は，役割演技（ロールプレイング）などの疑似的な表現活動を通して，道徳的な理解を深め，様々な課題や問題を主体的に解決するために必要な資質・能力を養う学習である。授業では，児童生徒に教材における道徳的価値の価値葛藤場面を把握させた後，ペアやグループをつくり，実際の問題場面を役割演技で再現し，登場人物の葛藤などを理解することや，多面的・多角的な視点から問題場面や取り得る行動を再現することを通して，道徳的価値の意味やそれを実現することの大切さを考えさせる活動が中心となる。

たとえば「道徳的行為に関する体験的な学習」では，道徳的行為を実践するためには勇気がいることや，道徳的価値を実践に移すためにはどんな心構えや態度が必要かを考える。また，道徳的行為を体験し，その行為をする難しさなどを理解することが目指される。この学習では，教師による明確な授業の意味づけと教材における多面的多角的な思考を促すための問題場面の設定が重要である。

「道徳科における質の高い３つの指導法」は，「登場人物の心情理解のみの指導」や「主題やねらいの設定が不十分な単なる生活経験の話合い」に終始する授業を否定し，「考え，議論する道徳」を実現するために例示されたものである。しかし，これら３つの指導法は多様な指導方法の一例であり，「道徳科を指導する教員が学習指導要領の改訂の趣旨をしっかり把握した上で，学校の実態，児童生徒の実態を踏まえ，授業の主題やねらいに応じた適切な指導方法を選択すること」が必要である。したがって「道徳科における質の高い３つの指導法」は，独立した指導の「型」を示したものではなく，「それぞれに様々な展開が考えられ，たとえば読み物教材を活用しつつ問題解決的な学習を取り入れるなど，それぞれの要素を組み合わせた指導」をする工夫が求められる。

3　教科書と多様な教材の活用

教科書の使用義務

教科書とは，学校の教育課程において，教科で使用される「主たる教材」として編集された図書であり（教科書の発行に関する臨時措置法第２条），道徳科でも教科書が使用される。また，教科の授業では教科書を使用する義務（学校教育法第34条等）があると同時に，義務教育諸学校で使用される教科書は，すべての児童生徒に無償で給付されるという無償給与制度が適用される（義務教育諸学校の教科用図書の無償に関する法律第１条）。

道徳科の目標や内容を体系的に充実させるためには，どの学校においても，すべての教員が一定の水準を満たした授業を展開することが不可欠である。学習指導要領に基づき，教科書検定制度によって水準を担保された教科書は，道徳科の学びにおいて重要な役割を果たすことになる。

中学校学習指導要領「第３章　特別の教科 道徳」の第３「指導計画の作成と内容の取扱い」の３は，教材開発の活用にあたっての留意事項の一つとして次のように明記している。

> 生徒の発達の段階や特性，地域の事情等を考慮し，多様な教材の活用に努めること。特に，生命の尊厳，社会参画，自然，伝統と文化，先人の伝記，スポーツ，情報化への対応等の現代的な課題などを題材とし，生徒が問題意識をもって多面的・多角的に考えたり，感動を覚えたりするような充実した教材の開発や活用を行なうこと。

このうち，たとえば生命の尊厳は，すべての生命をかけがえのないものとして尊重し，大切にすることであり，児童生徒が発達段階に応じて，人間としての生き方と関わらせながら考えるような教材が想定される。また，中学校にある社会参画は，「個」から「公」へと視点を広げていく背景として，「他者」への思いやりの心に触れた教材を用いることなどが求められる（文部科学省編『中学校学習指導要領（平成29年告示）解説　特別の教科 道徳』）。

多様な教材を活用した効果的な指導

道徳科で使用する教材の具備すべき要件について，学習指導要領は次のように示している。

> - 児童（生徒）の発達の段階に即し，ねらいを達成するのにふさわしいものであること。
> - 人間尊重の精神にかなうものであって，悩みや葛藤等の心の揺れ，人間関係の理解等の課題を含め，児童（生徒）が深く考えることができ，人間としてよりよく生きる喜びや勇気を与えられるものであること。
> - 多様な見方や考え方のできる事柄を取り扱う場合には，特定の見方や考え方に偏った取扱いがなされていないものであること。

学校教育法第34条第４項は，教科用図書等以外の教材で，「有益適切なものは，これを使用することができる」と規定している。これに基づき，道徳科においても，「主たる教材」である教科書（教科用図書）とともに，副教材を使用することができる。教科書は文部科学省の検定を経ているため，学習指導要領に規定された要件を具備しているが，それは教科書以外の補助教材においても求められる。なお，補助教材の選定は，教材を使用する学校の校長や教員が行うが，その使用にあたっては教育委員会に届け出る必要がある（地方教育行政の組織及び運営に関する法律第33条第２項)。

一般的に補助教材としては，たとえば，古典，随想，民話，詩歌などの読み物，映像ソフトなどの情報通信ネットワークを利用した教材，実話，写真，マンガ，各地域に根ざした地域教材（郷土資料）や先人・偉人に関する教材などがある。補助教材が効果的に使用されることで，授業の展開が工夫され，学習内容を豊かなものとすることが期待される。

補助教材の使用にあたっては，著作権に注意することが必要である。著作権者以外の者が著作物を利用する場合には著作権者の承諾を得ることが原則である（著作権法第63条)。ただし，学校において授業で使用することを目的とする場合には，必要と認められる限度において，著作物を自由に利用することが認められている（著作権法第35条)。

道徳科では，人間の生き方やあり方に関わる内容を多面的・多角的に学ぶことになる。幅広い視点から多様な補助教材を活用することは，授業のねらいをより充実させる意味でも効果的である。教科書での学びの上に，多様な教材を効果的に組み合わせることは，道徳的諸価値についての理解を深めるためにも大切である。教師は，多様な補助教材を見出し，開発する努力を続けながら，副教材の特質を踏まえた効果的な指導のあり方についても常に創意工夫を重ねる姿勢が必要となる。

4　学習指導案はどう書くのか

学習指導案とは何か

道徳科の学習指導案とは，教師が年間指導計画に位置づけられた主題を指導するに当たって，児童生徒の実態や学級の実態に即して，教師が創意工夫して作成する各授業の具体的な指導計画案である。言い換えれば，主題の「ねらいを達成するために，生徒がどのように学んでいくかを十分に考慮して，何を，どのような順序で，どのような方法で指導し，評価し，さらに，主題に関連する本時以外の指導にどのように生かすのかなど，学習指導の構想を一定の形式に表現したもの」(文部科学省編『中学校学習指導要領（平成29年告示）解説　特別の教科 道徳』）である。

道徳科の指導は，原則としては学級担任が行うことになっているため，学習指導案の作成者も基本的には学級担任となる。学習指導案には一定の形式や基準はないが，その形式は学校や学区ごとに統一されている場合もある。作成者（学級担任）は，学級の児童生徒の実態を十分に把握し，創意工夫を生かしながら学習指導案を作成する必要がある。したがって，同じ学校の同一学年の同じ主題の指導であっても，学級の実態によって学習指導案の内容が異なる場合がある。

学習指導案の形式と内容

道徳科の授業で基本となるのが道徳科の目標である。第11章でも説明したように，学習指導要領において小学校道徳科の目標は，「よりよく生きるための基盤となる道徳性を養うため，道徳的諸価値についての理解を基に，自己を見つめ，物事を多面的・多角的に考え，自己の生き方についての考えを深める学習を通して，道徳的な判断力，心情，実践意欲と態度を育てる」と規定されている。

したがって，授業を構想する際には，(1)道徳的諸価値の理解は十分か，(2)自己を見つめたものとなっているか，(3)物事を多面的・多角的に考えるものとなっているか，(4)自己の生き方についての考えを深める学習となっているか，(5)授業が道徳性を育成するものとなっているか，という観点が要点となる。

学習指導案は道徳科の目標を実現することを踏まえて作成されるが，『中学校学習指導要領（平成29年告示）解説　特別の教科 道徳』では，その一般的な形式と内容を次のように例示している。

○主題名

原則として年間指導計画における主題名を記述する。

○ねらいと教材

原則として年間指導計画におけるねらいと教材名を記述する。

○主題設定の理由

年間指導計画における主題構成の背景などを再認識するとともに，①ねらいや指導内容についての教師の捉え方，②それに関連する生徒のこれまでの学習状況や実態と教師の生徒観，③使用する教材の特質や取り上げた意図及び生徒の実態と関わらせた教材を生かす具体的な活用方法などを記述する。

記述に当たっては，生徒の肯定的な面やそれを更に伸ばしていこうとする観点からの積極的な捉え方を心掛けるようにする。また，抽象的な捉え方をするのではなく，生徒の学習場面を予想したり，発達の段階や指導の流れを踏まえたりしながら，より具体的で積極的な教材の活かし方を記述するようにする。

○学習指導過程

ねらいに含まれる道徳的価値について，生徒が道徳的価値についての理解を基に道徳的価値や人間としての生き方についての自覚を深めることを目指し，教材や生徒の実態に応じて，教師がどのような指導を展開していくか，その手順を示すものである。一般的には，学習過程を導入，展開，終末（まとめ）の各段階に区分し，生徒の学習活動，主な発問と予想される生徒の発言，指導上の留意点，指導の方法，評価の観点などを指導の流れに即して記述することが多い。

○その他

例えば，他の教育活動などとの関連，評価の観点，教材分析，板書計画，校長や教頭などの参加，他の教師との協力的な指導，保護者や地域の人々の参加や協力など，授業が円滑に進められるよう必要な事柄を記述する。なお，内容を重点的に取り上げたり複数時間にわたって関連をもたせて指導したりする場合は，全体的な指導の構想と本時の位置付けについて記述することが望まれる。

以下は小学校の学習指導案の例である。

第４学年　道徳学習指導案

1．主題名：「きまりの意味」　内容項目：C—（11）　規則の尊重

2．教材名：「雨のバス停留所で」（『みんなの道徳４年』学研教育みらい）

3．ねらい：児童が，法やきまりの意義を理解した上で進んでそれらを守り，自他の権利を大切にし，義務を果たすことができるようになる。

4．主題設定の理由

（1）ねらいとする価値

人がよりよく生きていくためには，集団や社会の一員としての規範意識を高め，きまりについて知ることは大切である。しかし，きまりや法に対する知識と順法精神だけを学んでいても，集団や社会における諸問題を解決する力にはなり得ない。なぜ法やきまりが存在するのか，それらを守ることで自らが得る権利と果たすべき義務はどのようなものかなど，法やきまりが存在する意義にまで考えが及ぶことが重要である。また，規則を尊重することが，自分の幸福を追求するためだけでなく，他者とのよりよい人間関係の構築や，集団や社会の安定をもたらすことなど，他の内容項目と関連を図りながら，現実の諸問題に対応できる力も育成する必要がある。

（2）児童の実態

本学級の児童は，他者の言動についてはその善悪が判断できる一方で，自分の行動について客観視できず，時には自分勝手な言動として顕在化することがある。この実態を踏まえると，社会生活上のきまり，基本的なマナーや礼儀作法，モラルなどの倫理観を育成することが求められる。そのために，他人の権利を理解，尊重し，自分の権利を正しく主張するとともに，義務を遂行しないで権利ばかりを主張していたのでは社会は維持できないことについても具体的に考えを深め，自分に課された義務についてはしっかり果たそうとする態度を育成することが重要となる。そして，身近な集団生活を送る上においても，みんなで互いの権利を尊重し合おうとすることが大切であるという理解と積極的な行動ができるようにしたいと考える。

5．考え，議論する道徳授業のために

（1）教材活用の工夫

本教材を活用することによって，「なぜきまりが必要なのか」について，多様な状況を想定して考えることを大切にしたい。また，社会生活の維持という観点から，自らの権利と義務に関して考えるだけでなく，よりよい社会を築くための工夫や改善すべき点についても考えることができるようにしたい。

（2）授業展開の工夫

この教材では，ルールやマナーを守る実践意欲から，自らの規範意識を高めることへと発展させていきたい。そのためには，児童がきまりや法の意義，その中での自分自身の向き合い方について主体的に考えさせることが重要である。「規則の尊重」について児童が主体的にかつ多面的・多角的に考えを深めるためには，他の諸価値との連関を念頭に置いておくことが求められる。「節度，節制」や「相互理解，寛容」などの諸価値の側面から，本時の中心価値である「規則の尊重」について考えることで，内容項目に関する理解をさらに深めたい。

6．準備

場面絵，ワークシート

7．展開の大要

学習活動・目的	主な発問と予想される児童の反応	指導上の留意点と評価
導入 身の回りにあるきまりについて考え，本時のテーマを設定する。	○　身の回りにあるきまりには，どんなものがありますか。 ・ろうかを歩くなどの学校のきまり。 ・交通ルール。 ・バスや電車の優先席。	・身の回りにあるきまりについて想起させることで，価値への導入を図る。

（テーマ）きまりがあるのは何のためだろう

展開 教材『雨のバス停留所で』を読んで自我関与させる。	○　教材を読んで，感想を交流しましょう。 • 大雨だから仕方がなかった。 • 自分も急いで走り出すかもしれない。 • 軒下に並んでいた前の人に迷惑をかけることになる。 • なぜ，お母さんはよし子に知らぬふりをしているのだろう。	• よし子の言い分やお母さんの行動について共感的，もしくは批判的に考え感想を交流することで，教材に示された問題を明確に理解できるようにする。
教材の問題や課題に対して，主体的な解決策を考えさせる。 多面的・多角的に考える。	◎　なぜ，お母さんは，だまったまま，まどの外をじっと見つめているのでしょう。 • たばこ屋さんの軒先に早く来た順に並んでいることが，バスに乗り込む順番なのだということをよし子がわかっていないから。 • 順番を抜かしてバスに乗り込もうとすることに腹が立っているから。 • 順番に明確なきまりがあるわけではないけれど，ほかの人たちへの気遣いがないよし子が許せないから。 • よし子に何がいけなかったのかを，自分で考え気付いてほしいと考えているから。	• お母さんの様子からよし子の行動の問題点を明らかにすることで，きまりのとらえ方や，自分と他人の権利をどう調整していくかについて考える。 （評）話し合う姿から，自分の考えだけでなく，友達の意見から学び，考えを深めることができたか。
	○　この場面では，どんなきまりがあればいいのだろう。必要なきまりを理由といっしょに考えてみよう。 • 先に来た人から，バスに乗る。 →長く待っている人が，優先だから。 • お年寄りや体の不自由な人を優先する。 →困っている人を大切にしたいから。	• この場面で求められる具体的なきまりについて考えることで，きまりのもつ意味について考えを深める。
道徳的価値についての根本的な問いに対し，自分の考えをまとめる。 これからの生活につなげる方法について考える。	○　身の回りにあるきまりは，何のために作られているのかを考えてみましょう。 • ろうか歩行のきまりがあるのは，走った人もそうでない人もけがから守るためにある。 • 交通ルールは，交通事故から自分も他の人も守るためにある。 • 優先席があるのは，みんなでお年寄りや体の不自由な人たちを大切にするためにある。	• ワークシートに自分の考えをまとめさせる。導入で出てきた場面を活用することで，本時の内容項目について具体的に考え，理解を深められるようにする。

終末	○　学校のきまりを守るために，自分たちにできることを考えましょう。	（評）規則の尊重について，多面的・多角的に自らの考えを深めることができたか。 • 次時の活動を伝え，本時のまとめとする。

作成：木原一彰。

学習指導案作成の主な手順

一般的に学習指導案を作成するにあたっては，(1)ねらいを検討する，(2)指導の重点を明確にする，(3)教材を吟味する，(4)学習指導過程を構想する，などの手順をとる。特に，学習指導過程を構想する際には，児童生徒がどのように感じたり考えたりするのか，どのような問題意識をもって学習に臨み，ねらいとする道徳的価値を理解し，自己を見つめ，多様な感じ方によって学び合うかを学級の実態を踏まえて具体的に想定することが必要である。

また，児童生徒が道徳的価値との関わりや，児童生徒間，あるいは教師との議論を通してよりよく生きる意味についての考えを深めることができるような授業全体の構想が不可欠である。

道徳科の授業では，教材のねらいと主題に関わる中心となる発問（「中心発問」）を設定してから「基本発問」や「導入」「終末（まとめ）」を考えることが効果的である。授業での発問と学習指導過程を作成する際には，次の点に留意する必要がある。

①　授業のねらいと関わり，教材の主題となる「中心発問」を設定し，それによる児童生徒の反応（発言）を予想する。道徳科のねらいが道徳性の育成にあるため，ねらいの文末は，道徳性の諸様相（道徳的な判断力，心情，実践意欲と態度）のいずれかに焦点化されることが望ましい。
②　「中心発問」に深まりを持たせるような効果的な前後の発問（「基本発問」）を考える。「基本発問」の数は多くなり過ぎないように注意する。
③　「終末（まとめ）」では，教材による話し合いと学びを踏まえ，自分を見つめることで，授業のねらいとする道徳的価値を自覚させる。

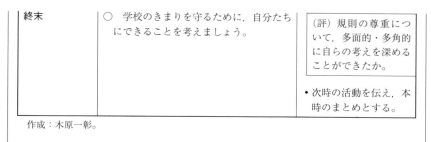

授業全体の構想がまとまった後は，改めて(1)主題やねらいの設定が適切で，「中心発問」とかけ離れていないか，(2)授業が道徳的価値を基に児童生徒が自分を見つめ，考えを深める構成となっているか，(3)特定の価値観を児童生徒に教え込むものとなっていないか，(4)登場人物の心情のみに偏った展開となっていないか，(5)「中心発問」と「基本発問」との関係は適切か，(6)単なる話合いになっていないか，などの観点から再検討することが大切である。

学習指導案の作成には，以上の手順を基本としながら，各教科，外国語活動，特別活動及び総合的な学習の時間などとの関連，また児童生徒の実態や指導内容を検討した上で，各教師が創意工夫の中で多様な道徳授業を構想し展開していく必要がある。

参考文献

貝塚茂樹・関根明伸編著『道徳教育を学ぶための重要項目100』（教育出版，2016年）。

松本美奈・貝塚茂樹他編『特別の教科 道徳 Q&A』（ミネルヴァ書房，2016年）。

文部科学省編『小学校学習指導要領（平成29年告示）解説　特別の教科 道徳編』（廣済堂あかつき，2018年）。

文部科学省編『中学校学習指導要領（平成29年告示）解説　特別の教科 道徳編』（教育出版，2018年）。

吉富芳正編『「深く学ぶ」子供を育てる学級づくり・授業づくり』（ぎょうせい，2017年）。

第13章
道徳教育の評価はどう行うのか

本章のポイント

本章は，道徳教育及び「特別の教科 道徳」（道徳科）の評価の意味と役割について検討するとともに，学習指導要領が提示する具体的な評価の方法や工夫について解説する。

1 道徳教育における評価

評価の基本的な考え方

小学校学習指導要領第１章総則第３「教育課程の実施と学習評価」の２「学習評価の充実」は，次のように明記しており，それは中学校においても同様である。

> 児童のよい点や進歩の状況などを積極的に評価し，学習したことの意義や価値を実感できるようにすること。また，各教科等の目標の実現に向けた学習状況を把握する観点から，単元や題材などの内容や時間のまとまりを見通しながら評価の場面や方法を工夫して，学習の過程や成果を評価し，指導の改善や学習意欲の向上を図り，資質・能力の育成に生かすようにすること。

道徳科においても，教師が自らの指導を振り返り，指導の改善に生かしていくことは不可欠であり，授業改善のために評価を役立てることが求められる。道徳の評価は，児童生徒が自らの道徳性を培う意欲を引き出すためのものであると同時に，教師による児童生徒の理解と指導の見直しを図るためにも必要である。

一般に，学習における評価は，(1)児童生徒にとっては，自らの成長を実感し向上につなげていくこと，(2)教師にとっては，指導の目標や計画，指導方法の改善・充実に取り組むための資料，としての側面がある。学習指導の効果を上げるためには，教育目標に基づいて教育実践を行い，指導のねらいや内容に照らして児童生徒の学習状況を把握するとともに，その結果を踏まえて，学校としての取組や教師自らの指導についての改善を行うサイクルが必要である。したがって，指導と評価は別物ではなく，評価の結果によって指導法を改善し，さらに新しい指導の成果を再度評価することによって後の指導に生かすことが重要である。「指導と評価の一体化」は，道徳教育の評価においても求められると同時に「考え，議論する道徳」の基盤となる。

学習指導要領が明記する「児童（生徒）のよい点や進歩の状況などを積極的に評価し，学習したことの意義や価値を実感できるようにすること」は，他者との比較ではなく，児童生徒一人一人のよい点や可能性などといった多様な側面や進歩の様子などを把握し，年間や学期にわたって児童生徒がどれだけ成長したかという視点から評価することを求めたものである。

学校の教育活動全体で行う評価

道徳教育における評価は，学校の教育活動における評価と道徳科の授業における評価とに分けることができる。学校の教育活動における評価について，学習指導要領の解説は，児童生徒の「成長を見守り，児童（生徒）自身の自己のよりよい生き方を求めていく努力を評価し，それを勇気付ける働きをもつようにすることが求められる」としている。

また，道徳教育における評価は，他者との比較ではなく，一人一人の児童生徒のよさや努力，成長を積極的に評価する個人内評価として行うことになる。個人内評価を実施するにあたっては，教師が一方的に児童生徒を評価するだけでは十分ではない。教師による評価を面談などによって児童生徒や保護者と共有し，教師間の意見交換によって児童生徒の成長を複数の異なる目で見取ることが必要である。学校・教師は，道徳教育の全体計画と PDCA サイクルを組織的かつ計画的に実施するカリキュラム・マネジメントの視点から，児童生徒の日々の学びと成長を評価することが求められる。

2 「特別の教科 道徳」における評価

道徳科における評価の意義

道徳科の評価に関しては,「子どもの内面を評価できるのか」「心は評価できない」という批判がある。しかし, 道徳科における評価は, 子供の内面や道徳性を直接の対象とするわけではなく, 内容項目の理解のみを評価するわけでもない。

2016（平成28）年の中教審答申は,「個々の授業のねらいをどこまでどのように達成したかではなく, 子供たち一人一人が, 前の学びからどのように成長しているか, より深い学びに向かっていくかどうかを捉えていくことが必要である」としている。道徳科で行う評価は学習活動の状況と道徳性の成長の様子である。それは, 学習の「成果」ではなく,「学習状況」を評価することを意味している。小学校学習指導要領の「第３章　特別の教科 道徳」第３「指導計画の作成と内容の取扱い」の４は, この点を次のように規定しており, 中学校も同様である。

> 児童の学習状況や道徳性に係る成長の様子を継続的に把握し, 指導に生かすよう努める必要がある。ただし, 数値などによる評価は行わないものとする。

ここでは, (1)道徳科における評価の対象は, 児童生徒の学習状況や道徳性に係る成長の様子であること, (2)教師には, 児童生徒の成長の様子を指導に活かすことが求められていること, (3)数値などで評価をつけないこと, の３点がポイントである。なお,「数値などによる評価」には, 点数化だけでなく, 児童生徒の評価基準に基づいて「満足」「おおむね満足」などのような評語で示す評価（目標に準拠した評価）も含まれ, 道徳科の評価は,「調査書には記載せず, 入学者選抜の合否判定に活用しない」とされている。

道徳科の評価の基本的な考え方

2016（平成28）年７月, 文部科学省に設置された「道徳教育に係る評価等の在り方に関する専門家会議」（以下,「専門家会議」と略）の報告は, 道徳科の評価の基本的な考え方として留意すべき点を次のようにまとめている。

- 道徳科で育むべき資質・能力は，道徳的判断力，心情，実践意欲と態度のそれぞれについて分節し，観点別評価（学習状況を分析的に捉える）を通じて見取ろうとすることは，児童生徒の人格そのものに働きかけ，道徳性を養うことを目的とする道徳科の評価としては，妥当ではないこと。
- 道徳科については，「道徳的諸価値についての理解を基に，自己を見つめ，物事を（広い視野から）多面的・多角的に考え，自己（人間として）の生き方についての考えを深める」という学習活動における児童生徒の具体的な取組状況を，一定のまとまりの中で，児童生徒が学習の見通しを立てたり学習したことを振り返ったりする活動を適切に設定しつつ，学習活動全体を通して見取ることが求められること。
- 個々の内容項目ごとではなく，大くくりなまとまりを踏まえた評価とすること。
- 他の児童生徒との比較による評価ではなく，児童生徒がいかに成長したかを積極的に受け止めて認め，励ます個人内評価として記述式で行うこと。
- 道徳教育の質的転換を図るという今回の道徳の特別教科化の趣旨を踏まえれば，特に，学習活動において児童生徒がより多面的・多角的な見方へと発展しているか，道徳的価値の理解を自分自身との関わりの中で深めているかといった点を重視することが求められること。

道徳科において「指導と評価の一体化」を実現するためには，指導と評価の観点を道徳科の目標に照らして捉えることが重要である。中学校道徳科の目標は，「よりよく生きるための基盤となる道徳性を養うため，道徳的諸価値についての理解を基に，自己を見つめ，物事を広い視野から多面的・多角的に考え，人間としての生き方についての考えを深める学習を通して，道徳的な判断力，心情，実践意欲と態度を育てる」ことである。

学校教育全体で行う道徳教育とその要となる道徳科の目標の構造を図にしたのが図13－1である。道徳科の目標に基づいて評価の観点を捉えれば，道徳的諸価値に対する理解を基に，「自己をみつめること」と「多面的・多角的に考える」という2つの観点が重要であり，これらの学びを通して生徒が人間としての生き方についての考えを深めているかどうかを見取ることが基本となる。

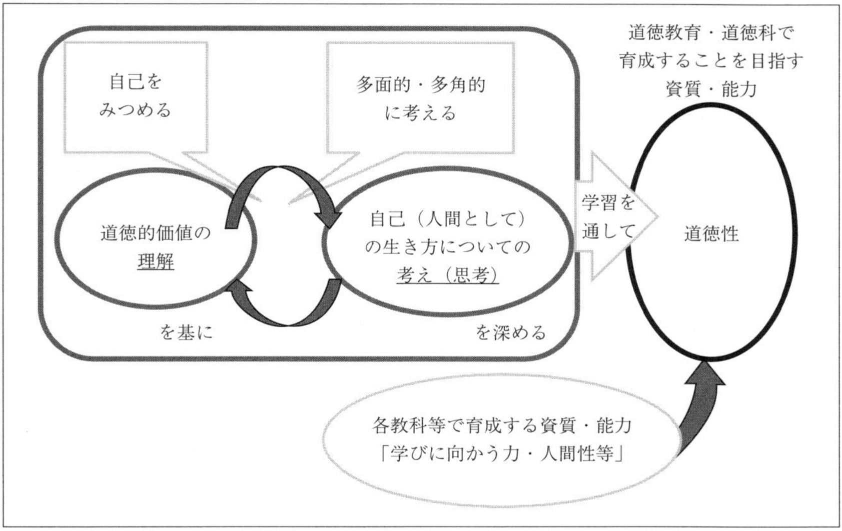

図 13－1　道徳科の目標の構造

出典：西野真由美・鈴木明雄・貝塚茂樹編著『「考え，議論する道徳」の指導法と評価』。

個人内評価を行う際の視点

道徳科において，児童生徒の学習状況や道徳性に係る成長の様子を評価する際には，学習の指導過程や指導方法と関連させる必要がある。たとえば，「自己をみつめること」については，⑴読み物教材の登場人物を自分に置き換えて考え，自分なりにイメージしているか，⑵現在の自分自身を振り返り，自らの行動や考え方を見直しているか，⑶道徳的な問題に対して自己の取り得る行動を他者と議論する中で，道徳的価値の理解をさらに深めているか，⑷道徳的価値を実現することの難しさを自分のこととして捉え，考えるようにしているか，などの視点が考えられる。

また，「多面的・多角的に考える」という点については，⑴道徳的価値に関わる問題に判断の根拠やその時の心情を様々な観点から考えようとしているか，⑵自分と違う立場や感じ方，考え方を理解しているか，などの視点が重要となる。

道徳科における評価では，発言が少なく，文章を記述することが苦手な児童生徒が，教師や他の児童生徒の発言を聞く姿や自分の考えを深めようとしている姿を認め，発言や文章ではない表現形式の意味を見取る必要がある。また，週１単位時間の授業だけではなく，児童生徒が一定の期間で見取ることのできる学びの成長を捉えることも必要である（文部科学省編『中学校学習指導要領（平成29年告示）解説　特別の教科 道徳』）。

3 「特別の教科 道徳」における評価の方法

道徳科の評価の工夫に関する例

道徳科の評価は，児童生徒が自分の学習を振り返り道徳的な成長を実感し，自らの学習意欲を高めて道徳性の向上につなげるための工夫をすることが必要である。たとえば，⑴道徳ノートやワークシートなど児童生徒の学習の過程や成果などの記録を計画的にファイルに蓄積したものの活用，⑵授業中の発言や記述など児童生徒自身のエピソードを蓄積したものの活用，⑶作文やレポート，スピーチやプレゼンテーションなどの活用，によって児童生徒の学習状況や道徳性に係る成長の様子を把握することなどが考えられる。

ただし，ここで留意すべきことは，道徳ノートやワークシートなどの記述や，スピーチやプレゼンテーションなどの具体的な成果物や発言自体を評価するわけではないという点である。道徳科の評価が対象とするのは，児童生徒が学習を通じて，授業のねらいとする道徳的価値についての理解を多面的・多角的に考え，自分との関わりのなかで深めようとしていたかという点である。「専門家会議」の報告は，道徳科の評価の工夫に関する例として次のように提示している（表13－1）。

道徳科の多様な評価方法

「専門家会議」の報告に基づき，道徳科の評価として活用されている⑴ポートフォリオ評価，⑵エピソード評価，⑶パフォーマンス評価について触れておきたい。

⑴ポートフォリオ評価

ポートフォリオ（portfolio）とは，本来は「紙ばさみ」「書類かばん」を意味する語であり，教育においては，児童生徒のアイデアや作品，自己評価の記録，教師の指導と評価の記録を系統的に蓄積することである。ポートフォリオ評価

表 13－1　道徳科の評価の工夫例

• 児童生徒の学習の過程や成果などの記録を計画的にファイル等に集積して学習状況を把握すること。 • 記録したファイル等を活用して，児童生徒や保護者等に対し，その成長の過程や到達点，今後の課題等を記して伝えること。 • 授業時間に発話される記録や記述などを，児童生徒が道徳性を発達させていく過程での児童生徒自身のエピソード（挿話）として集積し，評価に活用すること。 • 作文やレポート，スピーチやプレゼンテーション，協働での問題解決といった実演の過程を通じて学習状況や成長の様子を把握すること。 • １回１回の授業の中で，すべての児童生徒について評価を意識してよい変容を見取ろうとすることは困難であるため，年間35単位時間の授業という長い期間の中でそれぞれの児童生徒の変容を見取ることを心掛けるようにすること。 • 児童生徒が１年間書きためた感想文等を見ることを通して，考えの深まりや他人の意見を取り込むことなどにより，内面が変わってきていることを見取ること。 • 教員同士で互いに授業を交換して見合うなど，チームとして取り組むことにより，児童生徒の理解が深まり，変容を確実につかむことができるようになること。 • 評価の質を高めるために，評価の視点や方法，評価のために集める資料などについてあらかじめ学年内，学校内で共通認識をもっておくこと。

（portfolio assessment）は，作成されたポートフォリオを通して，児童生徒が自らのあり方を自己評価することを促すと同時に，教師にとっては児童生徒の学習活動と自らの教育活動を評価する方法である。

表 13－1 においては，「児童生徒の学習の過程や成果などの記録を計画的にファイル等に集積」「児童生徒や保護者等に対し，その成長の過程や到達点，今後の課題等を記して伝えること」などと関係する。ポートフォリオ評価は，(1)児童生徒に自己評価を促すこと，(2)教師が児童生徒の学びの過程を継続的・長期的に観察し，その過程と結果を評価することに特徴がある。

(2)エピソード評価

エピソード評価は，授業での児童生徒の発言や道徳ノート，ワークシート等で記述したものを，教師がエピソード（挿話）の形式で蓄積し，評価する方法である。表 13－1 においては，「授業時間に発話される記録や記述などを，児童生徒が道徳性を発達させていく過程での児童生徒自身のエピソード（挿話）として集積」などにあてはまる。

エピソード評価は，教師が授業中や授業の前後での児童生徒の印象や気づいたこと，感じたことを自分の視点で記録をして残していく。これは，教師の主観が優先されるともいえるが，これを児童生徒の自己評価とも重ねることで，教師自身の見方や捉え方の幅を広げ，多面的・多角的にすることにもつながる。

⑶パフォーマンス評価

パフォーマンス評価は，学習した知識や技能が生きた力として身に付いているかどうかを評価する方法であり，教師が意図的に設定した課題に対する児童生徒の表現や振る舞いを評価する。表 13－1 においては，「実演の過程を通じて学習状況や成長の様子を把握すること」に関係する。

一般的に，教科におけるパフォーマンス評価は，成果物や実演を評価規準とするルーブリックを作成する。しかし，道徳科で評価するのは具体的な成果物ではなく，児童生徒が学習を通じて，授業のねらいとする道徳的価値についての理解を多面的・多角的に考え，いかに自分との関わりのなかで深めようとしていたかである。したがって，ルーブリックのみを用いての評価は基本的に望ましいとはいえない。

その他，学習評価の妥当性や信頼性を確保するために，教師が個人として行うのではなく，表 13－1 で例示されているように，「教員同士で互いに授業を交換して見合うなど，チームとして取り組む」ことを学校として組織的・計画的に行うことが重要である。特に中学校では，教師が交代で学年の全学級を回って授業を行うローテーション授業などによって，生徒の成長の様子と変容を複数の目で見取る工夫をすることは，教師が道徳科の評価において共通認識を持つという点でも効果的である。

ただし，上記のような評価方法は，１つの授業を１つの方法で行うというように固定的に捉える必要はなく，授業のねらいや学級の実態，さらには児童生徒の発達段階を踏まえながら，様々な方法を組み合わせて行うなどの柔軟な運用の仕方を工夫すべきである。

4　道徳授業における評価の基本的な考え方

道徳科の学習指導過程や指導方法に関する観点は，それぞれの授業によって具体化される。『中学校学習指導要領（平成29年告示）解説　特別の教科 道徳編』は，授業の評価に対する基本的な考え方について次のように例示している（表 13－2 ）。

表 13－2　授業に対する基本的な考え方

- 学習指導過程は，道徳科の特質を活かし，道徳的価値の理解を基に自己を見つめ，自己（人間として）の生き方について考えを深められるよう適切に構成されていたか。また，指導の手立てはねらいに即した適切なものとなっていたか。
- 発問は，児童生徒が多面的・多角的に考えることができる問い，道徳的価値を自分のこととして捉えることができる問いなど，指導の意図に基づいて的確になされていたか。
- 児童生徒の発言を傾聴して受け止め，発問に対する児童生徒の発言などの反応を，適切に指導に生かしていたか。
- 自分自身との関わりで，物事を（広い視野から）多面的・多角的に考えさせるための，教材や教具の活用は適切であったか。
- ねらいとする道徳的価値についての理解を深めるための指導方法は，児童生徒の実態や発達の段階にふさわしいものであったか。
- 特に配慮を要する児童生徒に適切に対応していたか。

表 13－3　指導要録・通知表での記述例

- 「『夢は必要か』という問いをめぐって，自分の考えを発言し，友達との対話に積極的に参加する様子が見られました。対話しながら探求する楽しさが実感できているようです。」（小学校）
- 「自由について多面的・多角的に考えられるようになり，自分の生き方につなげて目標を持つことができた。自分の思いをしっかり伝えようとする姿勢も見られるようになってきている。」（中学校）

以上のほか，授業者である教師は，授業中のメモ，録音，録画，板書の写真を活用しながら，学習指導過程や指導方法を振り返ることも大切である。また，道徳科の授業を積極的に公開し，参加した教師からの指導・助言を得ることで授業の質を高め，評価の視点と方法を再検討したことを今後の指導に活かす姿勢を持つことが不可欠である。

道徳科の評価は，認め励ます評価として，一人一人の児童生徒のよさや成長を記述する個人内評価として行うことが基本である。これまで述べてきたように，道徳教育の目標に照らして考えれば，評価の視点は明確となる。たとえば，指導要録や通知表では具体的に表 13－3 のような記述をすることができる。

道徳科は，児童生徒の人格そのものに働きかけるものであり，その評価は安易なものであってはならない。道徳科の特質と役割を踏まえながら，PDCA サイクルが十分に機能するよう様々な工夫を積み重ね，児童生徒の学びの過程を見取ることが求められる。

参考文献

荒木寿友・藤井基貴編著『道徳教育』（ミネルヴァ書房，2019年）。

押谷由夫編『平成29年改訂　小学校教育課程実践講座　特別の教科 道徳』（ぎょうせい，2018年）。

貝塚茂樹・関根明伸編著『道徳教育を学ぶための重要項目100』（教育出版，2016年）。

合田哲雄『学習指導要領の読み方・活かし方――学習指導要領を「使いこなす」ための８章』（教育開発研究所，2019年）。

西野真由美・鈴木明雄・貝塚茂樹編『「考え，議論する道徳」の指導法と評価』（教育出版，2017年）。

文部科学省編『小学校学習指導要領（平成29年告示）解説　特別の教科 道徳編』（廣済堂あかつき，2018年）。

文部科学省編『中学校学習指導要領（平成29年告示）解説　特別の教科 道徳編』（教育出版，2018年）。

第14章
学校と家庭・地域の連携と教師の役割

本章のポイント

道徳教育において学校・家庭・地域はどう連携すべきなのか。本章は，三者の関係構造の変遷を歴史的に辿りながら，特に学校・教師が道徳教育において果たすべき役割について考察する。

1　学校・家庭・地域の関係構造の変遷

「昔の家庭」の現実

教育基本法第10条は，「父母その他の保護者は，子の教育について第一義的責任を有するものであって，生活のために必要な習慣を見に付けさせるとともに，自立心を育成し，心身の調和のとれた発達を図るよう努めるものとする」として，家庭教育の役割を規定している。また，2017（平成29）年１月に文部科学省の「家庭教育支援の推進方策に関する検討委員会」がまとめた「家庭教育支援の具体的な推進方策について」は，家庭教育は全ての教育の出発点であり，家庭に教育の基盤をしっかり築くことがあらゆる教育の基盤として重要であるとした。そして，父母その他の保護者が，子供の教育についての第一義的責任を有することを明記した。

しかし，家族構成の変化や地域社会の衰退等を起因とする人間関係の希薄化が指摘される中で，家庭の孤立やひとり親家庭の増加と貧困，子供が学校生活に容易に適応できないなどの困難を抱える家庭が増えているとした。

少子高齢化と核家族化，都市化と情報化等によって，家庭の教育力が低下しているという指摘は，これまでも繰り返されてきた。こうした見方は決して誤りとはいえないが，仮に「家庭の教育力の低下」が，「昔の家庭」やかつての地域はしっかりと子供を教育していたという理解の裏返しの表現であるとすれば，それは歴史的な事実として必ずしも正確ではない。たしかに，近世（江戸時代）までの日本社会は，子供が一人前になるための多様な教育のネットワークが存在していた。子供はその成長の過程で，子供組や若者組・娘組と呼ばれる集団に属しながら，地域共同体の中で一人前に生きていくための様々なルールや行動規範を学んでいった。地域共同体の人々が子供の教育に深く関わり，現代とは比べものにならない緊密な関係性があったことは否定できない。

ところが，地域共同体が子供の教育機能を分担していたということは，家庭における親の教育機能が相対的に低かったことを意味している。実際に，伝統的な「昔の家庭」では，女性（母親）は重要な労働力であり，母親が子供と共有できる時間は限られていた。また，日本の伝統的な考え方に従えば，「子供は年頃になれば自然に分別がつくもの」とされており，親が子供を躾けることに対する意識は必ずしも高くはなかった。

「昔の家庭」を取り巻く社会では，近代に入ってからも，堕胎，子捨て，子供の人身売買などが行われていた。たとえば，1927（昭和２）年の童謡「赤とんぼ」（作詞・三木露風，作曲・山田耕作）は，「夕焼，小焼の，赤とんぼ，負われて見たのは，いつの日か」というのどかな旋律の歌詞とともに，「十五で，姐（ねえ）やは，嫁にゆき，お里の，たよりも，たえはてた」という歌詞も含まれている。「姐や」とは自分の姉ではなく，子守奉公をしていた女中のことであり，この歌詞には，年端も行かない娘を子守奉公へ出さなければならなかったという過酷な現実を映し出している（赤坂憲雄『子守り唄の誕生』）。

こうした状況は，経済的な要因が大きく影響していることは間違いないが，「昔の家庭」では，子供が平等に扱われていたわけでもなかった。地主―上農層―中農層といった家柄，長男―次男・三男という出生順位，男児―女児の性別による不平等な構造は，1945（昭和20）年の敗戦までの日本では珍しいものではなかった。「昔の家庭」や地域はしっかりと子供を教育していたというノスタルジックなイメージと，現実との間には乖離がある（広田照幸『日本人のしつけは衰退したのか』）。つまり，「家庭の教育力の低下」は，現代的な課題というよりも歴史的な課題である。

「教育する家族」と学校

現代の教育が抱えた問題の要因を一律に「家庭の教育力の低下」と一般化し

て表現することには注意が必要である。たとえば，この点で無視できないのが，1910年代頃に成立したとされる「教育する家族」である。「教育する家族」は，都市に住む官公吏や弁護士，教員などの明治以降に成立した新しい職業に従事する者やサラリーマンが主体となっている。彼らは，学歴を得ることでその地位を獲得することを特徴としており，親から同じ職業を受け継ぐことで自らの地位や財産を維持してきた従来の職業とは根本的な相違があった。

一般に，新中間層の教育意識は，(1)父親は外で働き，母親は家事や育児に専念するという性別的な役割分業を基本とし，親こそが子供の教育に対して責任を持つべきであると自覚していること，(2)子供の学力や進学に非常な関心を持ち，子供の教育を学校に任せっきりにせず，家庭教育の役割を自覚していること，などを特徴としている（広田照幸編集『〈理想の家族〉はどこにあるのか？』）。

自分の子供を自らの責任で教育しようとする「教育する家族」の登場は，新しい時代の幕開けを意味していた。しかし，新中間層の人口に占める割合は，東京市では1920年代でも約20％であり，全国的には７～８％程度に過ぎなかった。したがって，農村人口が多くを占めていた時代では，「教育する家族」の教育スタイルが多くの国民に対して影響を及ぼすことはなかった。

高度経済成長期以降の家庭像――「教育する家族」の浸透

しかし，1960年代以降の高度経済成長は，農業社会から産業社会へと産業構造を大きく転換させた。農村社会の解体は，農業の兼業化を加速させ，地方の青少年は故郷を離れて都市へと移動していった。1950（昭和25）年には，第二種兼業農家（兼業を主とするもの）の割合は全農村の約20％であったが，1975（昭和50）年には60％を超えた。高度経済成長による新中間層の拡大は，「教育する家族」の社会全体への浸透を意味していた。

それでも1970年代中頃まで，学校は子供の進路を具体的に保障してくれる存在であり，「教育する家族」にとっても学校は自分たちの子供を社会的に上昇させる有効な装置と考えられていた。そのため，この時期まではまだ，学校と「教育する家族」は基本的に対立することはなかった。

ところが，1970年代後半になると，学校と家庭，地域の関係に変化が生じてきた。その要因となったのが，いじめや校内暴力，非行の増加といった「教育荒廃」の広がりである。「教育荒廃」に対する学校の旧態依然とした「管理」

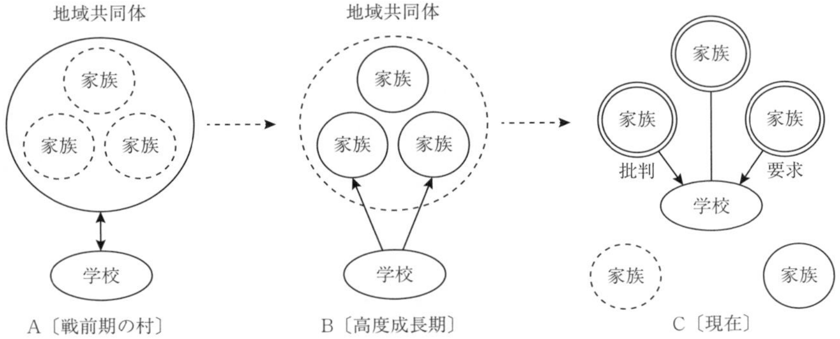

図 14－1　家族・地域・学校の構造変化

出典：広田照幸『教育は何ができないか』。

と生活指導は，学校が「教育荒廃」に適切に対応できないという厳しい批判を世論に喚起していった。「教育する家族」が社会へ浸透する中で，学校・教師の権威は低下し，1980年代には「学校たたき」「教師バッシング」といわれる状況が浸透していった。このことは，学校が信頼されていた時代から学校不信の時代へと転換したことを意味していた（諏訪哲二『なぜ，勉強させるのか？』)。

1980年代の変化は，従来の学校と家庭の関係を逆転させ，次第に家庭が学校よりも優位となる変化をもたらしていった。親・保護者は子供の通う学校の教育に対して強い関心を持つようになり，学校・教師は個々の親（保護者）から直接に批判を受けることが一般化していった。都市化の進行と地域社会の解体が進むにつれて，学校は「教育する家族」への従属を強めていったのである。

「モンスターペアレント」と学校

高度経済成長期以降の社会変化は，学校・家族・地域の関係に大きな変化を及ぼしていった。広田照幸は，これら三者の関係構造を図 14－1のように示している。

この図では，2003（平成15）年の時点を「現在」としているが，20年近くを経過した現在では，その構図はさらに変化していると考えられる。家族（「教育する家族」）の結び付きはより強固となり，学校への批判と要求を強めている家族がある一方，家族相互の結び付きが弱く，教育機能を果たしていない家族も増加している。前者の負の側面として顕在化したのが，自己（子）中心的で

「不当な要求」を学校に持ち込んでくる保護者（モンスターペアレント）であり，後者の典型的な病理が児童虐待である。

「モンスターペアレント」は，1960年代以降の高度経済成長期以降に生まれ，学齢期を「ゆとり教育」の中で育った世代である。彼らは，「教育荒廃」を直接に経験し，学校が徐々に権威を失い，教師が尊敬の対象ではなくなり始めていた時期に学校教育を受けた世代でもある。学校・教師の権威が低下し，「子どもの自主性を尊重する」「先生と子供は対等である」というスローガンが声高に叫ばれていた時期に教育を受けた世代にとって，学校や教師に対する視線はより厳しいものとなっていった。

また，1990年代以降，家庭の経済的な格差が，子供の学力格差とパラレルな関係にあることが指摘された。厚生労働省の「平成28年国民生活基礎調査」によると子供の相対的貧困率*は13.9%，ひとり親の場合，貧困率は50%を超えている。社会階層間での保護者の学歴や経済力の格差が，子供の学習意欲や学習時間の差として表出することが明らかとなっており，その結果，進学機会の格差に伴う学歴の格差が，その後の所得や地位の格差として大きく影響することも指摘された（松岡亮二『教育格差』）。

＊相対的貧困率とは，OECD の作成基準に基づき，世帯収入から子供を含む国民一人一人の所得を仮に計算し順番に並べ，全体の真ん中の人の額（中央値）の半分（貧困線）に満たない人の割合である。子供の貧困率は，18歳未満でこの貧困線に届かない割合を指す。

以上のように，現代社会では「家庭の教育力の低下」がすべての家庭にあてはまるわけではない。「教育する家族」のように，経済的な余裕があり，子供を小さい時から塾や習い事に通わせることのできる家庭がある一方で，両親の離婚や再婚などの理由で親子の関係に問題を抱えた家庭も確実に増加している。また，失業や夜間の職業のために子供の教育にまで十分な配慮のできない家庭もあれば，経済的に裕福な家庭であっても，過剰な親子関係によって何らかの病理を抱えている家庭も存在する。

広田は，こうした多様な家族の姿について，家庭としての機能が円滑である「強い家族」とそうではない「弱い家族」があるとし，両者の距離は経済的な格差の広がりを背景として急速に開いていると指摘した（広田『教育には何ができないか』）。家庭の多様性を無視して，「家庭の教育力の低下」という表現で教育の課題を一般化することは，問題の本質を見失うことにもなりかねない。学校・家庭・地域における構造変化の歴史を踏まえながら，現代社会において三者がどう連携できるかを考えることが求められている。

2　道徳教育における学校・家庭・地域社会の連携

学校・家庭・地域社会の連携は，道徳教育においても古くて新しい課題である。「平成29年版学習指導要領」は，「教育課程を通して，これからの時代に求められる教育を実現していくためには，よりよい学校教育を通してよりよい社会を創るという理念を学校と社会が共有し，それぞれの学校において，必要な学習内容をどのように学び，どのような資質・能力を身に付けられるようにするのかを教育課程において明確にしながら，社会との連携及び協働によりその実現を図っていく」という意味としての「社会に開かれた教育課程」の実現が重要であるとした。

学校で行う道徳教育を強化・充実し「社会に開かれた教育課程」を実現させるためには，家庭や地域社会との連携，協力が不可欠である。学校がチームとして道徳教育の基本方針や指導内容を共有しながら，家庭や地域社会が子供の道徳性を養う上での共通理解を図ることが重要である。

学習指導要領「第１章　総則」の第６「道徳教育に関する配慮事項」の４は，「学校の道徳教育の全体計画や道徳教育に関する諸活動などの情報を積極的に公表したり，道徳教育の充実のために家庭や地域の人々の積極的参加や協力を得たりするなど，家庭や地域社会との共通理解を深め，相互の連携を図ること」と明記している。道徳科の指導は，学校が主体となるが，地域の人々や保護者の理解と協力を得て展開することで，児童生徒の学びが深まることが期待される。こうした教育実践の蓄積が，「社会に開かれた教育課程」をより効果的に機能させ，実現させることにつながるといえる。

しかし，前述したように少子化と高齢化が進行する中で，連携すべき家庭が多様化し，教育力にも格差が生まれており，特に高度経済成長期以降の地域社会の衰退は，教育的機能を確実に後退させていることも否定できない。こうした状況の中で，学校と家庭・地域社会の連携の具体的な内容と方法をどのように考え，構築するかは決して簡単な問題ではない。

いうまでもなく，道徳教育は人間形成に関わるものであり，誰もが直面する本質的な課題である。そのため，道徳教育は，学校，家庭，地域社会，さらには国家のレベルで様々に論じられることを必然とする。しかし，道徳科を要とした道徳教育のあり方を考えるためには，議論の対象を拡散させるのではなく，まずは「学校で行う道徳教育」の役割と機能について議論の対象を焦点化して論じることが重要である。学校，家庭，地域社会，国家のレベルにおける道徳教育を視野に入れて議論をすることは大切であるが，道徳科を対象とする際には，「学校でやるべきこと」「学校でこそやれること」「学校でしかやれないこと」は何かという観点から議論すべき対象を焦点化して検討することが必要である。

学校で行うべき道徳教育の役割と機能を整理することは，家庭や地域社会での連携の視点を軽視することではなく，かえって家庭や地域社会で行うべき道徳教育の機能を具体化し，学校と家庭，学校と地域社会の連携についての内容と範囲を明確にすることにつながる。

3　道徳教育と教師

人間としての教師

学校における道徳教育は，道徳科の授業をいかに展開するかが中心的課題である。同時にそれは，道徳教育の担い手である教師のあり方を問うことと不可分の関係にある。

道徳教育は，人間としての生き方に関わる問題であり，道徳教育の授業は教師と生徒という人格と人格とのぶつかり合いの場でもある。そのため，たとえ教師が豊富な道徳的知識をもっており，授業を円滑に進める教育的技術を持っていようとも，その知識や技術が日頃の言動に裏づけられなければ，道徳の授業それ自体への不信を招くことになる（新堀通也編『道徳教育』）。

たとえば，教師がいかに平等の大切さを説いたとしても，教師の態度が児童生徒に「えこひいき」と受け取られたとすれば，それは逆の効果を生むことになる。一方で，仮に教師としての教える技術が十分とはいえなくても，児童生徒を分け隔てすることなく誠実に接する教師の態度は，道徳科の学びを意義あるものとすることにつながる。つまり，教師の人生観に裏づけられた言動が，児童生徒にとってはそのまま道徳教育の生きた「教材」となるということである。かつて，天野貞祐は，「徳育の最も純粋な形は人格相互の直接交渉において成立すると言わねばならぬ」とし，「教師自身がその行為において道徳的価値を実現することが最上の徳育なのである」と述べ，道徳教育における教師のあり方に言及した（天野『道理の感覚』）。

しかし，教師もまた人間である。人間として決して完全な存在ではなく，また単に理想のみに生きる者ではありえない。現実を生きながら理想を追い求め，不完全な自己に悩みながらそれを越えようとする存在である。適切ではない言動をすることもあれば，理不尽に激昂《げっこう》したり，嫉妬したり，頑固であったりする場合もありうる「弱い存在」でもある。こうした，人間として「弱い存在」である教師が，同じく「弱い存在」である児童生徒たちに人格的に対峙しなければならないところに道徳教育の困難さがあるといえる。

道徳教育の「専門職」としての教師

教師は人間として不完全で「弱い存在」でもある。しかし，だからといって，教師が児童生徒に道徳を教えることができないわけではない。なぜなら教師は，児童生徒の「人格の完成を目指し，平和で民主的な国家及び社会の形成者として必要な資質を備えた心身ともに健康な国民の育成」（教育基本法第１条）という使命を持つ「専門職」であるからである。

「専門職」としての教師は，道徳教育においても「専門職」であることが求められる。では，道徳教育において「専門職」であるための条件としてはどのようなことが考えられるのか。以下，３点を挙げておきたい。

第１は，道徳教育の基礎となる道徳や人生の生き方の問題についての専門的な研究を常に心掛けることである。広く人間の本質や人生の意義と目的について社会のあり方を踏まえながら見識を広める努力が必要である。道徳の指導にあたる教師には，人間としての自己の生き方を確立するための研究と研鑽を重ねる努力と姿勢が求められる。この点は，教育基本法第９条が，「法律に定める学校の教員は，自己の崇高な使命を深く自覚し，絶えず研究と修養に励み，その職責の遂行に努めなければならない」と規定していることと重なる。

第２は，道徳の授業の方法や技術を探究する真摯な姿勢を持つことである。特に道徳科の指導は，児童生徒に道徳的な知識を教えるばかりでなく，それらを通して道徳的な価値を内面化し，道徳的実践力を育成することが目的である。そのためには，様々な授業理論や資料の選定の方法を学び，児童生徒の実態や他の教育活動との関連を視野に入れながら，効果的で柔軟な指導方法を選択する力量が求められる。

特に，「考え，議論する道徳」では，教師自身も道徳的な課題を考えると同時に，児童生徒たちに「考え，議論する」ための資料や材料を提供することが求められる。そのため，教師は時としてファシリテーターとしての役割をする必要もある。

第3は，道徳教育を「師弟同行の場」と捉え，教師も児童生徒とともに，道徳的価値を追究する姿勢を持つことである。先にも述べたように，教師も人間であり，道徳的にも「弱い存在」である。したがって，教師もまた「学ぶ」存在として児童生徒に向き合う姿勢が不可欠である。自らは「善さ」を追究する努力を怠りながら，児童生徒に権力的に臨み，自己の考えや価値観を押しつける姿勢は，道徳教育の「専門職」とは認められない。またそれは，教師の資質としても失格である。このことを考えるにあたって，大村はまが述べた次の言葉は，道徳教育を担う教師として常に心に留めておく必要があろう。

「研究」をしない教師は，「先生」ではないと思います。（中略）力をつけたくて，希望に燃えている。その塊《かたまり》が子どもなのです。勉強するその苦しみと喜びのただ中に生きているのが子どもたちなのです。研究している教師はその子どもたちと同じ世界にいます。研究をせず，子どもと同じ世界にいない教師は，まず「先生」としては失格だと思います。子どもと同じ世界にいたければ，精神修養なんかではとてもだめで，自分が研究しつづけていなければなりません。（中略）もっともっと大事なことは，研究をしていて，勉強の苦しみと喜びをひしひしと，日に日に感じていること，そして，伸びたい希望が胸にあふれていることです。私は，これこそ教師の資格だと思います。（大村『新編　教えるということ』27～28頁）

教師の基本的な資質とは，常に「学ぶ」意欲を失わず，教師としての生き方を自らの生き方の問題として，真摯に向き合う姿勢を持っていることである。天野貞祐によれば，教育基本法のいう「人格の完成」という目的を達成するためには，まず何よりも教師自身がすぐれた「人格」を持たなければならないと指摘する。天野のいう「人格」とは，「自ら決断し，自己のあり方を決定し，そのあり方にたいしては，あくまでも責任をおう存在」を意味しているが，そのために教師に求められるのは，たゆまぬ「精進と努力」である。「いかなる時代の教育者たるを問わず教育者としての自覚が重要である」という天野は，教師のあるべき姿を次のように述べている。道徳教育に取り組む教師の姿勢は，天野貞祐の言葉に凝縮されている。

> いかなる時代の教育者たるを問わず教育者としての自覚が重要である。この自覚の根本は，教育が人格の完成を目ざす聖業であるという点に成立すべきである。聖職という語源がどうであろうと，その自覚の心理的社会的起源がどうであろうとも，その自覚とその責任感は教育という仕事が人格の完成を目ざし，従って人間形成の営みであるという点に成立するはずである。人間は何人といえども広い世界において，長い歴史において，ただ一回限り現われる存在であって，理性と良心とを与えられ，その尊厳と権利においては平等であるところの自由の主体である。この二度と現われることのない存在の形成に参与する仕事は確かに聖職というべきである。この自覚なしには教育愛に生きる教育者は生まれ得ないと思う。（中略）生きた教授法は各自に，それぞれ工夫し，各人が，それぞれに自己の教授法を持つべきである。教師は教えながら学び，学びながら教えるのでなければならない。生徒の人格を開発することによって，自己の人格を開発し，自己の人格を開発することによって生徒の人格の完成に寄与するのである。（天野『教育論』339頁）

参考文献

赤坂憲雄『子守り唄の誕生』（講談社，2006年）。

天野貞祐『道理の感覚』（岩波書店，1937年）。のちに，『道理の感覚（天野貞祐全集1）』（栗田出版会，1971年）に収載。

天野貞祐『教育論（天野貞祐全集5）』（栗田出版会，1970年）。

大村はま『新編　教えるということ』（ちくま学芸文庫，1996年）。

押谷由夫編『平成29年改訂　小学校教育課程実践講座　特別の教科 道徳』（ぎょうせい，2018年）。

新堀通也編『道徳教育』（福村出版，1977年）。

諏訪哲二『なぜ，勉強させるのか？――教育再生を根本から考える』（光文社，2007年）。

広田照幸『日本人のしつけは衰退したのか――「教育する家族」のゆくえ』（講談社，

1994年)。
広田照幸『教育には何ができないのか――教育神話の解体と再生の試み』(春秋社, 2003年)。
広田照幸編集『〈理想の家族〉はどこにあるのか？』(教育開発研究所, 2002年)。
松岡亮二『教育格差――階層・地域・学歴』(ちくま新書, 2019年)。
松本美奈・貝塚茂樹他編『特別の教科 道徳 Q&A』(ミネルヴァ書房, 2016年)。
文部科学省編『小学校学習指導要領（平成29年告示）解説　特別の教科 道徳編』(廣済堂あかつき, 2018年)。
文部科学省編『中学校学習指導要領（平成29年告示）解説　特別の教科 道徳編』(教育出版, 2018年)。
吉富芳正編『「深く学ぶ」子供を育てる学級づくり・授業づくり』(ぎょうせい, 2017年)。

第15章
今後の道徳教育の課題

本章のポイント

本章は，現代の教育課題であるいじめ問題に対する道徳教育の役割について検討するとともに，道徳教育と人権教育との関係について考察する。また，道徳科に関する内容，専門免許，評価についての今後の課題を提示する。

1　いじめ問題と道徳教育

社会問題としてのいじめ

日本において，いじめが社会問題化したのは，1980年代半ばである。特に1986（昭和61）年に東京都中野区の公立中学校において，いじめられた生徒が自殺した事件を契機として，「いじめ」は，子供が自殺をする原因になるという認識が社会に広まっていった。

2013（平成25）年２月，政府の教育再生実行会議は，いじめを「社会総がかり」で取り組むべき深刻な社会問題であるとした上で，「いじめは絶対に許されない」「いじめは卑怯な行為である」との認識を日本全体で共有し，子供を「加害者にも，被害者にも，傍観者にもしない」教育を実現することを求めた「第一次提言」を発表した。この背景には，2012（平成24）年の滋賀県大津市での中学生の自殺事件の後も，いじめによる子供の自殺が後を絶たない状況が続いたことがある。

いじめ問題への対策として，2013年６月に「いじめ防止対策推進法」が成立した。同法第２条は，いじめを「児童等に対して，当該児童等が在籍する学校に在籍している等当該児童等と一定の人的関係にある他の児童等が行う心理的又は物理的な影響を与える行為（インターネットを通じて行われるものを含む。）であって，当該行為の対象となった児童等が心身の苦痛を感じているもの」と定義した。同法では，いじめ防止のために学校が取り組むべき措置を法的義務として定めている。

一般に日本では，「いじめ」を児童生徒間でよくある諍《いさか》いやトラブルとみなす傾向が強い。このことは，「いじめ」の深刻な現実を見えにくくしているばかりでなく，自殺の原因を被害者の「弱さ」に転嫁してしまうことになりかねない。私たちは，自らの命を絶つことでしか「いじめ」から逃れられないという「いじめ」の深刻な現実を直視する必要がある。

日本でのいじめの特徴

現代の「いじめ」の特徴は，可視性の低下，加害者と被害者の立場の「入れ替わり」，集団化，歯止めの喪失，非行・犯罪との近似性などである。子供たちの世界で起こっている「いじめ」は，大人がかつて経験したものとは質的に異なるものであり，「昔もいじめはあった」という類いの言葉は，現代の「いじめ」の現実を矮小化してしまいかねない。

一般に「いじめ」は，「いじめられる子」（被害者），「いじめる子」（加害者）の二者関係で生じるわけではなく，「いじめを面白がって見ている子供たち」（観衆），「見て見ぬふりをしている子供たち」（傍観者）を含めた４つの層の子供たちが絡まりあった構造の中で起こっている。

現代のいじめ集団の構造は，加害者だけでなく，周りの子供たちの反応によって決定される。なかでも観衆と「傍観者」は決して固定されたものではなく，「被害者」にまわることもあれば，「加害者」へと立場の「入れ替わり」が起こることに特徴がある。つまり，教室内で「いじめ」が進行していく状況とは，「いじめ」に対する抑止力を欠いたまま，学級が４つの層へと収斂《しゅうれん》していく過程である。

ところで，いじめに関する国際比較調査においては，日本は特徴的な傾向を示している。周りで見ている子供たちの中から現れる「仲裁者」の出現率は，どの国でも小学校段階から学年が上がるにつれて低下するが，中学校段階になると，諸外国の出現率が下げ止まり，一転して上昇に転じる。これに対して日本では，「仲裁者」の出現率は，上昇することなく下降傾向が続いたままである。また，「傍観者」の出現率は，各国とも小学校段階で学年が進むにつれて増加するのは同様だが，諸外国では中学校段階になると減少する。しかし，日本の場合は直線的に増え続け，中学校３年では約６割にも達している（森田洋司『いじめとは何か』）。

いじめの社会的特質

日本でのいじめは，どのような特質を持つのか。世界各国の特質を言い表した次のようなブラックジョークがある。

> 豪華客船が沈没して，多くの国の人々は同じ救命ボートに乗りました。しかし，定員オーバーで誰かに降りてもらわないと全員が死んでしまいます。そこで船長は，アメリカ人に対しては，「あなたはヒーローになれる」と言いました。アメリカ人は，ガッツポーズをして海に飛び込みました。
> 次にイギリス人に対しては，「あなたは紳士だ」と言いました。イギリス人は，うなずいて海に飛び込みました。ドイツ人に対しては，「あなたは飛び込まなくてはならない。それがルールだ」と言いました。ドイツ人は納得して海に飛び込みました。
> 日本人に対しては，「あなたは飛び込まなくていいんですか？　ほかの人は，みんな飛び込みましたよ」と言いました。すると日本人は，あたりを見渡すと慌てて海へ飛び込みました。（下線部は筆者）

日本人は，対人場面での同調志向や自己保身といった特徴が強いこと，また集団の中での均一性が高く，他人の前では自分を表に出すことを控える傾向が強いといった文化的な特質があるといわれる。「空気を読む」「空気に流される」という言葉に表現されるように，個人として主体的に物事を考え，判断することよりも周囲の関係性を維持することを重視する傾向があることも指摘される。それは何が正しいかという道徳的規範，ルールよりもその場の空気が物事の判断材料として優先されることを意味している。

集団の同調性は，協力や助け合いを促す場合もあるが，逆に集団の自己抑制力と「共同性」を失う結果となる場合もある。集団の自己抑制力と「共同性」が弱まり，解体した状態では道徳的な関係は成立せず，学級内の人間関係は希薄となり，児童生徒を孤立させ追い詰めていくことになる。

また，1970年代後半の「教育荒廃」以降，学校・教師の社会的な権威は低下し，教師と児童生徒との「教える—教えられる」関係が変質したこともいじめの増加と関わる大きな要因である。教師は，権威をもって「教える」存在ではなく，児童生徒と対等な「お友達」と理解され始めたからである。教室の頂点にあった教師の権威が失われ，教室内の教師と児童生徒の関係や，児童生徒同士の関係の秩序が崩れたことで，いじめは拡大していったのである。

いじめは「人間の動物としての攻撃性に根ざすものではなく，人間が社会的に作り出す関係性に潜む病理」（森田『いじめとは何か』）と捉えるべきである。言い換えれば，いじめは他者との関係性が十分に機能しないことからもたらされる病理であり，道徳教育が正面から取り組むべき課題である。

いじめに対する道徳教育の責任

2013（平成25）年９月に「いじめ防止対策推進法」が公布・施行され，各学校では，いじめ防止等の対策に関する基本的な方針を定め，いじめの防止と早期発見，早期防止に取り組むことが求められた。しかし，2021（令和３）年度の小中高校におけるいじめの認知件数は，61万5000件に達して過去最多となった。またネットいじめ件数も２万件を超えるなど状況は深刻化しているが，その対策は十分とはいえない。

「いじめ防止対策推進法」第15条は，「児童等の豊かな情操と道徳心を培い，心の通う対人交流の能力の素地を養うことがいじめの防止に資することを踏まえ，全ての教育活動を通じた道徳教育及び体験学習等の充実を図らなければならない」といじめに対する道徳教育の役割を明記している。

道徳科の内容項目では，「善悪の判断」「友情，信頼」「相互理解，寛容」「公正，公平，社会正義」「生命の尊重」など多くの内容が，いじめ防止に直接に関連する。「中学校学習指導要領解説　総則編」は，「道徳教育においては，道徳科を要として，教育活動全体を通して，生命を大切にする心や互いを認め合い，協力し，助け合うことのできる信頼感や友情を育むことをはじめとし，節度ある言動，思いやりの心，寛容な心などをしっかりと育てることが大切である」とした。そして，「学んだことが，日々の生活の中で，よりよい人間関係やいじめのない学級生活を実現するために自分たちにできることを相談し協力して実行したり，いじめに対してその間違いに気付き，友達と力を合わせ，教師や家族に相談しながら正していこうとしたりするなど，いじめの防止等に生徒が主体的に係る態度へとつながっていくのである」としている。

また，中学校では生徒自身が主体的にいじめの問題の解決に向けて行動できるような集団を育てることが大切であるとした。そして，「生徒の自尊感情や対人交流の能力，人間関係を形成していく能力，立場や意見の異なる他者を理解する能力などいじめを未然に防止するための資質・能力を育むとともに，様々な体験活動や協働して探求する学習活動を通して，学校・学級の諸問題を自主的・協働的に解決することができる集団づくりを進めることが求められる」と指摘している。

「いじめ防止対策推進法」などの社会的意義は重視されるべきである。しかし，単純にいじめの行為，責任を加害者への懲戒によって解決するだけでは教育の責任を果たしたことにはならない。そもそも，児童生徒は間違いや失敗をする「未熟」な存在であると同時に，その間違いや失敗の中で大切なことを学ぶ存在でもある。それが児童生徒にとっての「成長」であり，学校は児童生徒の間違いや失敗を包み込みながら，一人前の国民や社会人を育成する訓練と「修養」の場でもある。

とりわけ，今日のように集団の自己抑制力と「共同性」が弱まった状況においては，他者とつながることの大切さや他者とよりよくつながる方法を繰り返し学ぶことが重要となる。また，学校・教師には，自分の思いや気持ちを抑えてでも公共的なものを優先しなければならない場合があることを児童生徒に教えるとともに，将来の社会を担う主体的な役割を果たすための社会的責任能力を育成することが求められる。

いじめを根絶することは困難である。しかし，いじめをしない人間，いじめを悪いと言える人間，そして，いじめを止めることのできる人間を育てることは教育の責任であり，特に道徳教育は直接的にいじめの問題を考える役割を担っている。それは，集団的な「空気」が支配しがちな日本社会のあり方を批判的に検討し，よりよい社会とは何かを考えることと連続している。

2　道徳教育における人権教育と新たな動向

人権教育の歴史と内容

日本の人権教育の歴史は，同和問題と密接に関連してきた。1965（昭和40）年の「同和対策審議会答申」は，同和問題を「日本社会の歴史的発展の過程において形成された身分階層構造に基づく差別により，日本国民の一部の集団が経済的・社会的・文化的に低位におかれ，現代社会においても，なおいちじるしく基本的人権を侵害され，とくに，近代社会の原理として何人にも保障されている市民的権利と自由を完全に保障されていないという，もっとも深刻にして重大な社会問題である」としている。

同答申は，こうした差別について，心理的差別と実態的差別に分類している。心理的差別は，「人びとの観念や意識のうちに潜在する差別」である。また，実態的差別とは「同和地区住民の生活実態に具現化されている差別」であり，教育や就職の機会均等が実質的に保障されないなどが該当する。同和対策事業は，1969（昭和44）年の「同和対策事業特別措置法」，1982（昭和57）年の「地域改善対策特別措置法」を経て，1987（昭和62）年の「地域改善対策特定事業に係る国の財政上の特別措置に関する法律」が制定され，2002（平成14）年に終了した。

これらの法律は，同和地区住民に対する積極的な差別是正措置に主眼が置かれたが，同和対策事業の終了後は，広く人権教育への関心を拡大し，「同和教育から人権教育への転換」が進められた。その契機となったのが，国連での「人権教育のための国連10年」（1995〜2004年）の実施であった。これは，全世界における人権保障の実現のために人権教育の充実を求めたものであり，国連総会はさらに，2004（平成16）年12月に全世界的規模で人権教育の推進を徹底させるための「人権教育のための世界計画」に関する宣言を採択した。

日本では1999（平成11）年に「男女共同参画社会基本法」が制定され，2000（平成12）年に制定された「人権教育及び人権啓発の促進に関する法律」の第7条では，「国は，人権教育及び人権啓発に関する施策の総合的かつ計画的な推進を図るため，人権教育及び人権啓発に関する基本的な計画を策定しなければならない」と明記された。

道徳教育と人権教育

2002（平成14）年3月に「人権教育・啓発に関する基本計画」（以下，「基本計画」と略）が，閣議決定された。基本計画は，今日においても生命・身体の安全に関わる事象や不当な差別，いじめや暴力などの人権問題が生じており，児童生徒が虐待などの人権侵害を受ける事態も深刻化しているとしながら，その背景として，「同一性・均一性を重視しがちな性向や非合理的な因習的意識の存在」「人権尊重の理念についての正しい理解やこれを実践する態度が未だ国民の中に定着していないこと」などを指摘した。

人権とは，「人々が生存と自由を確保し，それぞれの幸福を追求する権利」（「人権擁護推進審議会答申」1999年）と定義できるが，基本計画は，さらに人権を「人間の尊厳に基づいて各人が持っている固有の権利であり，社会を構成する全ての人々が個人としての生存と自由を確保し社会において幸福な生活を営むために欠かすことのできない権利」と説明している。

人権教育は，「人権尊重の精神の涵養を目的とする教育活動」（「人権教育及び人権啓発の促進に関する法律」第２条）である。国連の「人権教育のための世界計画」では，人権教育を「人権及び人権保護の仕組みを学び，日常生活で用いる技術を身に付けること」「価値を発展させ，人権擁護の姿勢及び行動を強化すること」「人権を保護し促進する行動をとること」が要素として含まれるとしている。

2008（平成20）年の文部科学省の「人権教育の指導方法等の在り方について（第三次とりまとめ）」は，人権に対する知的理解を踏まえ，人権が持つ価値や重要性を直感的に感受し，それを共感的に受け止める感性や人権感覚の育成が必要であるとした。ここでいう人権感覚とは，「人権の価値やその重要性にかんがみ，人権が擁護され，実現されている状態を感知して，これを望ましいものと感じ，反対に，これが侵害されている状態を感知して，それを許せないとするような価値志向的な感覚」とされる。

人権教育を通じて育成する資質・能力とは，⑴人権に関する知識的側面，⑵人権感覚に深く関わる価値的・態度的側面，⑶人権感覚に深く関わる技能的側面と分類できる。なかでも，⑵の価値的・態度的側面には「人間の尊厳の尊重，自他の人権の尊重，多様性に対する肯定的評価，責任感，正義や自由の実現のために活動しようとする意欲」などが含まれる。

道徳教育が人権教育の内容と深く関わることは明らかである。それは，小学校の道徳の内容に，「Ｃ－（13）誰に対しても差別をすることや偏見をもつことなく，公正・公平な態度で接し，正義の実現に努めること」（高学年）と明記され，中学校では，「Ｃ－（11）正義と公正さを重んじ，誰に対しても公正・公平に接し，差別や偏見のない社会の実現に努めること」という内容が示されていることからも明らかである。

また，中学校の学習指導要領解説は，「公正・公平・社会正義」の指導について，「不正を憎み，不正な言動を断固として否定するほどの，たくましい態度が育つように指示することが大切」であるとし，「この世の中から，あらゆる差別や偏見をなくすように努力し，望ましい社会の理想を掲げ，正義が通り，公平で公正な社会の実現に積極的に努めるよう指導する必要がある」としている。

人間形成における道徳教育と人権教育との関連性は明確である。しかし，両者が相対立するかのように捉えられてきた歴史的な背景の中で，教育課程における両者の理念的，方法論的な研究は十分に進んでいない。人権教育において育成される人権感覚は道徳教育の基礎となり，同時に道徳教育が目指す道徳性の育成は人権教育の基盤となる。人権を道徳的価値として捉え，両者の相互補完的な関係を視野に入れた道徳教育の構造化と体系化を検討する必要がある。

SDGs と道徳教育

2017（平成29）年に告示された学習指導要領の前文には，「持続可能な社会の創り手となることができるようにすることが求められる」と明記された。持続可能な社会は，2008（平成20）年告示の学習指導要領でも提唱されたが，その視点は2015（平成27）年に国連で採択された SDGs とも関連する。

SDGs とは，「持続可能な開発目標（Sustainable Development Goals）」を意味しており，先進国を含む国際社会の包括的な開発目標である（図15－1）。

SDGs は，「地球上の誰一人として取り残さない（No one will be left behind）」ことを理念とし17の目標から構成されている。17の目標は，People（人間），Prosperity（豊かさ），Planet（地球），Peace（平和），Partnership（パートナーシップ）の「５つのＰ」というキーワードによって整理することもできる。

特に，SDGs のゴール４「質の高い教育をみんなに」では，2030年までの10のターゲットが定められている。特に4.7は，「持続可能な開発のための教育及び持続可能なライフスタイル，人権，男女の平等，平和及び非暴力の文化の推進，グローバル・シチズンシップ，文化多様性と文化の持続可能な開発への貢献の理解の教育」を掲げている。

SDGs は従来の国際理解や人権教育等の取組みを基盤として，環境，経済，

図 15－1　世界を変えるための17の目標（国連広報センター）

社会，文化などの側面から地球規模の課題解決に臨むことで，持続可能な社会を構築する担い手を育成することを目指すものである。このことは，道徳教育の目的とも重なり，SDGs の目標を道徳科の学びとどのように結び付け，構造化するかは今後の重要な課題である。

3 「特別の教科 道徳」の検討すべき課題

道徳科設置においては，検定教科書が導入され，授業についても「道徳科における質の高い３つの指導法」などの具体的な方向性が示された。また，評価についても，個人内評価を中心とした評価の基本的な考え方が示された。しかし，道徳科が効果的に機能するためには，これらについて議論すべき課題がなくなったわけではない。以下，そのポイントを提示しておきたい。

内容項目について

道徳科で学ぶべき内容項目は，基本的には「道徳の時間」の内容項目と大きく変化することはなかった。４つの視点についての順序の入れ替えは行われたが，個人から社会，国家へと至る同心円的な構造は基本的に維持されている。

しかし，道徳の内容項目の記述には，それぞれ複数の道徳的価値が含まれており，全体として道徳科が対象とする道徳的価値の数は決して少なくない。これらを年間35時間（小学校第１学年は34時間）で行うとすれば，道徳的価値に関する学びは，表層的なものとなりかねない。道徳科の学びを深めるためには，道徳科の授業時数の増加を検討すると同時に，道徳科で取り上げる内容をより構造化し，体系化することを検討する必要がある。

道徳科で学ぶべき内容を精緻化した上で，内容項目全体の構造化と体系化を検討することは，道徳科で何を学ぶかを明確化するためにも重要である。

「専門免許」について

道徳科設置にあたっては，教員養成についての大きな変化は見られなかった。道徳科が充実するためには，道徳授業を行う教員をどのように養成するかが大きな問題である。なかでも道徳の「専門免許」の問題は検討すべき具体的な課題といえる。なぜなら，大学の教員養成は免許制度と連動しており，「専門免許」がなければ大学に道徳教育の専攻・講座が設置される可能性は低く，現行の教員養成の枠組みが継続されることになるからである。したがって，道徳の「専門免許」を制度化しなければ，大学において道徳教育に関する研究の基盤が形成されることは難しく，教員養成の制度的充実は必ずしも期待できない。

また，いじめや自殺の深刻化，インターネット犯罪の増加など，児童生徒が直面している現実がますます複雑で混迷している中で，教師には高度な「専門性」が求められる。諸外国においても，特に中等教育段階では「専門免許」が制度化されている国は決して少数ではない。教員養成や教師の「専門性」を確保する観点からも，道徳の「専門免許」については，今後の検討課題とする必要がある。

道徳科の評価について

道徳科における評価は，人格や道徳性全体ではなく，目標に示された学習活動における児童生徒の学びの成長を見取る評価であるとされる。学習指導要領は，道徳科で育むべき資質・能力を道徳的判断力，心情，実践意欲と態度などや，個々の内容項目ごとの観点別の評価をするのではなく，「おおくくりなまとまり」として評価することとしている。また，他の児童生徒との比較による評価ではなく，児童生徒がいかに成長したかを積極的に受け止めて認め，励ます個人内評価であることが重要であるとしている（本書第13章を参照）。

道徳科の評価において，児童生徒の学習状況や道徳性の係る成長の様子を見取る視点となるのは，「一面的な見方から多面的・多角的な見方へと発展しているかどうか」「道徳的価値の理解を自分自身との関わりの中で深めているかどうか」の２点である。

しかし，学習指導要領において道徳教育の目標は「道徳性を養うこと」と規定されている。また，道徳教育及び道徳科の目標は，「道徳性を養う」ために，道徳的な判断力，心情，実践意欲と態度を育てることを目標としている。「道徳性を養う」ことが道徳教育及び道徳科の目標であれば，道徳性の諸様相である道徳的判断力，心情，実践意欲と態度について評価することは必要である。

また，学習指導要領の解説では，「それぞれの授業におけるねらいとの関わりにおいて，児童の学習状況や道徳性に係る成長の様子を様々な方法で捉えて，個々の児童の成長を捉えるとともに，それによって自らの指導を評価し，改善に努めることが大切である」としている。

つまり，学習指導要領の解説では，「ねらい」を明確とした授業と評価を求めているにもかかわらず，実際の評価では，「ねらい」の達成度は問題とされず，「おおくくり」な「学びの成長」が評価の対象となっている。このことは，道徳教育の目標に基づく指導が，評価と乖離していると同時に，学習指導要領が目指す「指導と評価の一体化」という方向性とも一致していないとも考えられる。道徳教育において育成すべき道徳性をどう捉え，何を評価の対象と設定するのかを再検討し，道徳科の評価をよりよいものへと改善していく研究と議論が求められる。

4　新しい道徳教育を創造するために

道徳科の設置によって，道徳教育の歴史が新たな段階へと進んだということができる。しかし，道徳科が設置されただけで，学校教育における様々な教育問題が一気に解決するわけではないし，児童生徒がすぐに「道徳的」になるわけでもない。人間としての生き方やあり方，他者とのつながり方を課題とする道徳教育は，本来的な難しさを抱えており，常に明確な解答が前提とされているわけではない。だからこそ，私たちは自分自身の生き方を考え，他者とのよりよいつながり方について，「考えること」「議論すること」が必要となる。

道徳教育は，よりよい自分の生き方やよりよい社会の実現を目指すものである以上，その模索に終わりはない。なぜなら，「よりよい」という言葉には，正解としての解答が用意されているわけではなく，常に高い目標を追究し続けることが求められるからである。「考え，議論する道徳」を実現することは，「自ら考え，他者と対話し協働しながら，よりよい方向を模索し続ける」ことで正解に近づく努力を重ねることである。

もちろんこのことは，児童生徒だけではなく，教師の側にも切実に求められる。道徳科の授業が，「主体的・対話的で深い学び」の視点を取り入れた実践となるためには，何よりも教師自身が「アクティブ・ラーナー」（主体的・能動的な学習者）として，常にあるべき道徳教育について「考え，議論し続ける」という姿勢が不可欠となる。

道徳科の学びを充実させるためには，道徳教育の本質を見失うことなく，また，政治的イデオロギー対立の議論に足を掬われることのない地道で着実な研究と議論を重ねていくことが必要である。それが道徳教育の目的を実現するために不可欠な条件である。

「雨降って地固まる」という言葉がある。新しいものが創造されるためには，混沌（カオス）が必要であり，混沌（カオス）を潜り抜けたところに可能性が拓かれるという意味である。道徳教育の新たな段階に直面して，様々な課題が表面化し，それを克服するための混沌（カオス）が生じることは必然である。しかし，新しい道徳教育の創造が混沌（カオス）の中から創出されるとすれば，よりよい道徳教育をめぐる様々な混沌（カオス）が生じることは，それ自体が望ましく，また喜ばしいことでもある。これからの道徳教育の展望を切り拓くにあたって，人間としての生き方を考え，将来のよりよい社会を築くために，眼前の混沌（カオス）を恐れることなく，真摯な議論を積み重ねていく努力が求められる。

教育が将来の社会を予想し，そこで必要とされる児童生徒の「生きる力」を想定しながら営まれる以上，教育改革に終わりはない。特に人格形成と直接に関わる道徳教育においては，常に教育改革が求められると同時に，その困難さを自覚し，克服しようとする覚悟が必要である。私たちは，どのような姿勢でこれからの道徳教育の改革に向き合うべきなのか。最後に，アメリカの神学者ラインホルド・ニーバー（Reinhold Niebuhr，1892～1971）の次の言葉を紹介しておきたい。

> 神よ
> 変えることのできるものについて，
> それを変えるだけの勇気をわれらに与えたまえ。
> 変えることのできないものについては，
> それを受け入れるだけの冷静さを与えたまえ。
> そして，変えることのできるものと，変えることのできないものを，
> 識別する知恵を与えたまえ。（大木英夫『終末論的考察』）

参考文献

押谷由夫編『平成29年改訂　小学校教育課程実践講座　特別の教科 道徳』（ぎょうせい，2018年）。

押谷由夫・柳沼良太編『道徳の時代をつくる！』（教育出版，2014年）。

大木英夫『終末論的考察』（中央公論社，1970年）。

貝塚茂樹『戦後日本と道徳教育——教科化・教育勅語・愛国心』（ミネルヴァ書房，2020年）。

松岡亮二『教育格差——階層・地域・学歴』（ちくま新書，2019年）。

森田洋司『いじめとは何か——教室の問題，社会の問題』（中公新書，2010年）。

文部科学省編『小学校学習指導要領（平成29年告示）解説　特別の教科 道徳編』（廣済堂あかつき，2018年）。

文部科学省編『中学校学習指導要領（平成29年告示）解説　特別の教科 道徳編』（教育出版，2018年）。

吉富芳正編『「深く学ぶ」子供を育てる学級づくり・授業づくり』（ぎょうせい，2017年）。

資料編

1　教學聖旨　（1879年）

教學大旨

教學ノ要仁義忠孝ヲ明カニシテ智識才藝ヲ究メ以テ人道ヲ盡スハ我祖訓國典ノ大旨上下一般ノ教トスル所ナリ然ルニ輓近專ラ智識才藝ノミヲ尚トヒ文明開化ノ末ニ馳セ品行ヲ破リ風俗ヲ傷フ者少ナカラス然ル所以ノ者ハ維新ノ始首トシテ陋習ヲ破リ知識ヲ世界ニ廣ムルノ卓見ヲ以テ一時西洋ノ所長ヲ取リ日新ノ效ヲ奏スト雖トモ其流弊仁義忠孝ヲ後ニシ徒ニ洋風是競フニ於テハ將來ノ恐ルル所終ニ君臣父子ノ大義ヲ知ラサルニ至ランモ測ル可カラス是我邦教學ノ本意ニ非サル也故ニ自今以往祖宗ノ訓典ニ基ツキ專ラ仁義忠孝ヲ明カニシ道德ノ學ハ孔子ヲ主トシテ人々誠實品行ヲ尚トヒ然ル上各科ノ學ハ其才器ニ隨テ益々長進シ道德才藝本末全備シテ大中至正ノ教學天下ニ布滿セシメハ我邦獨立ノ精神ニ於テ宇内ニ恥ルコト無カル可シ

小學條目二件

一　仁義忠孝ノ心ハ人皆之有リ然トモ其幼少ノ始ニ其腦髓ニ感覺セシメテ培養スルニ非レハ他ノ物事已ニ耳ニ入リ先入主トナル時ハ後奈何トモ爲ス可カラス故ニ當世小學校ニ繪圖ノ設ケアルニ準シ古今ノ忠臣義士孝子節婦ノ畫像・寫眞ヲ掲ケ幼年生入校ノ始ニ先ツ此畫像ヲ示シ其行事ノ概略ヲ説諭シ忠孝ノ大義ヲ第一ニ腦髓ニ感覺セシメンコトヲ要ス然ル後ニ諸物ノ名狀ヲ知ラシムレハ後來忠孝ノ性ヲ養成シ博物ノ學ニ於テ本末ヲ誤ルコト無カルヘシ

一　去秋各縣ノ學校ヲ巡覽シ親シク生徒ノ藝業ヲ驗スルニ或ハ農商ノ子弟ニシテ其説ク所多クハ高尚ノ空論ノミ甚キニ至テハ善ク洋語ヲ言フト雖トモ之ヲ邦語ニ譯スルコト能ハス此輩他日業卒リ家ニ歸ルトモ再タヒ本業ニ就キ難ク又高尚ノ空論ニテハ官ト爲ルモ無用ナル可シ加之其博聞ニ誇リ長上ヲ侮リ縣官ノ妨害トナルモノ少ナカラサルヘシ是皆教學ノ其道ヲ得サルノ弊害ナリ故ニ農商ニハ農商ノ學科ヲ設ケ高尚ニ馳セス實地ニ基ツキ他日學成ル時ハ其本業ニ歸リテ益々其業ヲ盛大ニスルノ教則アランコトヲ欲ス

2　教育ニ関スル勅語（1890年）

朕惟フニ我カ皇祖皇宗國ヲ肇ムルコト宏遠ニ德ヲ樹ツルコト深厚ナリ我カ臣民克ク忠ニ克ク孝ニ億兆心ヲ一ニシテ世々厥ノ美ヲ濟セルハ此レ我カ國體ノ精華ニシテ教育ノ淵源亦實ニ此ニ存ス

爾臣民父母ニ孝ニ兄弟ニ友ニ夫婦相和シ朋友相信シ恭儉己レヲ持シ博愛衆ニ及ホシ學ヲ修メ業ヲ習ヒ以テ智能ヲ啓發シ德器ヲ成就シ進テ公益ヲ廣メ世務ヲ開キ常ニ國憲ヲ重シ國法ニ遵ヒ一旦緩急アレハ義勇公ニ奉シ以テ天壤無窮ノ皇運ヲ扶翼スヘシ是ノ如キハ獨リ朕カ忠良ノ臣民タルノミナラス又以テ爾祖先ノ遺風ヲ顯彰スルニ足ラン

斯ノ道ハ實ニ我カ皇祖皇宗ノ遺訓ニシテ子孫臣民ノ倶ニ遵守スヘキ所之ヲ古今ニ通シテ謬ラス之ヲ中外ニ施シテ悖ラス朕爾臣民ト倶ニ拳々服膺シテ咸其德ヲ一ニセンコトヲ庶幾フ

3　小学校学習指導要領（平成29年告示）（抄）

第１章　総則

第１　小学校教育の基本と教育課程の役割

２

（２）　道徳教育や体験活動，多様な表現や鑑賞の活動等を通して，豊かな心や創造性の涵《かん》養を目指した教育の充実に努めること。

学校における道徳教育は，特別の教科である道徳（以下「道徳科」という。）を要として学校の教育活動全体を通じて行うものであり，道徳科はもとより，各教科，外国語活動，総合的な学習の時間及び特別活動のそれぞれの特質に応じて，児童の発達の段階を考慮して，適切な指導を行うこと。道徳教育は，教育基本法及び学校教育法に定められた教育の根本精神に基づき，自己の生き方を考え，主体的な判断の下に行動し，自立した人間として他者と共によりよく生きるための基盤となる道徳性を養うことを目標とすること。

道徳教育を進めるに当たっては，人間尊重の精神と生命に対する畏敬の念を家庭，学校，その他社会における具体的な生活の中に生かし，豊かな心をもち，伝統と文化を尊重し，それらを育んできた我が国と郷土を愛し，個性豊かな文化の創造を図るとともに，平和で民主的な国家及び社会の形成者として，公共の精神を尊び，社会及び国家の発展に努め，他国を尊重し，国際社会の平和と発展や環境の保全に貢献し未来を拓《ひら》く主体性のある日本人の育成に資することとなるよう特に留意すること。

第６　道徳教育に関する配慮事項

道徳教育を進めるに当たっては，道徳教育の特質を踏まえ，前項までに示す事項に加え，次の事項に配慮するものとする。

１　各学校においては，第１の２の（２）に示す道徳教育の目標を踏まえ，道徳教育の全体計画を作成し，校長の方針の下に，道徳教育の推進を主に担当する教師（以下「道徳教育推進教師」という。）を中心に，全教師が協力して道徳教育を展開すること。なお，道徳教育の全体計画の作成に当たっては，児童や学校，地域の実態を考慮して，学校の道徳教育の重点目標を設定するとともに，道徳科の指導方針，第３章特別の教科道徳の第２に示す内容との関連を踏まえた各教科，外国語活動，総合的な学習の時間及び特別活動における指導の内容及び時期並びに家庭や地域社会との連携の方法を示すこと。

２　各学校においては，児童の発達の段階や特性等を踏まえ，指導内容の重点化を図ること。その際，各学年を通じて，自立心や自律性，生命を尊重する心や他者を思いやる心を育てることに留意すること。また，各学年段階においては，次の事項に留意すること。

（１）　第１学年及び第２学年においては，挨拶などの基本的な生活習慣を身に付けること，善悪を判断し，してはならないことをしないこと，社会生活上のきまりを守ること。

（２）　第３学年及び第４学年においては，善悪を判断し，正しいと判断したことを行うこと，身近な人々と協力し助け合うこと，集団や社会のきまりを守ること。

（３）　第５学年及び第６学年においては，相手の考え方や立場を理解して支え合うこと，法やきまりの意義を理解して進んで守ること，集団生活の充実に努めること，伝統と文化を尊重し，それらを育んできた我が国と郷土を愛するとともに，他国を尊重すること。

3　学校や学級内の人間関係や環境を整えるとともに，集団宿泊活動やボランティア活動，自然体験活動，地域の行事への参加などの豊かな体験を充実すること。また，道徳教育の指導内容が，児童の日常生活に生かされるようにすること。その際，いじめの防止や安全の確保等にも資することとなるよう留意すること。

4　学校の道徳教育の全体計画や道徳教育に関する諸活動などの情報を積極的に公表したり，道徳教育の充実のために家庭や地域の人々の積極的な参加や協力を得たりするなど，家庭や地域社会との共通理解を深め，相互の連携を図ること。

第3章　特別の教科 道徳

第1　目標

第1章総則の第1の2の(2)に示す道徳教育の目標に基づき，よりよく生きるための基盤となる道徳性を養うため，道徳的諸価値についての理解を基に，自己を見つめ，物事を多面的・多角的に考え，自己の生き方についての考えを深める学習を通して，道徳的な判断力，心情，実践意欲と態度を育てる。

第2　内容（略）

第3　指導計画の作成と内容の取扱い

1　各学校においては，道徳教育の全体計画に基づき，各教科，外国語活動，総合的な学習の時間及び特別活動との関連を考慮しながら，道徳科の年間指導計画を作成するものとする。なお，作成に当たっては，第2に示す各学年段階の内容項目について，相当する各学年において全て取り上げることとする。その際，児童や学校の実態に応じ，2学年間を見通した重点的な指導や内容項目間の関連を密にした指導，一つの内容項目を複数の時間で扱う指導を取り入れるなどの工夫を行うものとする。

2　第2の内容の指導に当たっては，次の事項に配慮するものとする。

(1)　校長や教頭などの参加，他の教師との協力的な指導などについて工夫し，道徳教育推進教師を中心とした指導体制を充実すること。

(2)　道徳科が学校の教育活動全体を通じて行う道徳教育の要としての役割を果たすことができるよう，計画的・発展的な指導を行うこと。特に，各教科，外国語活動，総合的な学習の時間及び特別活動における道徳教育としては取り扱う機会が十分でない内容項目に関わる指導を補うことや，児童や学校の実態等を踏まえて指導をより一層深めること，内容項目の相互の関連を捉え直したり発展させたりすることに留意すること。

(3)　児童が自ら道徳性を養う中で，自らを振り返って成長を実感したり，これからの課題や目標を見付けたりすることができるよう工夫すること。その際，道徳性を養うことの意義について，児童自らが考え，理解し，主体的に学習に取り組むことができるようにすること。

(4)　児童が多様な感じ方や考え方に接する中で，考えを深め，判断し，表現する力などを育むことができるよう，自分の考えを基に話し合ったり書いたりするなどの言語活動を充実すること。

（5） 児童の発達の段階や特性等を考慮し，指導のねらいに即して，問題解決的な学習，道徳的行為に関する体験的な学習等を適切に取り入れるなど，指導方法を工夫すること。その際，それらの活動を通じて学んだ内容の意義などについて考えることができるようにすること。また，特別活動等における多様な実践活動や体験活動も道徳科の授業に生かすようにすること。

（6） 児童の発達の段階や特性等を考慮し，第2に示す内容との関連を踏まえつつ，情報モラルに関する指導を充実すること。また，児童の発達の段階や特性等を考慮し，例えば，社会の持続可能な発展などの現代的な課題の取扱いにも留意し，身近な社会的課題を自分との関係において考え，それらの解決に寄与しようとする意欲や態度を育てるよう努めること。なお，多様な見方や考え方のできる事柄について，特定の見方や考え方に偏った指導を行うことのないようにすること。

（7） 道徳科の授業を公開したり，授業の実施や地域教材の開発や活用などに家庭や地域の人々，各分野の専門家等の積極的な参加や協力を得たりするなど，家庭や地域社会との共通理解を深め，相互の連携を図ること。

3 教材については，次の事項に留意するものとする。

（1） 児童の発達の段階や特性，地域の実情等を考慮し，多様な教材の活用に努めること。特に，生命の尊厳，自然，伝統と文化，先人の伝記，スポーツ，情報化への対応等の現代的な課題などを題材とし，児童が問題意識をもって多面的・多角的に考えたり，感動を覚えたりするような充実した教材の開発や活用を行うこと。

（2） 教材については，教育基本法や学校教育法その他の法令に従い，次の観点に照らし適切と判断されるものであること。

ア 児童の発達の段階に即し，ねらいを達成するのにふさわしいものであること。

イ 人間尊重の精神にかなうものであって，悩みや葛藤等の心の揺れ，人間関係の理解等の課題も含め，児童が深く考えることができ，人間としてよりよく生きる喜びや勇気を与えられるものであること。

ウ 多様な見方や考え方のできる事柄を取り扱う場合には，特定の見方や考え方に偏った取扱いがなされていないものであること。

4 児童の学習状況や道徳性に係る成長の様子を継続的に把握し，指導に生かすよう努める必要がある。ただし，数値などによる評価は行わないものとする。

4　中学校学習指導要領（平成29年告示）（抄）

第１章　総則

第１　中学校教育の基本と教育課程の役割

２

（２）　道徳教育や体験活動，多様な表現や鑑賞の活動等を通して，豊かな心や創造性の涵《かん》養を目指した教育の充実に努めること。

学校における道徳教育は，特別の教科である道徳（以下「道徳科」という。）を要として学校の教育活動全体を通じて行うものであり，道徳科はもとより，各教科，総合的な学習の時間及び特別活動のそれぞれの特質に応じて，生徒の発達の段階を考慮して，適切な指導を行うこと。

道徳教育は，教育基本法及び学校教育法に定められた教育の根本精神に基づき，人間としての生き方を考え，主体的な判断の下に行動し，自立した人間として他者と共によりよく生きるための基盤となる道徳性を養うことを目標とすること。

道徳教育を進めるに当たっては，人間尊重の精神と生命に対する畏敬の念を家庭，学校，その他社会における具体的な生活の中に生かし，豊かな心をもち，伝統と文化を尊重し，それらを育んできた我が国と郷土を愛し，個性豊かな文化の創造を図るとともに，平和で民主的な国家及び社会の形成者として，公共の精神を尊び，社会及び国家の発展に努め，他国を尊重し，国際社会の平和と発展や環境の保全に貢献し未来を拓《ひら》く主体性のある日本人の育成に資することとなるよう特に留意すること。

第６　道徳教育に関する配慮事項

道徳教育を進めるに当たっては，道徳教育の特質を踏まえ，前項までに示す事項に加え，次の事項に配慮するものとする。

１　各学校においては，第１の２の（２）に示す道徳教育の目標を踏まえ，道徳教育の全体計画を作成し，校長の方針の下に，道徳教育の推進を主に担当する教師（以下「道徳教育推進教師」という。）を中心に，全教師が協力して道徳教育を展開すること。なお，道徳教育の全体計画の作成に当たっては，生徒や学校，地域の実態を考慮して，学校の道徳教育の重点目標を設定するとともに，道徳科の指導方針，第３章特別の教科道徳の第２に示す内容との関連を踏まえた各教科，総合的な学習の時間及び特別活動における指導の内容及び時期並びに家庭や　地域社会との連携の方法を示すこと。

２　各学校においては，生徒の発達の段階や特性等を踏まえ，指導内容の重点化を図ること。その際，小学校における道徳教育の指導内容を更に発展させ，自立心や自律性を高め，規律ある生活をすること，生命を尊重する心や自らの弱さを克服して気高く生きようとする心を育てること，法やきまりの意義に関する理解を深めること，自らの将来の生き方を考え主体的に社会の形成に参画する意欲と態度を養うこと，伝統と文化を尊重し，それらを育んできた我が国と郷土を愛するとともに，他国を尊重すること，国際社会に生きる日本人としての自覚を身に付けることに留意すること。

３　学校や学級内の人間関係や環境を整えるとともに，職場体験活動やボランティア活動，自然体験活動，地域の行事への参加などの豊かな体験を充実すること。また，道徳教育の指導内容が，生徒の日常生活に生かされるようにすること。その際，いじめの防止や安全の確保等にも資することとなるよう留意すること。

4　学校の道徳教育の全体計画や道徳教育に関する諸活動などの情報を積極的に公表したり，道徳教育の充実のために家庭や地域の人々の積極的な参加や協力を得たりするなど，家庭や地域社会との共通理解を深め，相互の連携を図ること。

第３章　特別の教科　道徳

第１　目標

第１章総則の第１の２の(２)に示す道徳教育の目標に基づき，よりよく生きるための基盤となる道徳性を養うため，道徳的諸価値についての理解を基に，自己を見つめ，物事を広い視野から多面的・多角的に考え，人間としての生き方についての考えを深める学習を通して，道徳的な判断力，心情，実践意欲と態度を育てる。

第２　内容（略）

第３　指導計画の作成と内容の取扱い

1　各学校においては，道徳教育の全体計画に基づき，各教科，総合的な学習の時間及び特別活動との関連を考慮しながら，道徳科の年間指導計画を作成するものとする。なお，作成に当たっては，第２に示す内容項目について，各学年において全て取り上げることとする。その際，生徒や学校の実態に応じ，３学年間を見通した重点的な指導や内容項目間の関連を密にした指導，一つの内容項目を複数の時間で扱う指導を取り入れるなどの工夫を行うものとする。

2　第２の内容の指導に当たっては，次の事項に配慮するものとする。

（１）　学級担任の教師が行うことを原則とするが，校長や教頭などの参加，他の教師との協力的な指導などについて工夫し，道徳教育推進教師を中心とした指導体制を充実すること。

（２）　道徳科が学校の教育活動全体を通じて行う道徳教育の要としての役割を果たすことができるよう，計画的・発展的な指導を行うこと。特に，各教科，総合的な学習の時間及び特別活動における道徳教育としては取り扱う機会が十分でない内容項目に関わる指導を補うことや，生徒や学校の実態等を踏まえて指導をより一層深めること，内容項目の相互の関連を捉え直したり発展させたりすることに留意すること。

（３）　生徒が自ら道徳性を養う中で，自らを振り返って成長を実感したり，これからの課題や目標を見付けたりすることができるよう工夫すること。その際，道徳性を養うことの意義について，生徒自らが考え，理解し，主体的に学習に取り組むことができるようにすること。また，発達の段階を考慮し，人間としての弱さを認めながら，それを乗り越えてよりよく生きようとすることのよさについて，教師が生徒と共に考える姿勢を大切にすること。

（４）　生徒が多様な感じ方や考え方に接する中で，考えを深め，判断し，表現する力などを育むことができるよう，自分の考えを基に討論したり書いたりするなどの言語活動を充実すること。その際，様々な価値観について多面的・多角的な視点から振り返って考える機会を設けるとともに，生徒が多様な見方や考え方に接しながら，更に新しい見方や考え方を生み出していくことができるよう留意すること。

（5） 生徒の発達の段階や特性等を考慮し，指導のねらいに即して，問題解決的な学習，道徳的行為に関する体験的な学習等を適切に取り入れるなど，指導方法を工夫すること。その際，それらの活動を通じて学んだ内容の意義などについて考えることができるようにすること。また，特別活動等における多様な実践活動や体験活動も道徳科の授業に生かすようにすること。

（6） 生徒の発達の段階や特性等を考慮し，第2に示す内容との関連を踏まえつつ，情報モラルに関する指導を充実すること。また，例えば，科学技術の発展と生命倫理との関係や社会の持続可能な発展などの現代的な課題の取扱いにも留意し，身近な社会的課題を自分との関係において考え，その解決に向けて取り組もうとする意欲や態度を育てるよう努めること。なお，多様な見方や考え方のできる事柄について，特定の見方や考え方に偏った指導を行うことのないようにすること。

（7） 道徳科の授業を公開したり，授業の実施や地域教材の開発や活用などに家庭や地域の人々，各分野の専門家等の積極的な参加や協力を得たりするなど，家庭や地域社会との共通理解を深め，相互の連携を図ること。

3 教材については，次の事項に留意するものとする。

（1） 生徒の発達の段階や特性，地域の実情等を考慮し，多様な教材の活用に努めること。特に，生命の尊厳，社会参画，自然，伝統と文化，先人の伝記，スポーツ，情報化への対応等の現代的な課題などを題材とし，生徒が問題意識をもって多面的・多角的に考えたり，感動を覚えたりするような充実した教材の開発や活用を行うこと。

（2） 教材については，教育基本法や学校教育法その他の法令に従い，次の観点に照らし適切と判断されるものであること。

ア 生徒の発達の段階に即し，ねらいを達成するのにふさわしいものであること。

イ 人間尊重の精神にかなうものであって，悩みや葛藤等の心の揺れ，人間関係の理解等の課題も含め，生徒が深く考えることができ，人間としてよりよく生きる喜びや勇気を与えられるものであること。

ウ 多様な見方や考え方のできる事柄を取り扱う場合には，特定の見方や考え方に偏った取扱いがなされていないものであること。

4 生徒の学習状況や道徳性に係る成長の様子を継続的に把握し，指導に生かすよう努める必要がある。ただし，数値などによる評価は行わないものとする。

5　高等学校学習指導要領（平成30年告示）（抄）

第1章　総則

第1款　高等学校教育の基本と教育課程の役割

2

（2）　道徳教育や体験活動，多様な表現や鑑賞の活動等を通して，豊かな心や創造性の涵《かん》養を目指した教育の充実に努めること。

学校における道徳教育は，人間としての在り方生き方に関する教育を学校の教育活動全体を通じて行うことによりその充実を図るものとし，各教科に属する科目（以下「各教科・科目」という。），総合的な探究の時間及び特別活動（以下「各教科・科目等」という。）のそれぞれの特質に応じて，適切な指導を行うこと。

道徳教育は，教育基本法及び学校教育法に定められた教育の根本精神に基づき，生徒が自己探求と自己実現に努め国家・社会の一員としての自覚に基づき行為しうる発達の段階にあることを考慮し，人間としての在り方生き方を考え，主体的な判断の下に行動し，自立した人間として他者と共によりよく生きるための基盤となる道徳性を養うことを目標とすること。

道徳教育を進めるに当たっては，人間尊重の精神と生命に対する畏敬の念を家庭，学校，その他社会における具体的な生活の中に生かし，豊かな心をもち，伝統と文化を尊重し，それらを育んできた我が国と郷土を愛し，個性豊かな文化の創造を図るとともに，平和で民主的な国家及び社会の形成者として，公共の精神を尊び，社会及び国家の発展に努め，他国を尊重し，国際社会の平和と発展や環境の保全に貢献し未来を拓《ひら》く主体性のある日本人の育成に資することとなるよう特に留意すること。

第7款　道徳教育に関する配慮事項

道徳教育を進めるに当たっては，道徳教育の特質を踏まえ，第6款までに示す事項に加え，次の事項に配慮するものとする。

1　各学校においては，第1款の2の（2）に示す道徳教育の目標を踏まえ，道徳教育の全体計画を作成し，校長の方針の下に，道徳教育の推進を主に担当する教師（「道徳教育推進教師」という。）を中心に，全教師が協力して道徳教育を展開すること。なお，道徳教育の全体計画の作成に当たっては，生徒や学校の実態に応じ，指導の方針や重点を明らかにして，各教科・科目等との関係を明らかにすること。その際，公民科の「公共」及び「倫理」並びに特別活動が，人間としての在り方生き方に関する中核的な指導の場面であることに配慮すること。

2　道徳教育を進めるに当たっては，中学校までの特別の教科である道徳の学習等を通じて深めた，主として自分自身，人との関わり，集団や社会との関わり，生命や自然，崇高なものとの関わりに関する道徳的諸価値についての理解を基にしながら，様々な体験や思索の機会等を通して，人間としての在り方生き方についての考えを深めるよう留意すること。また，自立心や自律性を高め，規律ある生活をすること，生命を尊重する心を育てること，社会連帯の自覚を高め，主体的に社会の形成に参画する意欲と態度を養うこと，義務を果たし責任を重んずる態度及び人権を尊重し差別のないよりよい社会を実現しようとする態度を養うこと，伝統と文化を尊重し，それらを育んできた我が国と郷土を愛するとともに，他国を尊重すること，国際社会に生きる日本人としての自覚を身に付けることに関する指導が適切に行われるよう配慮すること。

3　学校やホームルーム内の人間関係や環境を整えるとともに，就業体験活動やボランティア活動，自然体験活動，地域の行事への参加などの豊かな体験を充実すること。また，道徳教育の指導が，生徒の日常生活に生かされるようにすること。その際，いじめの防止や安全の確保等にも資することとなるように留意すること。

4　学校の道徳教育の全体計画や道徳教育に関する諸活動などの情報を積極的に公表したり，道徳教育の充実のために家庭や地域の人々の積極的な参加や協力を得たりするなど，家庭や地域社会との共通理解を深めること。

6　内容項目一覧（文部科学省（2017）「小学校（中学校）

	小学校第１学年及び第２学年（19）	小学校第３学年及び第４学年（20）
A　主として自分自身に関すること		
善悪の判断，自律，自由と責任	(1)　よいことと悪いこととの区別をし，よいと思うことを進んで行うこと。	(1)　正しいと判断したことは，自信をもって行うこと。
正直，誠実	(2)　うそをついたりごまかしをしたりしないで，素直に伸び伸びと生活すること。	(2)　過ちは素直に改め，正直に明るい心で生活すること。
節度，節制	(3)　健康や安全に気を付け，物や金銭を大切にし，身の回りを整え，わがままをしないで，規則正しい生活をすること。	(3)　自分でできることは自分でやり，安全に気を付け，よく考えて行動し，節度のある生活をすること。
個性の伸長	(4)　自分の特徴に気付くこと。	(4)　自分の特徴に気付き，長所を伸ばすこと。
希望と勇気，努力と強い意志	(5)　自分のやるべき勉強や仕事をしっかりと行うこと。	(5)　自分でやろうと決めた目標に向かって，強い意志をもち，粘り強くやり抜くこと。
真理の探究		
B　主として人との関わりに関すること		
親切，思いやり	(6)　身近にいる人に温かい心で接し，親切にすること。	(6)　相手のことを思いやり，進んで親切にすること。
感謝	(7)　家族など日頃世話になっている人々に感謝すること。	(7)　家族など生活を支えてくれている人々や現在の生活を築いてくれた高齢者に，尊敬と感謝の気持ちをもって接すること。
礼儀	(8)　気持ちのよい挨拶，言葉遣い，動作などに心掛けて，明るく接すること。	(8)　礼儀の大切さを知り，誰に対しても真心をもって接すること。
友情，信頼	(9)　友達と仲よくし，助け合うこと。	(9)　友達と互いに理解し，信頼し，助け合うこと。
相互理解，寛容		(10)　自分の考えや意見を相手に伝えるとともに，相手のことを理解し，自分と異なる意見も大切にすること。
C　主として集団や社会との関わりに関すること		
規則の尊重	(10)　約束やきまりを守り，みんなが使う物を大切にすること。	(11)　約束や社会のきまりの意義を理解し，それらを守ること。

学習指導要領（平成29年告示）解説 特別の教科 道徳編」）

小学校第５学年及び第６学年（22）	中学校（22）
A　主として自分自身に関すること	
(1) 自由を大切にし，自律的に判断し，責任のある行動をすること。 (2) 誠実に，明るい心で生活すること。	(1) 自律の精神を重んじ，自主的に考え，判断し，誠実に実行してその結果に責任をもつこと。
(3) 安全に気を付けることや，生活習慣の大切さについて理解し，自分の生活を見直し，節度を守り節制に心掛けること。	(2) 望ましい生活習慣を身に付け，心身の健康の増進を図り，節度を守り節制に心掛け，安全で調和のある生活をすること。
(4) 自分の特徴を知って，短所を改め長所を伸ばすこと。	(3) 自己を見つめ，自己の向上を図るとともに，個性を伸ばして充実した生き方を追求すること。
(5) より高い目標を立て，希望と勇気をもち，困難があってもくじけずに努力して物事をやり抜くこと。	(4) より高い目標を設定し，その達成を目指し，希望と勇気をもち，困難や失敗を乗り越えて着実にやり遂げること。
(6) 真理を大切にし，物事を探究しようとする心をもつこと。	(5) 真実を大切にし，真理を探究して新しいものを生み出そうと努めること。
B　主として人との関わりに関すること	
(7) 誰に対しても思いやりの心をもち，相手の立場に立って親切にすること。 (8) 日々の生活が家族や過去からの多くの人々の支え合いや助け合いで成り立っていることに感謝し，それに応えること。	(6) 思いやりの心をもって人と接するとともに，家族などの支えや多くの人々の善意により日々の生活や現在の自分があることに感謝し，進んでそれに応え，人間愛の精神を深めること。
(9) 時と場をわきまえて，礼儀正しく真心をもって接すること。	(7) 礼儀の意義を理解し，時と場に応じた適切な言動をとること。
(10) 友達と互いに信頼し，学び合って友情を深め，異性についても理解しながら，人間関係を築いていくこと。	(8) 友情の尊さを理解して心から信頼できる友達をもち，互いに励まし合い，高め合うとともに，異性についての理解を深め，悩みや葛藤も経験しながら人間関係を深めていくこと。
(11) 自分の考えや意見を相手に伝えるとともに，謙虚な心をもち，広い心で自分と異なる意見や立場を尊重すること。	(9) 自分の考えや意見を相手に伝えるとともに，それぞれの個性や立場を尊重し，いろいろなものの見方や考え方があることを理解し，寛容の心をもって謙虚に他に学び，自らを高めていくこと。
C　主として集団や社会との関わりに関すること	
(12) 法やきまりの意義を理解した上で進んでそれらを守り，自他の権利を大切にし，義務を果たすこと。	(10) 法やきまりの意義を理解し，それらを進んで守るとともに，そのよりよい在り方について考え，自他の権利を大切にし，義務を果たして，規律ある安定した社会の実現に努めること。

公正，公平，社会正義	(11) 自分の好き嫌いにとらわれないで接すること。	(12) 誰に対しても分け隔てをせず，公正，公平な態度で接すること。
勤労，公共の精神	(12) 働くことのよさを知り，みんなのために働くこと。	(13) 働くことの大切さを知り，進んでみんなのために働くこと。
家族愛，家庭生活の充実	(13) 父母，祖父母を敬愛し，進んで家の手伝いなどをして，家族の役に立つこと。	(14) 父母，祖父母を敬愛し，家族みんなで協力し合って楽しい家庭をつくること。
よりよい学校生活，集団生活の充実	(14) 先生を敬愛し，学校の人々に親しんで，学級や学校の生活を楽しくすること。	(15) 先生や学校の人々を敬愛し，みんなで協力し合って楽しい学級や学校をつくること。
伝統と文化の尊重，国や郷土を愛する態度	(15) 我が国や郷土の文化と生活に親しみ，愛着をもつこと。	(16) 我が国や郷土の伝統と文化を大切にし，国や郷土を愛する心をもつこと。
国際理解，国際親善	(16) 他国の人々や文化に親しむこと。	(17) 他国の人々や文化に親しみ，関心をもつこと。
D　主として生命や自然，崇高なものとの関わりに関すること		
生命の尊さ	(17) 生きることのすばらしさを知り，生命を大切にすること。	(18) 生命の尊さを知り，生命あるものを大切にすること。
自然愛護	(18) 身近な自然に親しみ，動植物に優しい心で接すること。	(19) 自然のすばらしさや不思議さを感じ取り，自然や動植物を大切にすること。
感動，畏敬の念	(19) 美しいものに触れ，すがすがしい心をもつこと。	(20) 美しいものや気高いものに感動する心をもつこと。
よりよく生きる喜び		

⒀　誰に対しても差別をすることや偏見をもつことなく，公正，公平な態度で接し，正義の実現に努めること。	⑾　正義と公正さを重んじ，誰に対しても公平に接し，差別や偏見のない社会の実現に努めること。
⒁　働くことや社会に奉仕することの充実感を味わうとともに，その意義を理解し，公共のために役に立つことをすること。	⑿　社会参画の意識と社会連帯の自覚を高め，公共の精神をもってよりよい社会の実現に努めること。
	⒀　勤労の尊さや意義を理解し，将来の生き方について考えを深め，勤労を通じて社会に貢献すること。
⒂　父母，祖父母を敬愛し，家族の幸せを求めて，進んで役に立つことをすること。	⒁　父母，祖父母を敬愛し，家族の一員としての自覚をもって充実した家庭生活を築くこと。
⒃　先生や学校の人々を敬愛し，みんなで協力し合ってよりよい学級や学校をつくるとともに，様々な集団の中での自分の役割を自覚して集団生活の充実に努めること。	⒂　教師や学校の人々を敬愛し，学級や学校の一員としての自覚をもち，協力し合ってよりよい校風をつくるとともに，様々な集団の意義や集団の中での自分の役割と責任を自覚して集団生活の充実に努めること。
⒄　我が国や郷土の伝統と文化を大切にし，先人の努力を知り，国や郷土を愛する心をもつこと。	⒃　郷土の伝統と文化を大切にし，社会に尽くした先人や高齢者に尊敬の念を深め，地域社会の一員としての自覚をもって郷土を愛し，進んで郷土の発展に努めること。
	⒄　優れた伝統の継承と新しい文化の創造に貢献するとともに，日本人としての自覚をもって国を愛し，国家及び社会の形成者として，その発展に努めること。
⒅　他国の人々や文化について理解し，日本人としての自覚をもって国際親善に努めること。	⒅　世界の中の日本人としての自覚をもち，他国を尊重し，国際的視野に立って，世界の平和と人類の発展に寄与すること。
D　主として生命や自然，崇高なものとの関わりに関すること	
⒆　生命が多くの生命のつながりの中にあるかけがえのないものであることを理解し，生命を尊重すること。	⒆　生命の尊さについて，その連続性や有限性なども含めて理解し，かけがえのない生命を尊重すること。
⒇　自然の偉大さを知り，自然環境を大切にすること。	⒇　自然の崇高さを知り，自然環境を大切にすることの意義を理解し，進んで自然の愛護に努めること。
㉑　美しいものや気高いものに感動する心や人間の力を超えたものに対する畏敬の念をもつこと。	㉑　美しいものや気高いものに感動する心をもち，人間の力を超えたものに対する畏敬の念を深めること。
㉒　よりよく生きようとする人間の強さや気高さを理解し，人間として生きる喜びを感じること。	㉒　人間には自らの弱さや醜さを克服する強さや気高く生きようとする心があることを理解し，人間として生きることに喜びを見いだすこと。

7　中央教育審議会道徳教育に係る評価等の在り方に関する専門家会議（報告別紙１）道徳科における質の高い多様な指導方法について（イメージ）

※以下の指導方法は，本専門家会議における事例発表をもとに作成。したがってこれらは多様な指定されるものではない。道徳科を指導する教員が学習指導要領の改訂の趣旨をしっかり把握した授業の主題やねらいに応じた適切な指導方法を選択することが重要。

※以下の指導方法は，それぞれが独立した指導の「型」を示しているわけではない。それぞれに活用しつつ問題解決的な学習を取り入れるなど，それぞれの要素を組み合わせた指導を行うこと

<table>
<tr><th colspan="2"></th><th>×</th><th>読み物教材の登場人物への自我関与が中心の学習</th><th>問題解決的な学習</th></tr>
<tr><td colspan="2" rowspan="2">ねらい</td><td rowspan="4">登場人物の心情理解のみの指導</td><td>教材の登場人物の判断や心情を自分との関わりで多面的・多角的に考えることなどを通して，道徳的諸価値の理解を深める。</td><td>問題解決的な学習を通して，道徳的な問題を多面的・多角的に考え，児童生徒一人一人が生きる上で出会う様々な問題や課題を主体的に解決するために必要な資質・能力を養う。</td></tr>
<tr><td colspan="2">学習指導要領においては，道徳科の目標を「道徳性を養うため，道徳的諸価値についての理解を基に，自己をみつめ，として）の生き方についての考えを深める学習を通して，道徳的な判断力，心情，実践意欲と態度を育てる」と定めてい指導とは言えない。</td></tr>
<tr><td rowspan="2">具体例</td><td>導入</td><td>道徳的価値に関する内容の提示
教師の話や発問を通して，本時に扱う道徳的価値へ方向付ける。</td><td>問題の発見や道徳的価値の想起など
・教材や日常生活から道徳的な問題をみつける。
・自分たちのこれまでの道徳的価値の捉え方を想起し，道徳的価値の本当の意味や意義への問いを持つ（原理・根拠・適用への問い）。</td></tr>
<tr><td>展開</td><td>登場人物への自我関与
教材を読んで，登場人物の判断や心情を類推することを通して，道徳的価値を自分との関わりで考える。

【教師の主な発問例】
・どうして主人公は，○○という行動を取ることができたのだろう（又はできなかったのだろう）。
・主人公はどういう思いをもって△△という判断をしたのだろう。
・自分だったら主人公のように考え，行動することができるだろうか。

振り返り
本時の授業を振り返り，道徳的価値を自分との関係で捉えたり，それらを交流して自分の考えを深めたりする。</td><td>問題の探究（道徳的な問題状況の分析・解決策の構想など）
・道徳的な問題について，グループなどで話合い，なぜ問題となっているのか，問題をよりよく解決するためにはどのような行動をとればよいのかなどについて多面的・多角的に考え議論を深める。
・グループでの話合いなどを通して道徳的問題や道徳的価値について多面的・多角的に考え，議論を深める。
・道徳的な問題場面に対する解決策を構想し，多面的・多角的に検討する。

【教師の主な発問例】
・ここでは，何が問題になっていますか。
・何と何で迷っていますか。
・なぜ，■■（道徳的諸価値）は大切なのでしょう。
・どうすれば■■（道徳的諸価値）が実現できるのでしょう。
・同じ場面に出会ったら自分ならどう行動するでしょう。
・なぜ，自分はそのように行動するのでしょう。
・よりよい解決方法にはどのようなものが考えられるでしょう。

探究のまとめ
（解決策の選択や決定・諸価値の理解の深化・課題発見）</td></tr>
</table>

（平成28年７月22日）

導方法の一例であり，指導方法はこれらに限
上で，学校の実態，児童生徒の実態を踏まえ，

様々な展開が考えられ，例えば読み物教材を
も考えられる。

道徳的行為に関する体験的な学習	×
役割演技などの疑似体験的な表現活動を通して，道徳的価値の理解を深め，様々な課題や問題を主体に解決するために必要な資質・能力を養う。	主題やねらいの設定が不十分な単なる生活経験の話合い
物事を（広い視野から）多面的・多角的に考え，自己（人る。この目標をしっかり踏まえたものでなければ道徳科の	
道徳的価値を実現する行為に関する問題場面の提示など • 教材の中に含まれる道徳的諸価値に関わる葛藤場面を把握する。 • 日常生活で，大切さが分かっていてもなかなか実践できない道徳的行為を想起し，問題意識を持つ。	
道徳的な問題場面の把握や考察など • 道徳的行為を実践するには勇気がいることなど，道徳的価値を実践に移すためにどんな心構えや 態度が必要かを考える。 • 価値が実現できない状況が含まれた教材で，何が問題になっているかを考える。 **問題場面の役割演技や道徳的行為に関する体験的な活動の実施など** • ペアやグループをつくり，実際の問題場面を役割演技で再現し，登場人物の葛藤などを理解する。 • 実際に問題場面を設定し，道徳的行為を体験し，その行為をすることの難しさなどを理解する。 **道徳的価値の意味の考察など** • 役割演技や道徳的行為を体験したり，それらの様子を見たりしたことをもとに，多面的・多角的な視点から問題場面や取り得る行動について考え，道徳的価値の意味や実現するために大切なことを考える。 • 同様の新たな場面を提示して，取りうる行動を再現し，道徳的価値や実現するために大切なことを体感することを通して実生活における問題の解決に見通しをもたせる。	

				・問題を解決する上で大切にした道徳的価値について，なぜそれを大切にしたのかなどについて話合い等を通じて考えを深める。 ・問題場面に対する自分なりの解決策を選択・決定する中で，実現したい道徳的価値の意義や意味への理解を深める。 ・考えた解決策を身近な問題に適用し，自分の考えを再考する。 ・問題の探究を振り返って，新たな問いや自分の課題を導き出す。
	終末		まとめ ・教師による説話。 ・本時を振り返り，本時で学習したことを今度どのように生かすことができるかを考える。 ・道徳的諸価値に関する根本的な問いに対し，自分なりの考えをまとめる。 ・感想を聞き合ったり，ワークシートへ記入したりして，学習で気付いたこと，学んだことを振り返る。	
指導方法の効果		登場人物の心情理解のみの指導	・子供たちが読み物教材の登場人物に託して自らの考えや気持ちを素直に語る中で，道徳的価値の理解を図る指導方法として効果的。	・出会った道徳的な問題に対処しようとする資質・能力を養う指導方法として有効。 ・他者と対話や協働しつつ問題解決する中で，新たな価値や考えを発見・創造する可能性。 ・問題の解決を求める探究の先に新たな「問い」が生まれるという問題解決的なプロセスに価値。
			道徳的諸価値に関わる問題について多様な他者と考え，議論する中で，多面的・多角的な見方へと発展し，道徳的諸価値	
指導上の留意点			・教師に明確な主題設定がなく，指導観に基づく発問でなければ，「登場人物の心情理解のみの指導」になりかねない。	明確なテーマ設定のもと， ・多面的・多角的な思考を促す「問い」が設定されているか ・上記「問い」の設定を可能とする教材が選択されているか ・議論し，探求するプロセスが重視されているか。 といった検討や準備がなければ，単なる「話合い」の時間になりかねない。
評　価			・個人内評価を記述式で行う。 ※児童生徒のよい点を褒めたり，さらなる改善が望まれる点を指摘したりするなど，児童生徒の発達の段階に応じ励ま ・道徳科の学習において，その学習活動を踏まえ，観察や会話，作文やノートなどの記述，質問紙などを通して，例えば， ○他者の考え方や議論に触れ，自律的に思考する中で，一面的な見方から多面的・多角的な見方へと発展しているか ○多面的・多角的な思考の中で，道徳的価値の理解を自分自身との関わりの中で深めているかといった点に注目する必 ・学習状況や道徳性に係る成長の様子を把握するための工夫が必要。 ・妥当性・信頼性の確保のため組織的な取組が必要。	

・心情と行為とをすり合わせることにより，無意識の行為を意識化することができ，様々な課題や問題を主体的に解決するために必要な資質・能力を養う指導方法として有効。
・体験的な学習を通して，取り得る行為を考え選択させることで内面も強化していくことが可能。

の理解を自分自身との関わりで深めることが可能。

明確なテーマのもと
・心情と行為との齟齬や葛藤を意識化させ，多面的・多角的な思考を促す問題場面が設定されているか。
・上記問題場面の設定を可能とする教材が選択されているか。
といった検討や準備がなければ，主題設定の不十分な生徒・生活指導になりかねない。

していく評価。

要。

主題やねらいの設定が不十分な単なる生活経験の話合い

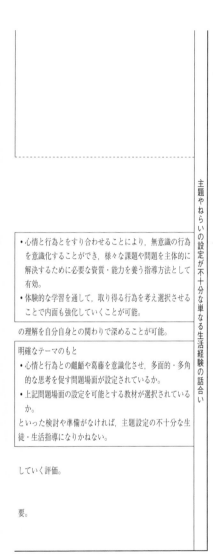

あとがき

> 有名なる天文学者のハーシェルが二十歳ばかりのときに彼の友人に語って「わが愛する友よ，われわれが死ぬときには，われわれが生まれたときより世の中を少しなりともよくして往かうではないか」というた。実に美しい青年の希望ではありませんか。

これは，内村鑑三が1894（明治27）年に刊行した『後世への最大遺物』の中で紹介した一節である（内村『後世への最大遺物――デンマルク国の話』岩波文庫，1946年）。「世の中を少しなりともよくして往かうではないか」。この言葉に内村は大きな感銘を受け，自身が「後世に何を遺すか」に思いを馳せ，思索を巡らせることになる。

その問いに対して内村が到達した答えが「勇ましい高尚なる生涯」であったことは周知の通りである。ここでは，その中身に触れる余裕はないが，「後世に何を遺すか」という視点は，これからの道徳教育を考える上でも重要である。

「特別の教科 道徳」の設置で，「戦後70年」の道徳教育の歴史に１つの解答を出したことは本書でも述べた通りである。ところが，制度的なインパクトが大きかったせいか，「特別の教科 道徳」が設置されて以後，道徳教育に関する議論は急激に色褪せているように見える。道徳の教科化が大きな関心を集めた時期と比べると，その違いは明らかである。「嵐の後の静けさ」といえそうだが，どちらかといえば，「祭りの後の虚しさ」というべきかもしれない。道徳の教科化が実現したことで，何が変わったのかが実感として見えてこないからである。「教科書を使って授業をし，一応は評価も取り入れたが大きな変化はなかった」と後世の歴史家がこう叙述するとすれば，やはり「虚しい」。しかもそれが，結局は「戦後70年」の歴史の中で形成された，道徳教育のさらなる「形骸化」が継続するとすれば尚更である。

いうまでもなく，道徳の教科化は目的ではなく，将来を生きる子供たちが身に付けるべき資質・能力を育成するための手段である。手段である以上，その改革に終わりはない。「特別の教科 道徳」の設置は，道徳教育改革の終わりではなく，本格的な改革の端緒が開かれたに過ぎないことを改めて確認したい。

では，これからの道徳教育改革の議論は何を基本とすればよいのか。その1つが，「後世に何を遺すか」という視点を持つことであろう。後世を生きる子供たちのために，後世の社会のために，いま私たちがすべきことは何か。そのことを真摯に考えることであり，「後世」に恥じることのない責任ある議論を重ねることである。少なくとも，「後世に何を遺すか」という視点からの議論には，陳腐な政治的イデオロギーが入り込む余地はないはずである。

もちろん，「後世に何を遺すか」を考えることは，未来にだけ目を向けよということではない。未来を見据えるために過去の歴史を見つめ直すことも必要である。特に，戦後日本の道徳教育においては，戦前と戦後の歴史の断絶が，「戦後70年」にわたって宿痾《しゅくあ》のように沈殿してきた。その克服は，戦後日本の課題であると同時に，道徳教育の切実な課題である。

歴史を創造するためには，決して過去を切り離して考えることはできない。真の創造を実現するためには，過去を厳しく批判し，過去を否定的に媒介することが必要である。「後世に何を遺すか」という問いを常に意識しながら，歴史を冷静に見据え，「後世」のために，あるべき道徳教育の姿を「考え，議論する」ことを抜きにして，将来の展望を切り拓くことはできない。本書が，そのためのささやかな「たたき台」となればこれ以上の喜びはない。

本書は，ミネルヴァ書房編集部の田引勝二氏に編集の労をとっていただいた最初の本である。微に入り細を穿つ編集と適切な御指示に心より御礼申し上げる。すでに別の企画も進めており，またご一緒できることが今から楽しみである。また第12章では，鳥取市立世紀小学校の木原一彰先生に素晴らしい学習指導案を提供していただいた。記して心より感謝を申し上げたい。

2020年８月15日　敗戦から75年目の日に

貝塚茂樹

人名索引

事項索引

※「道徳」「道徳教育」「特別の教科 道徳」「文部（科学）省」
などは頻出するため省略した。

さ　行

た　行

《著者紹介》

貝塚茂樹（かいづか・しげき）

1963年　茨城県生まれ。
1993年　筑波大学大学院博士課程教育学研究科単位取得退学。
　　　　国立教育政策研究所主任研究官，武蔵野大学助教授などを経て，
現　在　武蔵野大学教授，放送大学客員教授。博士（教育学）。
著　作　『戦後教育改革と道徳教育問題』日本図書センター，2001年。
　　　　『教えることのすすめ――教師・道徳・愛国心』明治図書，2010年。
　　　　『戦後道徳教育の再考――天野貞祐とその時代』文化書房博文社，2013年。
　　　　『道徳の教科化――「戦後七〇年」の対立を超えて』文化書房博文社，2015年。
　　　　『天野貞祐――道理を信じ，道理に生きる』ミネルヴァ書房，2017年。
　　　　『戦後日本教育史』放送大学教育振興会，2018年。
　　　　『戦後日本と道徳教育――教科化・教育勅語・愛国心』ミネルヴァ書房，2020年，ほか。

新時代の道徳教育
――「考え，議論する」ための15章――

2020年11月30日　初版第1刷発行　〈検印省略〉
2023年1月30日　初版第2刷発行

定価はカバーに
表示しています

著　者　貝　塚　茂　樹
発行者　杉　田　啓　三
印刷者　坂　本　喜　杏

発行所　株式会社　ミネルヴァ書房
607-8494　京都市山科区日ノ岡堤谷町1
電話代表（075）581-5191番
振替口座　01020-0-8076番

冨山房インターナショナル・藤沢製本

ISBN 978-4-623-09038-9
Printed in Japan